Linguagem, tecnologia e educação

Linguagem, tecnologia e educação

Ana Elisa Ribeiro
Ana Maria Nápoles Villela
Jerônimo Coura Sobrinho
Rogério Barbosa da Silva
(Orgs.)

EDITORA
PeirópoliS

Produção editorial
Ana Elisa Ribeiro

Preparação e revisão de texto
Jonathan Busato

Design gráfico
Bruno Brum

Dados Internacionais de Catalogação na Publicação (CIP)
(Câmara Brasileira do Livro, SP, Brasil)

Linguagem, tecnologia e educação / Ana Elisa Ribeiro...
[*et al.*] (orgs.). — São Paulo: Peirópolis, 2010.

Outros organizadores: Ana Maria Nápoles Villela, Jerônimo Coura Sobrinho, Rogério Barbosa da Silva
Bibliografia
ISBN 978-85-7596-181-0

1. Educação a distância 2. Ensino superior 3. Interação em educação 4. Internet (Rede de computadores) na educação 5. Língua e linguagem 6. Sistemas hipertexto 7. Tecnologia 8. Trabalhos científicos I. Ribeiro, Ana Elisa. II. Villela, Ana Maria Nápoles. III. Coura Sobrinho, Jerônimo. IV. Silva, Rogério Barbosa da. 10-06400 CDD-371.33

10-06400 CDD-371.33

Centro Federal de Educação Tecnológica de Minas Gerais (CEFET-MG)
Programa de Pós-Graduação em Estudos de Linguagens
Avenida Amazonas, 5253, bairro Nova Suíça CEP 30.480-000, Belo Horizonte, MG

1ª edição, 1ª reimpressão 2012

EDITORA
Peirópolis

Editora Peirópolis Ltda.
Rua Girassol, 128 – Vila Madalena – 05433-000 – São Paulo – SP
tel.: 55 11 3816-0699 | fax: 55 11 3816-6718
vendas@editorapeiropolis.com.br
www.editorapeiropolis.com.br

Sumário

Apresentação: Uma rede que pesquisa hipertextos 9

Parte 1: Letramento digital

1. *Alfabetização e letramento em contextos digitais: Pressupostos de avaliação aplicados ao software HagáQuê*, de Márcia Helena Mesquita Ferreira e Isabel Cristina Alves da Silva Frade (UFMG) 15

2. *Internet – diferencial proporcionado pelas linguagens digitais e pela telemática*, de Maria Ilse Rodrigues Gonçalves (Faculdade Senac Minas) 28

3. *A hipertextualidade constitutiva do discurso de informação televisiva*, de Giani David Silva e Jerônimo Coura Sobrinho (CEFET-MG) 40

4. *Novos letramentos e apropriação tecnológica: conciliando heterogeneidade, cidadania e inovação em rede*, de Marcelo El Khouri Buzato (Unicamp) 53

5. *Hipertexto e fluxo informacional: considerações sobre o dado e o novo na web*, de Jaqueline Barreto Lé (UFRJ) 64

6. *Experiências genuinamente digitais e a herança do impresso: o que ajuda na interação com as interfaces gráficas*, de Ana Elisa Novais (UFMG/UFOP) 77

7. *Movimentos sociais no ciberespaço: o cruzamento de duas ordens discursivas*, de Solange Mittmann (UFRGS) 91

8. *A explicação no letramento digital: reflexão preliminar sobre o ambiente de ensino-aprendizagem via web*, de João Gomes da Silva Neto e Marineide Furtado Campos (UFRN) 103

9. *Trajetórias de estudantes universitários de meios populares em busca de letramento digital*, de Daniela Perri Bandeira (UFMG) 116

10. *Letramento digital e desempenho acadêmico em cursos de EaD via internet: uma relação de interferência?*, de Regina Cláudia Pinheiro e Ana Cristina Lobo-Sousa (UFC) 126

11. *Preconceito e identidade linguística: crenças de estudantes de um curso de educação a distância*, de Geórgia Maria Feitosa e Paiva e Maria Elias Soares (UFC) 137

12. *Letramento digital e suas contribuições à formação acadêmica e profissional*, de João Wandemberg Gonçalves Maciel (UFPB) e Joselito Elias Cipriano de Lima (UEPB) 148

Parte 2: Texto, gênero textual e tecnologia

13. *Teoria e prática dos gêneros digitais nos documentos oficiais da área de Letras*, de Ana Maria Nápoles Villela (CEFET-MG) 163

14. *Ler e escrever no Orkut: práticas discursivas dos alunos na visão dos professores*, de Benedito Gomes Bezerra (UPE) 177

15. *As práticas de escrita em scraps do Orkut: apenas a transmutação dos gêneros bilhetes e recados?*, de Verena Santos Abreu (Uneb-BA) 191

16. *Uma proposta de classificação dos links hipertextuais a partir de critérios navegacionais e informacionais*, de Débora Hissa (UECE) 204

17. *Explorações da linguagem na aula de comunicação: o chat educacional*, de Sandro Luis da Silva (UFLA-MG) 214

Parte 3: Ensino de línguas

18. *Reflexões sobre o ensino de leitura e produção de textos acadêmicos: disciplinas presenciais e ambientes virtuais de aprendizagem*, de Hércules Toledo Corrêa e Gláucia Jorge (UFOP) 229

19. *Retextualização, multimodalidade e mídias no ensino de Português*, de Ana Elisa Ribeiro (CEFET-MG) 240

20. *O fórum educacional em cursos virtuais de língua estrangeira como ferramenta de interação: uma análise crítica de duas experiências*, de Cibele Cecilio de Faria Rozenfeld, Kátia Silene Gabrielli e Ucy Soto (Unesp-Araraquara) 260

21. *Café e idiomas na web: o Live Mocha na aprendizagem de línguas estrangeiras*, de Júlio César Rosa de Araújo e Rebeca Sales Pereira (UFC) 273

22. *O hiperleitor/aluno de língua estrangeira: a um clique da autonomia?*, de João da Silva Araújo-Júnior (IFMA) 290

23. *Letramentos digitais e aprendizagem de língua inglesa nas redes sociais virtuais*, de Bárbara Cristina Gallardo (Unemat/Unicamp) 302

Sobre os autores 313

Apresentação: Uma rede que pesquisa hipertextos

As relações entre linguagem, tecnologias digitais e educação vêm sendo tratadas e discutidas por pesquisadores em diversos lugares do mundo. No Brasil, esse campo, cheio de interfaces interessantes e produtivas, vem gerando trabalhos e publicações, e, principalmente, criando espaços para a discussão desses temas, ligados a diferentes teorias e modelos de comunicação e aprendizagem.

Um dos fóruns presenciais em que esses debates acontecem é o Encontro Nacional sobre Hipertexto, cuja primeira edição aconteceu em 2005, na cidade de Recife, no *campus* da Universidade Federal de Pernambuco, sob a regência especialíssima dos professores Luiz Antônio Marcuschi e Antônio Carlos Xavier. Naquela ocasião, muitos dos autores aqui publicados estiveram presentes em mesas-redondas ou como apresentadores em comunicações orais.

O evento teve sequência e, em 2007, foi a vez de a Universidade Federal do Ceará sediar o II Encontro Nacional sobre Hipertexto, sob a presidência do professor Júlio César Araújo. Mais uma vez, vários de nós estivemos fiéis a este fórum de discussão, ainda nascente, mas promissor. No caso desses dois eventos, os trabalhos apresentados foram publicados na forma de resumos e nos anais[1] e, em 2007, na forma de um especial da revista *Linguagem em (Dis)curso*[2], publicada

1 Os anais dos três Encontros estão disponíveis no site da Associação Brasileira de Estudos de Hipertexto e Tecnologia Educacional (ABEHTE), <www.abehte.org/anais.html>, fundada em 2009.

2 Especial organizado pelo professor Júlio César Araújo, disponível em <www3.unisul.br/paginas/ensino/pos/linguagem/0903/00.htm>.

pelo Programa de Pós-Graduação em Letras da Unisul. Além disso, a revista *Hipertextus*, da UFPE, passou a publicar seus números[3].

Em 2009, o Centro Federal de Educação Tecnológica de Minas Gerais (CEFET-MG) hospedou o III Encontro Nacional sobre Hipertexto, talvez o mais interdisciplinar deles, com o apoio inestimável não apenas da própria instituição, mas também da Capes, da Fundação de Amparo à Pesquisa do Estado de Minas Gerais (Fapemig), da Fundação CEFET Minas, do Conselho Regional de Engenharia e Arquitetura de Minas Gerais (Crea-MG), além das comissões co-organizadoras das Faculdades de Educação da UFMG (professora Marildes Marinho) e da UFJF (professora Maria Teresa Freitas). O Poslin UFMG (professoras Vera Menezes e Carla Coscarelli) teve importância fundamental, trazendo a professora Ilana Snyder para a conferência de abertura. É importante citar o apoio de alunos do CEFET-MG do ensino técnico/médio, dos estudantes de Engenharia, de bolsistas de Iniciação Científica, de alunos do mestrado em Estudos de Linguagens, de colegas do departamento de Linguagem & Tecnologia, dos monitores do evento e, especialmente, da Diretoria de Pesquisa e Pós-Graduação, na pessoa do professor Gray Farias Moita, e da Coordenação Geral de Divulgação Científica e Tecnológica, nas pessoas dos estagiários Tathiana Queiroz, Raphael Lúcio e Leonardo Maxson, além da professora Aline Fernandes Guimarães. Foi fundamental também o apoio do Laboratório de Pesquisa em Leitura e Cognição do CEFET-MG, por meio dos monitores William Tiago, Bruno Miglio e Marcus Bordal.

Foram apoiadores importantes, também, as editoras Autêntica e Parábola, além da revista *Presença Pedagógica*. A Caixa Econômica Federal deu seu apoio e a Fundação CEFET Minas auxiliou na gestão financeira do evento. A Multiverse (Jorge Quintão) prestou, com excelência, todo o serviço de gerenciamento de inscrições e produção de marca e site do Hipertexto 2009.

Estiveram nesse evento pesquisadores de linguística, literatura, educação, computação, comunicação, história, produção editorial, entre outros. Foram marcantes conferências como a da professora Ilana Snyder (Austrália), que abriu o evento, a do professor Virgilio Almeida (UFMG), que tratou de aspectos das ciências da computação e da literatura, e a da professora Heloisa Collins (PUC SP), que encerrou o III Encontro.

Em relação ao formato do evento, no lugar de comunicações coordenadas ou individuais, foram propostos dezessete grupos de discussão, coordenados por pesquisadores de todo o país. Dessa convergência de pessoas, debates e áreas do

3 Disponível em <http://www.hipertextus.net/>.

conhecimento, surgiram textos que foram publicados, inicialmente, no *Livro de Resumos* e nos *Anais do III Encontro Nacional sobre Hipertexto*.

O Hipertexto 2009 terminou, mas a comissão organizadora, sob a presidência da professora Ana Elisa Ribeiro, continuou trabalhando. Desta vez, um dossiê sobre linguagem, educação e tecnologia vem sendo produzido, com publicação prevista para o final de 2010, em revista nacional importante, no qual textos de pesquisadores participantes de mesas-redondas ocorridas no III Encontro serão reunidos.

Os quase 150 textos enviados para os *Anais do III Encontro Nacional sobre Hipertexto* foram lidos, relidos, discutidos e selecionados. Com base nessa escolha, trazemos a público este volume (gêmeo de um outro), em que pesquisadores de todas as partes do país tecem a rede que liga linguagens, tecnologias e educação.

O livro foi dividido em três partes, que abordam aspectos do letramento digital, inclusive para problematizar esse conceito, textos, gêneros e tecnologias, além de discussões sobre o ensino de línguas (materna e estrangeiras). Gostaríamos de agradecer a confiança dos autores e de suas instituições, nomeadamente: UFMG, Faculdade Senac Minas, UFRJ, Unicamp, UFOP, UFRGS, UFRN, UFC, UEPB, UFPB, UPE, Uneb, UFLA, Unesp, UECE, IFMA, Unemat e, especialmente, ao CEFET-MG, além das universidades e dos centros de pesquisa que estiveram presentes no evento, mas não estão representados neste livro.

Na primeira parte, Márcia Ferreira e Isabel Frade (UFMG) discutem a relação entre tecnologias digitais e tecnologias educacionais, assunto também tratado por Maria Ilse Gonçalves (Faculdade Senac Minas). O letramento digital de professores, estudantes e grupos sociais é abordado nos textos de Marcelo Buzato (Unicamp), Ana Elisa Novais (UFMG/UFOP), Solange Mittman (UFRGS), João Gomes Neto e Marineide Campos (UFRN), Daniela Bandeira (UFMG), Regina Pinheiro e Ana Cristina Lobo-Sousa (UFC), João Wandemberg Maciel (UFPB) e Joselito Lima (UEPB). Aspectos da hipertextualidade em diferentes mídias são discutidos por Jerônimo Coura Sobrinho e Giani David-Silva (CEFET-MG), Jaqueline Lé (UFRJ), Geórgia Paiva e Maria Elias Soares (UFC).

Na segunda parte, os textos apresentam discussões mais relacionadas aos debates sobre gêneros textuais e suas relações com as tecnologias digitais. Ana Maria Nápoles Villela (CEFET-MG) trata do assunto nos projetos pedagógicos de cursos de Letras brasileiros, Benedito Gomes Bezerra (UPE) e Verena Abreu (Uneb) discutem essas relações no Orkut, Débora Hissa (UECE) propõe uma classificação dos links hipertextuais e Sandro da Silva (UFLA) apresenta uma experiência com chat no ensino superior.

Na terceira parte do livro, o ensino de línguas está em foco. Hércules Corrêa e Gláucia Jorge (UFOP) comparam ensino de produção de textos nas modalidades presencial e a distância, Ana Elisa Ribeiro (CEFET-MG) apresenta uma experiência de ensino de produção textual com ferramentas digitais no ensino superior, Cibele Rozenfeld, Kátia Gabrielli e Ucy Soto (Unesp/UFOP) abordam o ensino de língua estrangeira em fóruns, assim como Rebeca Pereira e Júlio César Araújo (UFC) o fazem para o ambiente virtual. Finalmente, a leitura em língua estrangeira é tratada no texto de João Araújo-Júnior (IFMA) e a aprendizagem de língua inglesa nas redes sociais é abordada por Bárbara Gallardo (Unemat/Unicamp).

Os textos presentes nesta coletânea foram, em sua maioria, retrabalhados, ampliados, revisados e reapresentados para compor este livro, que esperamos que seja útil e provocador para outros pesquisadores de linguagens, tecnologias e educação. O segundo livro gerado pelo III Encontro Nacional sobre Hipertexto reúne trabalhos mais voltados para os estudos literários, em suas relações com tecnologias, hipertextualidade e produção editorial. Esperamos que o leitor deseje completar a coleção e, quem sabe, fazer parte dela no IV Encontro Nacional sobre Hipertexto, em 2011.

Ana Elisa Ribeiro
Ana Maria Nápoles Villela
Jerônimo Coura Sobrinho
Rogério Barbosa da Silva

Parte 1

Letramento digital

1. Alfabetização e letramento em contextos digitais: Pressupostos de avaliação aplicados ao software HagáQuê

Márcia Helena Mesquita Ferreira
Isabel Cristina Alves S. Frade (UFMG)

Introdução

O uso da tecnologia digital[1] vem se solidificando e se destaca como condição necessária para o acesso à informação e para a melhoria do campo da comunicação mundial. Sua aplicabilidade ao campo educacional tem sido vista por uma parcela considerável de educadores e instituições de ensino como uma possibilidade de modernização para o sistema escolar.

A incorporação das tecnologias digitais pelo campo educativo pode vir a propiciar processos de ensino/aprendizagem cada vez mais interativos, interdependentes e plurais, de forma articulada com a realidade dos sujeitos envolvidos, visto os instrumentais aí disponibilizados: recursos de dados, voz, imagens, textos, animações, links etc. Tornam-se inevitáveis, então, alguns questionamentos, tais como: as escolas estão preparadas para trabalhar junto à esfera digital? Os professores encontram-se devidamente capacitados a operar com essas inovações tecnológicas? E os alunos, encontram estímulo para suas reais necessidades de aprendizagem neste novo aparato denominado "educativo"?

O paradigma midiático

A educação emergente da sociedade informacional aponta para um novo paradigma educativo[2] no qual a linha de construção do saber é centrada no "sujeito coletivo", que saiba reconhecer a importância do "outro" junto ao processo

---

1 O termo "tecnologia digital" refere-se, neste trabalho, ao conjunto de mídias informacionais e comunicacionais (CD-ROMs, websites, chats, blogs, realidade virtual, jogos, softwares etc.), entendidas aqui como sendo o conjunto de "veículos de linguagens" utilizados para a comunicação humana, que, por sua vez, visam o cumprimento de diferentes interesses e propósitos, de acordo com o público que se pretende atingir.

2 Paradigma, segundo Thomas Khun (1994), refere-se a modelos/padrões compartilhados que permitam a explicação de certos aspectos da realidade. Novo paradigma educativo refere-se, portanto, a novos modelos/padrões que expliquem certos aspectos da realidade educacional.

construtor e multiplicador do conhecimento. Isso requer indivíduos habilitados no uso dos instrumentais eletrônicos, que consigam utilizar as linguagens digitais como simbologias/representações construtivas dentro do processo educativo.

O paradigma da educação midiática[3] requer uma revisão emergente do processo de "ensinar" e "aprender", bem como uma gestão consciente da Pedagogia e do "conhecimento em rede". Assman (2005, p. 19) alerta sobre essas novas "formas de saber" que se apresentam como uma parceria dos aspectos cognitivos com as máquinas:

> [...] as tecnologias da informação e da comunicação se transformaram em elemento constituinte (e até instituinte) das nossas formas de ver e organizar o mundo. Aliás, as técnicas criadas pelos homens sempre passaram a ser parte das suas visões de mundo. Isto não é novo. O que há de novo e inédito com as tecnologias da informação e da comunicação é a parceria cognitiva que elas estão começando a exercer na relação que o aprendente estabelece com elas. Termos como "usuários" já não expressam bem essa relação cooperativa entre o ser humano e as máquinas inteligentes. O papel delas já não se limita à simples configuração e formatação, ou, se quiserem, ao enquadramento de conjuntos complexos de informação. Elas participam ativamente do passo da informação para o conhecimento.

As tecnologias digitais configuram-se como produtos sociais e culturais da era da informação, que, por sua vez, acabam por interferir na "subjetividade" dos sujeitos envolvidos, visto que estes se utilizam de técnicas e esquemas imaginários para sua concretização. Essa cultura midiática acaba por propiciar uma (re)criação da realidade, demarcando sutilmente a barreira existente entre o virtual e o real, onde a imagem se torna o próprio objeto, e não uma mera forma de representação.

A virtualidade dos meios técnicos presentes em nossa cultura tem propiciado novas formas de pensar, estar, agir e interagir com o mundo, dada a velocidade e o imediatismo conferidos à linguagem tecnológica, bem como à imagem que ela incorpora ao campo educacional. A substituição dos livros/cartilhas impressos, do giz e do quadro negro pelo universo midiático implica na substituição da palavra escrita/imagem em suportes convencionais pela imagem/escrita que circula no mundo virtual. Tais transformações, de ordem social, propiciadas pela revolução

---

3 Paradigma da educação midiática refere-se à utilização de recursos midiáticos para a ressignificação do processo educacional, tais como: rádio, jornal, televisão, internet.

tecnológica informacional, condicionam também a infância como um polo do "conhecimento em rede", indicando a incorporação da digitalização da escrita e da virtualização do saber.

A aplicabilidade do computador

Os primeiros computadores surgiram na Inglaterra e nos EUA, em 1945, ficando, por muito tempo, restritos à esfera militar. Seu uso civil disseminou-se na década de 1960, tendo seu desenvolvimento e comercialização deslanchado nos anos 1970 com o advento do computador pessoal (PC, de *personal computer*), que se apresentou à população dos países desenvolvidos como um instrumento de criação (textos, imagens e músicas), organização (banco de dados), simulação (apoio à pesquisa) e diversão (jogos). A partir dos anos 1980, a informática incorporou em sua estrutura os setores de editoração, telecomunicação, cinema e televisão, assumindo uma postura comunicativa e interativa para com seus usuários. Já os anos 1990 caracterizam-se por incorporar o caráter "amigável" à informática interativa: videogames, hipertextos, CD-ROMs. Os *ciberespaços* surgem aí, como um novo espaço de socialização, organização e difusão do conhecimento e da informação, consequência do grande número de pessoas e computadores conectados à rede, e também do desenvolvimento tecnoeconômico da sociedade (Lévy, 1999).

A chegada dos computadores ao sistema educacional tem desafiado a educação a repensar o processo de construção do conhecimento, visto a necessidade de se criar uma nova metodologia para o desenvolvimento e organização de pesquisas. Seu uso, por parte dos alunos, deve se dar de forma crítica e criativa, exigindo para tanto motivação, concentração e autonomia. Sua aplicação como fonte de apoio didático, por parte do profissional docente, deve ter um embasamento crítico quanto à sua utilização, buscando não considerá-lo um fim em si mesmo, e sim um importante meio para a produção de comunicação, informação e conhecimento.

A aplicabilidade do computador junto ao espaço escolar não deve privilegiar apenas as vantagens operacionais (distribuir e receber lições de casa e trabalhos de pesquisa, passar notas etc.), mas buscar uma utilização reflexiva sobre o ato educativo, propiciando experimentações, simulações, antecipações, soluções e (re)construções referentes às atividades de ensino e aprendizagem. Para tanto, torna-se necessário que seu uso se paute pelo conhecimento de uma representação linguística comunicativa e educativa, que, por sua vez, venha a ter meios de (re) organizar cognitivamente a realidade, dando-lhe novos significados e formas de expressão. Sua utilização pode se dar tanto em ações abrangentes (através de projetos educacionais que envolvam todas as disciplinas) como em ações isoladas (por meio de projeto educacional que envolva uma disciplina específica), dependendo da proposta pedagógica. A inserção da informática na escola como recurso didático pode se dar pela incorporação de programas de computador disponibilizados aos sistemas educacionais. Esses programas, segundo Tajra (2000), classificam-se nas seguintes modalidades:

- Programa Logo (foi a primeira linguagem de programação desenvolvida para crianças, possibilitando a aprendizagem através do erro, de forma criativa).
- Programas aplicativos (desenvolvidos especificamente para atividades educativas, ou qualquer programa que possa ser utilizado para se atingir resultados educativos).
- Programas tutoriais (voltados para apresentação de conceitos e instruções).
- Programas de exercitação (permitem atividades interativas por meio de perguntas e respostas).
- Programas de investigação (voltados para o desenvolvimento de pesquisas).
- Programas de simulação (simuladores).
- Programas de entretenimento (jogos).
- Programas abertos (são de livre produção, oferecendo meios de trabalho relacionados aos objetivos que se pretende atingir).
- Programas de edição de texto (possibilitam a elaboração de textos).
- Programas de banco de dados (possibilitam o arquivamento e gerenciamento de informações).
- Programas de planilhas eletrônicas (possibilitam a elaboração de cálculos e gráficos).
- Programas gráficos (possibilitam a elaboração de desenhos e produções artísticas).
- Programas de autoria (possibilitam a unificação de produções criadas em outros programas).
- Programas de apresentação (possibilitam a elaboração de apresentação de aulas, palestras, conferências etc.).
- Programas de programação (possibilitam a criação de outros programas).

Alguns programas/softwares apresentam em seus aplicativos reproduções de material impresso, sem explorar as possibilidades de interação, comunicação e não linearidade que são potencializadas pelos sistemas informacionais. Tais produções deixam de explorar a principal característica propiciada pelos recursos tecnodigitais: "veículo de linguagens" para a comunicação humana. Elas baseiam-se em concepções behavioristas que, por sua vez, tentam impor os caminhos a serem descobertos por seus usuários, em uma tentativa de prever e determinar o seu nível de aprendizagem pelo controle de pós-produção para com os conteúdos oferecidos.

Em função de verificar como alguns programas educativos têm explorado essas possibilidades visando contribuir para o processo de alfabetização e de leitura e escrita em geral é que nos dispomos a analisar uma mídia educativa, o software Hagáquê , que será apresentada a seguir.

A análise da mídia educativa: o software HagáQuê

Diante da introdução das tecnologias midiáticas no universo educacional, como se repensar a prática educativa e a ressignificação do processo de ensino e aprendizagem? Como transformar esses meios comunicativos em educativos? Como selecionar e aplicar, de forma eficiente, tais recursos à prática educacional? Ghiraldelli (1991, p. 9) afirma que "a pedagogia é a teoria, enquanto a educação é a prática. A educação é, antes de tudo, uma prática educativa geradora de uma teoria pedagógica". Isto leva a crer que educação e pedagogia não se separam, mas estão intimamente ligadas, e para que esta relação se concretize existe um modo de pensar, uma concepção, que, por sua vez, se estrutura de acordo com políticas educacionais e com determinadas visões de mundo dos profissionais da educação.

Para melhor explicitar as concepções pedagógicas subjacentes aos softwares educacionais, torna-se necessário uma identificação da teoria epistemológica que o fundamenta e, por conseguinte, o direciona como meio educativo (ou não): práticas behavioristas (privilegiam a organização racional dos meios no processo educacional, buscando a sua eficiência e eficácia) ou práticas construtivistas sócio-interacionistas (privilegiam o sujeito dentro do processo educacional, incitando-lhe o espírito crítico e a autonomia).

Como pontos de análise para classificação de um software em uma ou outra categoria devem ser observados os aspectos técnicos e educacionais do produto, bem como sua aplicabilidade. Dificilmente um software irá se compor por características exclusivas de uma determinada corrente epistemológica. O que irá determinar a sua classificação, então, é a predominância de indícios – explícitos ou não – de uma determinada teoria pedagógica. As informações concernentes à mídia educativa geradora desta análise têm os seus dados e classificações sistematizados nas categorias[4] apresentadas a seguir: descrições gerais, aspectos pedagógicos e aspectos das linguagens.

Descrições gerais

O software HagáQuê foi desenvolvido pelo NIEED/Unicamp, sendo oriundo de um projeto de pesquisa de mestrado realizado por Sílvia Amélia Bim (1999-2001), sob orientação de Heloísa Vieira da Rocha, tendo como principal objetivo auxiliar no desenvolvimento da alfabetização infantil, tentando otimizar o processo de ensino e aprendizagem. Seu público alvo constitui-se por crianças em fase de alfabetização, apresentando como conteúdos ferramentas necessárias à editoração de histórias em quadrinhos. Seu uso é gratuito, podendo ser adquirido através do site do NIEED/Unicamp, que apresenta as instruções necessárias para sua instalação e utilização, com uma seção de "perguntas e respostas" mais frequentes. Pode ser distribuído gratuitamente em cds, pendrives, disquetes e outras mídias, desde que conste na forma de distribuição o endereço do site e a origem do HagáQuê.

Atualmente o HagáQuê pode ser utilizado em quatro idiomas, à escolha do usuário: português brasileiro, português europeu, espanhol e inglês. Seu desenvolvimento deu-se, inicialmente, na linguagem Java, sendo que sua versão atual foi desenvolvida em Delphi. Os requisitos mínimos para sua usabilidade são os seguintes: plataforma PC, sistema operacional Windows 95/98/ME/NT4/2000, processador 486/75 Mhz, 8 MB de memória RAM, 16 MB de memória em disco rígido, Vídeo SVGA Color (16 bits), placa de som, alto-falante, internet, microfone (opcional), mouse, teclado e unidade de CD-ROM.

Aspectos pedagógicos

A constituição desta categoria de análise tem como foco a identificação da forma como os conteúdos educativos são apresentados à criança, sua intenção e direcionamento epistemológico. Para tanto, foram elencados como critérios de análise a forma como são apresentados ao público infantil itens como: ajuda, comunicação, estímulos motivadores, explicitação de objetivos, coerência, criatividade, autonomia, autoestima, ampliação e retomada de atividades propostas.

4 Parte desses critérios foi por nós produzida por ocasião de um trabalho de monografia: Ferreira, 2006.

O processo de análise possibilitou a constatação de algumas falhas nos critérios que se configuram como instrumentos de "comunicação" com o público infantil: falta de ajuda sob a forma oral e limitações quanto à disponibilização de ajuda escrita para a criança, visto que esta se apresenta na forma de um "glossário", com identificação dos itens que se apresentam no programa. Tal estruturação pressupõe um leitor fluente para a sua utilização, deixando, assim, de atender o público que se encontra na fase inicial de alfabetização.

Como itens positivos encontrados na estruturação do software podemos citar:

- Apresentação de tolerância à entrada de erros.
- Possibilidade de impressão das atividades propostas.
- Possibilidade de publicização das atividades.
- Ampliação das atividades de leitura e escrita para além do ambiente digital.
- Estímulos motivadores: autoria, publicização, interatividade, contribuição para a autoestima, criatividade e autonomia do público infantil.

Aspectos relacionados às linguagens

A constituição desta categoria de análise tem como foco a identificação da forma como os conteúdos tecnológicos são disponibilizados ao público infantil: recursos, acesso e qualidade. Para tanto, foram elencados como critérios de análise itens como: *feedback*, documentação, indicação do fabricante e disponibilização de seu contato (suporte), *design*, velocidade e processamento de informações, importação de dados, aprendizagem intuitiva e agrupamento dos itens disponibilizados.

O processo de análise possibilitou a constatação de algumas falhas nos critérios que se configuram como instrumentos de "exploração" da interface pelo público infantil. São pontos falhos do programa a ausência de *feedback* e a constituição do *design* do software, visto que ele se apresenta de forma estática, sem explorar qualquer recurso de animação digital.

Como itens positivos encontrados na estruturação do software, podemos citar:

- Fornece documentação e descrição dos requisitos tecnológicos necessários à sua utilização.
- Traz identificação de seu fabricante e disponibiliza seu contato.
- Traz indicação de faixa etária de seu público-alvo.
- Faz uso de ilustrações.
- Faz uso de cor.

- Possibilita a inclusão de novos dados.
- É capaz de processar rapidamente os dados.
- Pode ser operado por usuários sem conhecimento prévio de implementação de sistemas digitais.
- Apresenta agrupamento dos itens disponibilizados por localização.
- Apresenta agrupamento dos itens disponibilizados por formato.

Outras considerações para análise

Antes de qualquer análise, destaca-se a origem do processo de produção do HagáQuê: a pesquisa em um programa de pós-graduação. Essa característica distingue um software livre, de fácil acesso, de outros aparatos comerciais que visam, em última análise, a venda. Talvez parte das qualidades e características apresentadas a seguir seja decorrente da intenção do modo de produção e dos aspectos sociais envolvidos na própria instituição que o produziu.

O software HagáQuê foi desenvolvido com o objetivo de auxiliar no processo de alfabetização infantil através de atividades de produção textual. A produção de textos constitui-se como uma atividade de fundamental importância para o processo de alfabetização, principalmente a infantil. Devido ao caráter lúdico, a possibilidade de edição de histórias em quadrinhos por crianças em fase de alfabetização pode suscitar um interesse para uma maior aproximação com as funções sociais da linguagem, destacando-se, entre elas, o desenvolvimento de aspectos linguísticos e imagéticos. Essa conjugação de mais de um recurso semiótico amplia sobremaneira as possibilidades de produção de sentidos através da escrita. Caberá à escola trabalhar para que se insira nesse processo uma abordagem pedagógica.

O software HagáQuê apresenta uma interface parcialmente adaptada às limitações e necessidades da criança em fase de alfabetização, visto que sua navegação/exploração autônoma contempla, principalmente, a criança que já domina o registro escrito, oferecendo a ela, de modo desafiador, a possibilidade de compor os mais diferentes personagens, inseridos nos mais diversos contextos. Supõe-se também que o usuário conheça a estrutura de histórias em quadrinhos para compor seus textos e que seja, por conseguinte, um leitor desse gênero, mas a própria estrutura do material auxilia nos fatores composicionais. Observa-se, por exemplo, que o limite dado ao volume de texto advindo da utilização de recursos como balões para falas e espaços destinados para o discurso indireto precisa ser compreendido pelo usuário.

Sua produção pode ser retomada a qualquer instante, e também direcionada da forma que melhor convier, de forma a incentivar a autonomia e a criatividade da criança, aspectos fundamentais para a produção do conhecimento. As ferramentas disponibilizadas para a edição das histórias em quadrinhos são bem dirigidas àqueles que possuem o domínio do registro escrito, fluência na leitura e conhecimento do gênero proposto, de modo a não inibir o processo criativo. Seus recursos são simplificados, no sentido de que já estão disponíveis no menu; entretanto, são complexos para quem precisa dominá-los juntamente com o gênero e o registro. Como não há disponibilização de instruções orais, o usuário depende da informação escrita, a única disponível.

As histórias do HagáQuê só podem ser editadas utilizando-se o próprio HagáQuê, sendo salvas em múltiplos arquivos de imagem, texto e som, além de um arquivo de controle (que só pode ser aberto pelo software). As histórias editadas aceitam a importação de algumas figuras (bitmaps, ícones, gifs, jpegs, Windows *metafiles, enhanced metafiles*) e a anexação de sons, oferecendo ainda a opção de publicação na internet. Tendo em vista a disponibilização de vários recursos expressivos que conjugam imagens, texto escrito e sons, a possibilidade de retomar e revisar o texto a partir de vários tempos de produção e o cumprimento da função de publicização da versão final para outros leitores, presentes no programa, é possível dizer que boa parte do circuito de produção de textos pode ser vivenciada.

Durante o processo de alfabetização infantil, deve-se propiciar à criança uma interação com os mais diversos registros e funções da linguagem, também com as suas diferentes formas de estruturação e finalidades socioculturais, para que a mesma exerça, de forma ativa e efetiva, o necessário domínio da cultura escrita. É papel da escola aproximá-la, então, dos mais diversos tipos de textos, a fim de estimular a prática da leitura e escrita dentro e, principalmente, além do ambiente escolar. O HagáQuê constitui-se na modalidade de software de autoria, aberto e bem dirigido, onde as ferramentas disponibilizadas são utilizadas conforme o interesse da criança. As atividades, voltadas para o desenvolvimento da alfabetização, apresentam-se de forma lúdica e prazerosa, incitando a autonomia e criatividade necessárias a uma aprendizagem significativa. Constata-se que há um repertório prévio de contextos e imagens, o que libera o usuário para se concentrar na composição dos textos, complementando-os com outras opções semióticas, constituindo assim a sua própria história. Se o processo de utilização do programa for autônomo, é necessário contar com o conhecimento prévio do usuário para registrar textos e selecionar as imagens e situações que vão compor o gênero quadrinhos. Mas, pensando essa mesma proposta para crianças que ainda não sabem ler e escrever sozinhas, pode-se pensar numa aplicação escolar coletiva, mediada pela professora ou pelos familiares.

A análise crítica para com os conteúdos formativos e informativos presentes em uma mídia educacional, e também para com a sua função didática (estruturação, objetivos, recursos, funcionalidade, possibilidades e perspectivas) deve atentar para os indícios que *predominam* sobre a mesma, já que dificilmente uma produção irá se pautar por concepções exclusivas de uma determinada corrente epistemológica. A mídia educativa que se configura como objeto desta análise exemplifica bem tal situação, visto que se configura predominantemente como criação inerente à concepção epistemológica construtivista, pois:

- a criança tem papel ativo e decide que direção tomar;
- a criança tem acesso à informações legíveis;
- o controle da mídia pela criança dá-se de forma clara e explícita;
- as atividades podem propiciar o desenvolvimento do senso crítico e estimular o pensamento;
- a mídia instiga a criança para o imaginário/subjetivação;
- a mídia favorece a elaboração do raciocínio lógico e memorização;
- a mídia estimula a criatividade, o espírito investigativo e observador de forma lúdica e recreativa.

O software analisado apresenta ricos potenciais para dinamizar e aperfeiçoar, de forma lúdica e criativa, o desenvolvimento da alfabetização infantil, visto que explora, em seu registro, a prática da "escrita digitalizada" aliada a recursos multimídia (som, imagem, texto/hipertexto), através de experimentações livres e reversíveis para o exercício de inscrição da linguagem no gênero proposto. Entretanto, encontramos resquícios de concepções epistemológicas behavioristas presentes na estruturação de seus aplicativos, visto que a criança não recebe respostas do programa de modo incentivador e o sistema de comunicação não se mostra eficiente: ausência de um tutorial claro e bem direcionado ao público infantil, especialmente àqueles que se encontram na fase inicial de aquisição da leitura e escrita; ausência de *feedback*; ausência de auxílio na forma oral; falta de exploração de recursos de animações digitais. Tais pontos são essenciais para uma aplicação efetiva e significativa no exercício de inscrição da linguagem no gênero proposto, principalmente por aqueles que ainda não têm o domínio do registro escrito e fluência na leitura.

Torna-se, pois, primordial e necessário uma constante e efetiva integração entre produtores de softwares e educadores, para que a constituição de uma mídia educativa contemple, em sua produção e estruturação, tanto a otimização dos aplicativos como a dos pressupostos pedagógicos, para que estes, por sua vez, venham a propiciar processos de ensino e aprendizagem significativos através das tecnologias digitais.

Considerações finais

O espaço cibernético possibilita a complexidade, diversidade e total multiplicidade das subjetivações humanas e formas culturais de vida, abrindo aí espaço para diferentes possibilidades de construções sociais. As novas tecnologias digitais constituem um importante conjunto de oportunidades e desafios para o universo educacional - tempos, espaços, sujeitos, organização, conteúdos, metodologias, objetivos, posturas, compromissos -, gerando desconforto e insegurança ante as possibilidades de transformação proporcionadas por seus meios midiáticos. As tecnologias digitais vieram para ficar, e aprimoram-se dia a dia os recursos por elas oferecidos, com a clara promessa de facilitar as relações com os ambientes nos quais se insere, inclusive o educacional. As crianças são naturalmente mais receptivas a esses recursos, e a curiosidade que apresentam para uma eficiente utilização dos mesmos facilita a sua inserção pelos meios digitais. Entretanto, não possuem discernimento para avaliar todo o material que lhes apresentam como *educativo*. Cabe, portanto, ao corpo docente uma avaliação pedagógica dos recursos apresentados, averiguando seus conteúdos, verificando seus limites, suas possibilidades e perspectivas para o desenvolvimento de uma aprendizagem significativa.

As tecnologias digitais impõem ao sistema educacional e ao profissional docente a tarefa de incutir integração, articulação e continuidade na práxis educativa, pressupondo uma reformulação teórica quanto aos procedimentos de avaliação e metodologia do saber aí constituído, proporcionando assim um novo espaço para a constituição de uma *aprendizagem significativa*[5]. O papel primordial do educador frente às novas tecnologias vai estar ligado à sua preparação e capacitação diante das mesmas, pois há necessidade, na prática, de que os mesmos saibam operar com os diferentes signos linguísticos propiciados pelo universo midiático, e assim garantir uma verdadeira práxis pedagógica frente à incorporação das práticas tecnodigitais.

Conclui-se, portanto, como necessária ao profissional docente uma formação de cunho epistemológico, e não meramente instrumental, frente às tecnologias

5 A aprendizagem significativa envolve a assimilação de conceitos e proposições novas mediante sua inclusão às estruturas cognitivas e aos referenciais simbólicos existentes.

educacionais propiciadas pelas redes digitais, para que tenha a capacitação técnica e pedagógica necessária à reconfiguração do conhecimento, sua produção e partilha, de modo a tornar possível e real a aprendizagem, concordando com Sancho (1998, p. 13):

> [...] os profissionais do ensino, qualquer que seja sua função no sistema, necessitam conhecer e avaliar, para poder tomar decisões informadas, as tecnologias da informação e comunicação disponíveis, que já fazem parte do ambiente de socialização dos corpos discente e docente. Necessitam pensar em uma tecnologia que seja educacional, quer dizer, útil para educar. Precisam de um conhecimento que possibilite a organização de ambientes de aprendizagem (físicos, simbólicos e organizacionais) que situem os alunos e o corpo docente nas melhores condições possíveis para perseguirem metas educacionais consideradas pessoal e socialmente valiosas. Isso sem cair na ingenuidade de crer que com isso acabaremos com os problemas do ensino, nem no engano de pensar que, ignorando o que ocorre ao nosso redor, salvaguardaremos a escola dos perigos tecnológicos.

Deve-se buscar uma melhor identificação para a mediação didática pedagógica frente à incorporação das práticas tecnodigitais pelo campo educativo, para que estas deixem de lado o aspecto pronto e acabado de *criação* e assumam o dinamismo de *potencialidade* para o sistema educacional, ressignificando seus sujeitos, tempos e espaços, com uma constante reflexão quanto ao seu melhor direcionamento. Para tanto, o profissional docente deve ter em mente a necessidade de entender melhor o novo espaço que a revolução cibernética e informacional fez surgir (Morin, 1999), e também entender que o espaço cibernético é a sociedade, e a interação entre os seus agentes necessita e envolve o domínio de uma técnica (Castells, 2000). É esta técnica, epistemologicamente fundamentada, que propiciará o valor pedagógico das tecnologias digitais e as decorrentes transformações para o universo educativo.

Referências Bibliográficas

ASSMANN, Hugo (org.). *Redes digitais e metamorfose do aprender*. Petrópolis: Vozes, 2005.

CASTELLS, M. *A sociedade em rede*. São Paulo: Paz e Terra, 2000.

GHIRALDELLI JUNIOR, Paulo. *O que é pedagogia*. 5ª ed. São Paulo: Brasiliense, 1991.

KHUN, Thomas S. *A estrutura das revoluções científicas.* Trad. Beatriz Vianna Boeira e Nelson Boeira. 3ª ed. São Paulo: Perspectiva, 1994.

LÉVY, Pierre. *Cibercultura.* São Paulo: 34, 1999.

FERREIRA, Márcia Helena Mesquita. *Análise de CD-ROMs e Websites com conteúdos educativos destinados a crianças.* Belo Horizonte: Faculdade de Educação da UFMG, 2006 (monografia). Orientação: Isabel Cristina Alves da Silva Frade.

MORIN, E. *Ciência com consciência.* Rio de Janeiro: Bertrand Brasil, 1999.

SANCHO, Juana Maria (org.). *Para uma tecnologia educacional.* Porto Alegre: Artmed, 1998.

TAJRA, S. F. *Informática na educação: novas ferramentas pedagógicas para o professor da atualidade.* São Paulo: Érica, 2000.

2. Internet – diferencial proporcionado pelas linguagens digitais e pela telemática

Maria Ilse Rodrigues Gonçalves (Faculdade Senac Minas)

Neste trabalho, são analisadas as possibilidades do hipertexto na aprendizagem, em comparação com o texto convencional escrito, como nova forma de abordagem e de concepção metodológica para seu estudo.

Com o ciberespaço, redimensionou-se a possibilidade da narrativa não linear, hipertextual. Por meio de palavras ou ícones selecionados em forma de links, o navegador pode acessar diversos documentos e transitar aleatoriamente por fotos, sons, vídeos, textos, gráficos etc., às vezes de forma lúdica, mesmo sem a prévia leitura do texto.

É importante ressaltar que a forma de lidar com o hipertexto varia de acordo com o objetivo que se pretende. Como lembra Eco (1998, p. 311), o hipertexto de Busa sobre Tomás de Aquino é um instrumento belíssimo, mas não se pode encontrar nele uma definição de eletricidade, o que poderia se viabilizar por meio de um hipertexto baseado na *Third* de *Webster* e na *Enciclopédia Britânica*. Logo, um hipertexto é finito e limitado, embora seja aberto a consultas inumeráveis e originais.

O hipertexto pode ser estabelecido por um ícone de navegação, denominado hipermídia, o qual, encaminhado para outro lugar e acompanhado de outras linguagens sonoras e visuais, comporta diversas possibilidades, tais como fotografias, filmes, animação, voz, música ou vídeo.

Torna-se importante esclarecer a diferença entre multimídia e hipermídia: *hipermídia* é a denominação que se dá à união de multimídia e hipertexto; *multimídia* é a denominação genérica dada à integração de meios de comunicação, como texto, gráficos, animação, som e vídeo.

Apesar do otimismo que pode existir na narrativa hipertextual, que à primeira vista poderia parecer mais interativa e fascinante, há também equívocos e limitações. Diante do grande volume de informação, o cibernauta pode incorrer numa desordem cognitiva, sentindo-se perdido na navegação pelos vários textos interligados, perdendo muito tempo.

Por outro lado, quando o autor do hipertexto destaca o que lhe convém e o leitor segue o itinerário traçado, pode estar se configurando uma forma autoritária de organizar o conhecimento e não atender às necessidades do leitor quando este requer conteúdos com maior profundidade. Acrescente-se, ainda, que a leitura aleatória pode ser hiperfragmentária, não induzindo à reflexão e nem à formação de estruturas complexas relacionadas. Como adverte Landow (1998, p. 232), os hipertextos com a internet têm avançado muito, mas ainda se apresentam muito limitados, conduzindo, às vezes, a simples conexões de ponto a ponto. Apesar de suas limitações, é importante educar as pessoas para o uso mais crítico do hipertexto, despertando interesse pela busca de versões mais aprimoradas na rede.

A nova forma de abordagem por intermédio do hipertexto exige mudança nas formas de leitura e escrita, nos conceitos de texto, autor, propriedade intelectual e diversidade de outros contextos, permitindo, assim, a participação, a intervenção, a bidirecionalidade e a multiplicidade de conexões. Proporciona a organização da informação, levando a conexões de um texto com inúmeros outros de forma ampla, como afirma Landow (1998, p. 222): "La textualidad es por tanto virtual, fluida, adaptable, abierta, capaz de ser procesada e infinitamente duplicada, trasladada rapidamente; capaz, en definitiva, de manipularse en la red, de unirse a otros textos". Enfim, estamos diante das amplas possibilidades da expansão do texto, ou do texto tecido junto.

Outro aspecto importante no hipertexto é o acesso aos dados. Ao se deslocar de um lado para outro na estrutura do texto, pela navegação, o leitor tem acesso a nova forma de leitura e de recepção, conduzindo à participação bidirecional e à multiplicidade de conexões, restringindo a separação emissor/receptor e criando a coautoria. Logo, cada um pode interferir, modificar conteúdos, e o texto pode resultar inacabado, tornando mais dinâmica a participação como leitor e/ou autor. Levy (1999) argumenta sobre o tema:

> Em relação às técnicas anteriores, a digitalização introduz, primeiro, uma pequena revolução copernicana: não é mais o leitor que segue as instruções da leitura e se desloca no texto, mas é, de hoje em diante, um texto móvel, caleidoscópico que apresenta suas facetas, gira, torna e retorna à vontade diante do leitor.

Dessa forma, o hipertexto ocorre mais à maneira do pensamento que o texto convencional. Como o pensamento é por natureza associativo, o mecanismo de leitura num hipertexto é diverso do processo de leitura do texto convencional, no qual o início e o fim estão claramente definidos.

A leitura por meio de uma série de ligações, interconectando partes de textos, não pressupõe a existência de um fim definido pelo autor, mas apenas começa onde o leitor deseja e, interagindo com os diversos textos, produz uma leitura multilinear ou multissequencial. Segundo Landow (1998, p. 232), "la visión de

Nelson del hipertexto, que todavía inpira muchos trabajos sobre el tema, exije algo más: que todos los textos del mundo se vinculen en un metatexto disperso a través de una gigantesca red de ordenadores que llegue al mundo entero".

Nesse aspecto, todo texto se reporta a outros textos, contribuindo para a construção de seu sentido, por meio de uma rede de relações internas e externas a ele – intertextualidade, passível de ser favorecida, em todos os níveis, pela associação hipertextual. Assim, pode-se dizer que a leitura constrói o texto e "a intertextualidade, pensamento em rede que se contrapõe à ideologia de uma leitura passiva, guiada pela ordem dos discursos" (Parente, 1999, p. 87). De fato, o avanço tecnológico amplia as possibilidades de intertextualidade, mediante textos que remetem a outros textos, em processo que pode ser infinito.

Os avanços hipertextuais repercutem em diferentes campos, segundo Parente (1999, p. 80): ciência da computação, ciência da informação, cibernética, teorias das redes, teorias e sistemas de comunicação, ciências da linguagem e da cognição, história do livro e da escrita, dentre outros. É importante observar que em cada um desses campos o conceito de hipertexto tem aspectos distintos, abrindo possibilidades de pesquisa sobre os processos de informação, aprendizagem e ensino. Landow (1995, p. 13), baseado em Jacques Derrida, Theodor Nelson, Roland Barthes e Andries van Dam, afirma: "Me atrevería a decir que se está produciendo un cambio de paradigma en los escritos. [...] Esta reacción tendrá profundas repercusiones en la literatura, la enseñanza y la política."

Essa nova forma de leitura hipertextual redunda em mudança significativa em termos do autor e leitor, e pode, com esses avanços, estar associada ou mesmo transferir parte do poder dos autores aos leitores, modificando radicalmente o controle da publicação. Pode emergir, assim, um leitor ativo, que ultrapassa a condição de espectador que aceita passivamente o que é transmitido para a condição de sujeito operativo, participativo e criativo. Em face da informação, da mensagem, ele pode alterar, mudar, produzir e compartilhar, ampliando os múltiplos pontos de vista (Silva, 2000, p. 14).

O hipertexto e a hipermídia podem proporcionar o texto inacabado, que adquire caráter de aleatoriedade: o escritor perde o controle de sua autoria, mas como ficará o direito autoral nesse contexto? Assim esclarece Eco (1998, p. 312):

> Podemos pensar que los hipertextos son ilimitados e infinitos. Cada usuario puede añadir algo, y se puede crear una especie de historia inacabada al estilo del jazz. En este punto, la noción clásica de autoría desaparece, y tenemos una nueva forma de aplicar la libre creatividad. [...] Estamos caminando hacia una sociedad más liberada, en la que la libre creatividad coexistirá

> con la interpretación textual. Me gusta eso. El problema está en decir que hemos reemplazado algo viejo por otra cosa; tenemos ambas, gracias a Dios.

Na atualidade, vive-se uma ambivalência nesse contexto. Vislumbra-se a democratização intertextual, mas como tudo isso se concretizará ainda está por definir. Uma coisa é certa: constitui forma dinâmica, criativa e revolucionária de lidar com o texto, e apenas no futuro haverá uma acomodação desse novo paradigma. Com otimismo, conclama Landow (1998, p. 231): "hipertextualizar un texto no produce un libro electrónico sino una biblioteca electrónica en miniatura".

O hipertexto utiliza alguns dispositivos característicos da impressão, tais como índice, referências, sumário, legendas, nota de rodapé e remissão ao glossário – aspectos que "quebram" a sequencialidade do texto, tanto impresso como digital.

É possível que esses avanços das novas tecnologias, como afirma Parente (1999, p. 74), venham transformar profundamente a produção, a circulação e o uso do texto, mas será necessário ainda algum tempo para sedimentar essas novas possibilidades.

Elaboração de conteúdos com hipertexto

A elaboração de conteúdos com hipertexto no contexto educativo é bastante complexa, incipiente. Não tem correspondido à produção requerida, apesar do crescimento exponencial da rede.

A produção de material pedagógico utilizando o hipertexto eletrônico representa desafio maior que a do material impresso, uma vez que, além dos aspectos relativos à estruturação didática convencional, o meio eletrônico apresenta dificuldades quanto ao seu manejo, resultando em esforço adicional. Além do conteúdo, é necessário dominar a nova linguagem que permitirá estruturá-lo e utilizá-lo eletronicamente.

Não é, sem dúvida, um processo simples, pois apresenta obstáculos culturais que não são fáceis de vencer, destacando-se a dificuldade em lidar com as novas tecnologias, em que os aprendizes dominam mais do que os professores, requerendo-lhes esforço na tarefa imediata de instruir-se nessas tecnologias de maneira que elas sejam consideradas aliadas, e não inimigas.

O hipertexto, conforme abordado, apresenta-se como documento com várias páginas interligadas, sem numeração, lidas e relidas nas diversas ordens. O leitor deve escolher sua trajetória de leitura, trazendo informações complementares a respeito de um assunto.

Como um hipertexto apresenta um grupo de nexos, sua sequência e elos são fundamentais. Assim, no seu planejamento deve-se estabelecer o mapa de navegação, indicando o percurso viável para as conexões das distintas áreas de conteúdos que se pretende interligar. Dessa forma, diversos tipos de navegação podem ser delineados, estabelecendo-se suas fases na elaboração.

Para Liestøl (1997, p. 125), a navegação tem papel importante na investigação e no desenvolvimento do hipertexto. São várias as indagações feitas pelos cibernautas quando vivenciam a desorientação da leitura dos hipertextos: "Onde estou?" "Para onde vou?" e "Como chegarei ali?"

Na navegação "linear", o cibernauta deve seguir o hipertexto com as indicações estabelecidas de forma sequencial obrigatória. Tal estruturação apresenta links para "avançar" e "voltar atrás", bastando apenas seguir o roteiro estabelecido pelo produtor. Esse modelo é semelhante a um livro tradicional, no qual o leitor segue a sequência determinada pelo autor. A Fig. 2.1 é ilustrativa desse modelo:

Figura 2.1 – Navegação linear.

Outros tipos de hipertexto podem oferecer opções diversas para que o cibernauta desenvolva sua navegação com trajetória diferente. Assim, apresentam-se vários hipertextos e, nos "hierárquicos", inicia-se em um ponto e, a partir dele, segue-se o desenvolvimento do conteúdo de forma ramificada, podendo-se conectá-los separadamente, em sequência, como indica a Fig. 2.2. É um pouco menos impositivo que o linear, mas também bem limitado, pois não oferece alternativas.

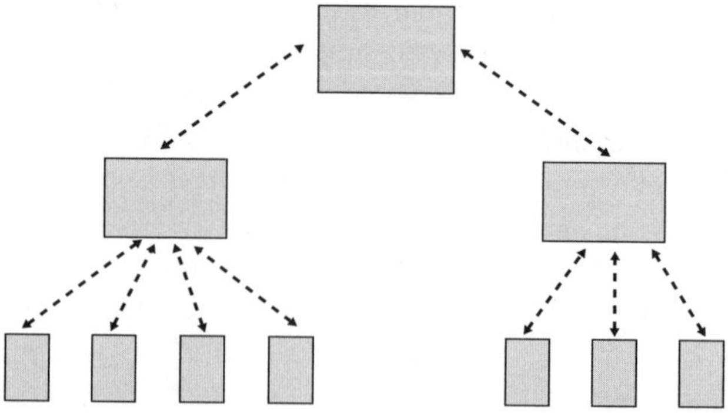

Figura 2.2 – Hipertexto hierárquico.

Há hipertextos mais interativos, que possibilitam várias opções, proporcionando diversos caminhos, como se pode observar na Fig. 2.3. A disposição das telas é dinâmica, variando segundo o interesse do visitante, o que implica o uso inteligente dos links e estruturas de hipertexto, como os "multidimensionais", como afirma Landow (1995, p. 135) e Radfahrer (1998, p. 121), ou "multilineares", em que o cibernauta navega nos diversos níveis de um site, móveis e intercambiáveis, não ensejando medir o número de páginas ou sua estrutura. O cibernauta mergulha livremente em todo o conteúdo. O hipertexto, como afirma Radfahrer (1998, p. 183), "é um texto tridimensional, e, portanto, não tem começo nem fim". A Fig. 2.3, a seguir, dimensiona tal ideia de forma básica, uma vez que, como as possibilidades multidimensionais são várias, é praticamente impossível representar graficamente um padrão desse modelo.

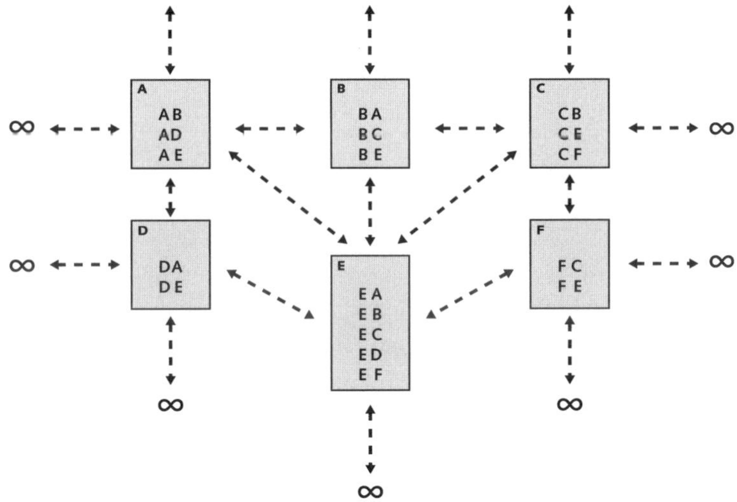

Figura 2.3 – Hipertexto interativo.

É importante que, num hipertexto, o cibernauta tenha a possibilidade de sempre retornar às suas diversas partes, como o índice, o glossário, a ajuda, dentre outras. Para tanto, os *frames* podem constituir ajuda. De acordo com Osuna Acedo (2001, p. 88), as limitações do hipertexto referem-se ao fato de se poder incidir num *desbordamiento cognitivo*, diante da multiplicidade de informações oferecidas e manipuláveis, e ainda gerar relativa desorientação quando se navega entre diferentes documentos interligados.

Os autores de hipertexto e de hipermídia precisam ter em mente aspectos importantes, como a facilidade de navegação, caso contrário o usuário pode se perder com facilidade. É também necessária a organização de pontos claros, que permitam integrar as informações à própria organização dos conhecimentos previamente adquiridos.

Para a produção do texto pedagógico, em formato de documento eletrônico, o texto escrito ainda predomina. Há aspectos importantes para a produção desse material que devem ser observados no texto eletrônico: deve-se ser simples e claro, sem perder de vista que a leitura na tela do computador é cansativa – logo, o texto não pode ser muito denso, sobrecarregando os parágrafos, tornando-se exaustivo. De preferência, devem ser usadas frases curtas, de maneira positiva, com verbos fortes e ativos (Busha, 1979). Laaser (1997, p. 70) aconselha:

> Use basicamente orações principais, uma vez que elas são mais fáceis de ser seguidas do que orações subordinadas; evite ter orações subordinadas em excesso numa mesma frase; evite o uso da voz passiva, usando verbos ativos e diretos; use palavras concretas; transforme as palavras abstratas em verbos [...].

É oportuno ressaltar que o processo mental para a leitura do hipertexto não é o mesmo que para o material impresso, uma vez que, neste, o autor pensa numa sequência linear, e no hipertexto a organização pode ser diametralmente oposta. Mesmo se seguir a elaboração aparentemente convencional, com uma sequência determinada, que o leitor pode acompanhar, o autor deve incorporar palavras ou figuras sensíveis no texto que lhe permitam dirigir-se a temas relacionados por outros autores, até mesmo enlaces a sites de internet na área específica, mantendo a possibilidade de o leitor regressar a qualquer momento ao site que estava lendo anteriormente. Quanto mais flexível o mapa de navegação, maiores as possibilidades de os estudantes complementarem adequadamente suas necessidades de aprendizagem. Logo, é fundamental, nesse contexto – para que ele seja flexível, interativo –, oferecer múltiplas possibilidades, de forma simples, com interface acessível, facilitando ao usuário a possibilidade de escolha. Em caso contrário será difícil interagir com a diversidade de informação.

No momento, como afirma Johnson (2001, p. 111), o texto está amplamente presente na interface gráfica. Quanto à utilização das palavras nas interfaces, a linguagem textual é a mesma dos últimos anos; surgiu apenas o hipertexto. A linguagem visual, no entanto, ficou cada vez mais elaborada.

Torna-se imperativo ressaltar que se vive num ambiente cercado de diferentes signos sonoros, audiovisuais, informáticos e, no entanto, a prática docente utiliza predominantemente os materiais impressos. Para Aparici (2001), isso resulta paradoxal: "este desajuste entre contexto e institución educativa pone de manifiesto, de algún modo, la desconexión de los signos que utiliza la sociedad y los signos que utilizan, predominantemente, los sistemas educativos". É importante incorporar outras linguagens de comunicação, abrindo espaço para sua multiplicidade, aprendendo com os jovens sobre essas linguagens e as máquinas digitais para uma reflexão conjunta sobre as possibilidades pedagógicas telemáticas.

Hipertexto no contexto da educação

Um dos principais reflexos do hipertexto eletrônico é a forma como questiona a educação tradicional, uma vez que os pressupostos convencionais de ensino são afetados da mesma maneira que as funções de leitor e de escritor entendidas de forma tradicional (Landow, 1995, p. 153). O hipertexto e a hipermídia devem ser concebidos como um diálogo entre o usuário e o computador, implicando um modelo comunicativo definido.

Assim, podem estar presentes nos diversos contextos educativos, dependendo do enfoque que lhes seja dado, tanto em contexto passivo como inovador, *dialógico*, aberto, indagador. Como afirma Freire (2000, p. 109), que não vivenciou o mundo hipertextual na virtualidade, mas apresenta analogia pertinente ao contexto, o

> [...] espaço pedagógico é um texto para ser constantemente "lido", interpretado, "escrito", e "reescrito". Neste sentido, quanto mais solidariedade exista entre educador e educandos no "trato" deste espaço, tanto mais possibilidades de aprendizagem democrática se abrem na escola.

Os diversos enfoques que podem advir no mundo educacional, dependendo de como sejam conduzidos, serão abordados a seguir. Segundo Kaplún (1998, p. 17), "a cada tipo de educación corresponde una determinada concepción y una determinada práctica de la comunicación". Pode-se destacar o modelo de educação com ênfase nos conteúdos, nos resultados, e o modelo que enfatiza o processo. Essa abordagem perpassa diferentes propostas de educação, que, na realidade, estão sempre entrelaçadas, porém identificáveis, o que significa que em determinado contexto pode-se utilizar um ou outro modelo, com ênfase no processo de formação do educando.

A educação com ênfase nos conteúdos é a educação tradicional, na qual os professores valorizam pouco o diálogo e a participação, dando mais importância aos dados que aos conceitos, à transmissão oral e à leitura linear. Corresponde à educação bancária, caracterizada por Paulo Freire, citado por Kaplún (1998, p. 22): "[...] informa pero no forma". Confunde instrução com educação.

O educando é um ouvinte – não desenvolve sua capacidade de raciocinar, tampouco sua consciência crítica. Não aprende, apenas memoriza, repete e logo esquece. Não existe diálogo, apenas monólogo, utilizando um esquema de comunicação unidirecional. Segundo Kaplún (p. 24), "no asimile, porque no hay asimilación sin participación, sin elaboración personal".

Os meios audiovisuais são utilizados com ênfase nesse modelo apenas para reforço da aprendizagem, para transmissão de conteúdos. Usam-se as novas tecnologias na concepção pedagógica tradicional, não mudando nada, ou seja, um meio moderno num contexto pedagógico conservador. Kaplún (p. 28) lança indagações importantes nesse sentido: "¿Lanzamos afirmaciones o creamos las condiciones para una reflexión personal? Nuestros medios monologan o dialogan?"

Esse modelo de educação certamente utiliza também a navegação linear e a unidirecional, exemplificada na Fig. 2.1, em que o cibernauta segue o itinerário estabelecido pelo autor, sem possibilidades dialógicas e, consequentemente, sem interatividade entre os professores e educandos. Constitui um modelo autoritário de transmissão, no qual o educando é mero receptor.

A educação com ênfase nos resultados não questiona o modelo tradicional; aceita a educação livresca, com programas amplos, propõe como objetivo a mudança de atitude e preocupa-se em avaliar os resultados; porém, todos os passos da aprendizagem já vêm programados. Kaplún chama essa educação de manipuladora, pois se fundamenta na psicologia condutista, baseada no mecanismo de estímulo e resposta, não implicando reflexão ou análise, tampouco favorecendo o desenvolvimento do raciocínio ou submetendo-se a uma livre eleição; enfim, não contribui para o desenvolvimento da criatividade e da consciência crítica. É o modelo que mais utiliza os meios massivos de comunicação, porém sem enfocá-los numa perspectiva crítica.

No contexto hipertextual, a educação com ênfase nos resultados utiliza a navegação hierárquica, exemplificada na Fig. 2.2, em que o conteúdo pode ser apresentado de forma ramificada, mas sem opção de questionamento ou discussão.

O modelo de educação com ênfase no processo surge de um enfoque aberto às indagações, à curiosidade, às perguntas dos educandos. É crítico e reflexivo, e sua tarefa é ensinar, não transferir conhecimentos. Esse modelo teve como principal inspirador Paulo Freire, e é conhecido como "educação libertadora" ou "transformadora". Não se trata de educação para informar, e sim para formar o educando, a fim de que transforme sua realidade. Assim, este não é mais paciente, mas coparticipante, crítico, epistemologicamente curioso, participando da construção do conhecimento por meio de processos cognitivos complexos.

A "educação transformadora" pode utilizar em seus contextos as novas tecnologias para problematizar e estimular a discussão, o diálogo, a reflexão e a participação. Na utilização do hipertexto, é importante observar tais aspectos, a fim de situar o que se pretende em termos da prática da educação. Destaca-se que a forma de interagir com o hipertexto poderá fornecer ou não as condições necessárias para a aprendizagem.

O professor poderá, então, verificar que tal modificação demonstra o surgimento de um *novo leitor*; não o que segue as páginas do livro linearmente, mas o que estabelece seu próprio itinerário de leitura, interfere, manipula, modifica, redimensiona a mensagem, construindo uma rede vasta a explorar (Silva, 2000, p. 73). Incentiva então a coautoria de seus aprendizes, proporcionando-lhes a possibilidade de serem protagonistas da própria aprendizagem.

Esse modelo de educação utiliza o hipertexto multilinear ou multidimensional, apresentado na Fig. 2.3, em que os aprendizes, abertos a múltiplas conexões, são estimulados à coparticipação e à cocriação de forma ativa, construindo, assim, seu conhecimento.

É recente o uso do hipertexto em bases digitais em educação. O debate atual centra-se, fundamentalmente, no seu papel como ferramenta cognitiva para propósitos de aprendizagem. Não está mais em discussão se ele deve ou não ser utilizado na aquisição da informação, uma vez que não há mais retorno – o avanço da tecnologia é irreversível. Dessa forma, o simples acesso à informação não pressupõe que tenha ocorrido aprendizagem. A simples exposição ao meio eletrônico não proporcionará, automaticamente, a aprendizagem, nem sequer a do de tipo incidental, e talvez nem instrua. O processo de aprendizagem é complexo e implica contexto mais abrangente. Como afirma Freire (apud Kaplún, 1998, p. 54), "conocer no es adivinar y la información es un momento fundamental del acto del conocimiento".

No campo da educação, essas mudanças já se fazem sentir. O hipertexto proporciona meios eficientes para obter classes interdisciplinares, para integrar a matéria de um curso ao de outros, além de possibilitar atender às diferenças individuais, ajustando, em uma mesma classe, alunos mais lentos com os mais rápidos, deixando que o educando siga segundo seu ritmo pessoal.

Assim, o hipertexto pode estar contido em ambientes de ensino-aprendizagem nos quais o aprendiz elabora seu próprio conhecimento por meio da construção coletiva de um aprendizado cooperativo. Ele permite ao educando ter maior número de conexões, navegar em diversos nexos e interagir com diversos meios e contextos, resultando num aprendizado via diferentes meios de assimilação; enfim, o aluno pode utilizar vários recursos simultaneamente.

É no campo da aprendizagem informal, sobretudo, e com os fatores de ordem motivacional que o hipertexto oferece vantagens. Como educação informal, pode-se considerar aquelas ações e influências exercidas pelo ambiente sociocultural, das quais resultam conhecimentos, experiências e práticas não intencionais e não organizadas, adquiridas fora de uma instituição.

Landow (1995, p. 159) acrescenta que as facilidades de conexões e flexibilidades que fazem do hipertexto um recurso didático tão valioso também o fazem ferramenta de investigação. Nesse sentido, Magda Soares, em entrevista à Revista *TV Escola* (p. 37, ago.-set. 2001), alerta aos educadores:

> É preciso ensinar e aprender a ler, interpretar e avaliar, bem diferentes da linguagem dessa tão mais antiga tecnologia que é a escrita, e considerar ainda que essas novas tecnologias de leitura na tela suscitam processos cognitivos também diferentes dos que lançamos mão para a leitura na página. [...] é preciso que nós, professores, aprendamos a dominar esses diferentes gêneros, para que possamos levar os nossos alunos a também dominá-los, porque essa é a comunicação do futuro – ou já é a comunicação do presente?

Como será no futuro, não se sabe. Espera-se que os alunos sejam leitores, quando entrarem em contato com as informações; autores, quando produzirem seus conhecimentos; e colaboradores, cooperadores e/ou coautores, quando em interação com diversos autores, professores, demais colegas e consigo mesmos.

Referências Bibliográficas

APARICI, Roberto. *Documento integrado*. Disponível em: <http://www.uned.es/ntedu/espanol/masterunivmarcos.htm>. Acesso em: 20 set. 2001.

ECO, Umberto. Epílogo. In: NUNBERG, Geoffrey (org.). *El futuro del libro: ¿Esto matará eso?* Barcelona: Paidós, 1998, pp. 303-314.

LANDOW, George P. Dentro de veinte minutos, o ¿Cómo nos trasladamos más allá del libro? In: NUNBERG, Geoffrey (org.). *El futuro del libro: ¿Esto matará eso?* Barcelona: Paidós, 1998, pp. 213-241.

LANDOW, George P. *Hipertexto: la convergencia de la teoría crítica contemporánea y la tecnología*. Barcelona/Buenos Aires/Cidade do México: Paidós, 1995.

PARENTE, André. *O virtual e o hipertextual.* Rio de Janeiro: Pazulin, 1999.

SILVA, Marco. *Sala de aula interativa.* Rio de Janeiro: Quartet, 2000.

LIESTØL, Gunnar. Wittgenstein, Genette y la narrativa del lector en hipertexto. In: LANDOW, George (org.). *Teoría del hipertexto: Wittgenstein, Genette y la narrativa del lector en hipertexto.* Barcelona: Paidós, 1997, pp. 109-145.

RADFAHRER, Luli. *Design, web, design.* São Paulo: Market Press, 1998.

OSUNA ACEDO, Sara. *Multimedia: entornos virtuales e interactivos.* 2ª ed. Madrid: Taymar, 2001 (Universidad Nacional de Educación a Distancia).

LAASER, Wolfram (coord.). *Manual de criação e elaboração de materiais para educação a distância.* Brasília: Edunb, 1997.

JOHNSON, Steven. *Cultura da interface: como o computador transforma nossa maneira de criar e comunicar.* Trad. Maria Luiza X. de A. Borges. Rio de Janeiro: Zahar, 2001.

APARICI, Roberto (coord.) *La revolución de los medios audiovisuales educación y nuevas tecnologías.* Madrid: Ediciones de la Torre, 1996.

FREIRE, Paulo. *Pedagogia da autonomia: saberes necessários à prática educativa.* São Paulo: Paz e Terra, 2000.

KAPLÚN, Mario. *Una pedagogía de la comunicación.* Madrid: Ediciones de la Torre: 1998.

SOARES, Magda. A necessidade de ler. Revista *TV Escola*, Ministério da Educação, Secretaria de Educação a Distância, n. 24, p. 35-39, ago.-set. 2001.

LÉVY, Pierre. *Tecnologias intelectuais e modos de conhecer: nós somos o texto.* Disponível em: <http://portoweb.com.br/PierreLevy/nossomos.html>. Acesso em: 8 set. 1999.

3. A hipertextualidade constitutiva do discurso de informação televisiva

Giani David Silva
Jerônimo Coura-Sobrinho (CEFET-MG)

Considerações iniciais

De acordo com o *Dicionário de análise do discurso* (Charaudeau e Maingueneau, 2004), o termo hipertextualidade diz respeito a uma noção introduzida por Gérard Genette, na obra *Palimpsestes – La littérature au second degré*, escrita em 1981 e publicada em 1982. Para chegar a esse termo, Genette define, inicialmente, a transtextualidade ou transcendência textual como "tout ce qui le met en relation, manifeste ou secrète, avec d´autres texts" (Genette, 1982, p. 7)[1]. A transtextualidade comportaria alguns tipos de relações. A primeira, a intertextualidade, termo introduzido por Julia Kristeva em 1960, seria a presença efetiva de um texto em outro texto. Exemplos de intertextualidade são: citação (com aspas, com ou sem referência precisa), plágio (empréstimo não declarado) e alusão (enunciado que deixa escapar uma relação com outro).

O segundo tipo, a paratextualidade, é constituído, numa obra literária, pela relação menos explícita que o texto mantém com o paratexto: título, subtítulo, prefácio, posfácio, notas laterais e outros sinais.

O terceiro tipo de transcendência textual é a metatextualidade, que diz respeito à relação que une um texto a outro texto (do qual ele trata), sem nomeá-lo. Trata-se de um comentário.

A hipertextualidade seria toda relação que une um texto B (hipertexto) a outro texto A (hipotexto). O hipertexto seria, portanto, um texto derivado de outro pré-existente, pela via da transformação. Para Genette, a hipertextualidade é um aspecto universal da literalidade, ou seja: todas as obras são hipertextuais, umas mais, outras menos. Nesse sentido, portanto, a paródia e o pastiche seriam exemplos de hipertextos, uma vez que se encontram relacionados, embora com intenções comunicativas diferenciadas, a outros textos. O pastiche estaria vinculado ao lúdico, não militante, enquanto a paródia, sobretudo a utilizada para depreciar o hipotexto, estaria vinculada à intenção de desqualificar, subverter as intenções latentes no texto que busca imitar.

---

1 "Tudo aquilo que coloca o texto em relação, manifesta ou escondida, com outros textos."

Em um artigo intitulado "Leituras sobre o hipertexto: trilhas para o pesquisador", Ribeiro (2006) se propõe a fazer um mapeamento sobre os estudos sobre o hipertexto, a partir de duas matrizes: uma americana e outra europeia. Do lado americano, a autora faz referências a Vannevar Bush e Theodore Nelson. Nas palavras de Ribeiro, Bush seria o responsável pela concepção de hipertexto, e Nelson, o cunhador do termo. Para Ribeiro, "Bush é considerado o 'pai' da ideia de hipertexto, pela publicação do artigo "As we may think". Nesse trabalho, publicado na revista The Atlantic Monthly, em julho de 1945, ele descreveu uma máquina para armazenar dados, que teria uma maneira inteligente de indexar e buscar, em caso de necessidade, a informação solicitada. Em 1965, Nelson divulgou a ideia de que os textos, de alguma maneira, sob a arquitetura do hipertexto, poderiam ser uma espécie de simulação do que se passa na mente humana ao escrever e ler.

Do lado europeu, Ribeiro cita Pierre Lévy e Roger Chartier, a fim de fazer uma reflexão sobre o hipertexto. Na década de 1990, Lévy publicou alguns livros nos quais reafirma a ideia de que o hipertexto se aproxima de um modelo de funcionamento da mente em rede, também e principalmente fora das telas. Chartier, menos preocupado com as dimensões cognitiva e psicolinguística, pensa o hipertexto e o computador como novos gestos de leitura e escrita, sempre sob a perspectiva da história.

De uma maneira simplificada, pode-se pensar o hipertexto e a hipertextualidade como produto e processo, respectivamente, das nossas práticas sociais de linguagem. Se considerarmos, com Bakhtin, que a língua em uso é o que interessa, já que a língua em si é uma abstração, e é na interação que ela apresenta potencial de sentidos, a noção de coenunciação parece contribuir para as reflexões sobre o hipertexto e a hipertextualidade. Enquanto a enunciação é, para Benveniste (1970, p. 12), "cette mise en fonctionnement de la langue par un acte individuel d´utilisation"[2], a coenunciação, denominação mais adequada ao mesmo fenômeno (Culioli, 1968, 1973), leva em conta que dois participantes (coenunciadores) desempenham papel ativo no processo de comunicação. O conceito de enunciação de Benveniste destaca a posição do sujeito enunciador, colocando-o no centro do processo comunicativo, enquanto o de coenunciação de Culioli, por comportar a coprodução de sentidos, deixa entrever um potencial hipertextual na relação entre os coenunciadores. Nesse sentido, o enunciado, produzido pelo coenunciador 1, funcionaria como um hipoenunciado a partir do qual o coenunciador 2, pelo estabelecimento de relações de sentido, reagiria, participando ativamente do

2 "O fato de se colocar a língua em funcionamento por meio de um ato individual de utilização da mesma."

processo de comunicação. O potencial hipertextual do enunciado primeiro seria, então, atualizado pelo coenunciador e materializado na forma de um novo enunciado (hiperenunciado). Esse processo de transformação de hipo em hiperenunciado consistiria um mecanismo especial de textualização a que se poderia chamar de hipertextualidade.

A noção de coenunciação seria, portanto, compatível com diversos conceitos fundadores, apontados na vasta obra de Bakhtin, como os de alteridade, dialogismo, heterogeneidade enunciativa, polifonia e, por que não, com a hipertextualidade. Isso nos conduziria a deslocar o eixo da discussão sobre a estrutura do hipertexto e a sua conformidade com as maneiras de pensar para a articulação entre os processos de produção e de recepção dos variados discursos.

A hipertextualidade, independentemente de ser vista como (i) um tipo específico de relação entre textos, (ii) uma arquitetura textual que se aproxima da forma do pensamento humano, ou (iii) um novo gesto de se produzir e ler textos, parece, portanto, não ser constitutiva de um discurso específico, mas de diversos discursos que circulam nos mais variados meios.

Levando-se em conta a importância do discurso da informação midiática nos dias atuais, em sociedades as mais distintas, serão apresentadas, a seguir, algumas reflexões sobre a hipertextualidade de telejornais.

Potencial analítico dos telejornais

Os telejornais, por serem discursivamente complexos, possibilitam diferentes análises, através de sua estrutura de conjunto, de seu estatuto e modos de construção e funcionamento, da combinação de matérias e temas, do cruzamento de gêneros discursivos que o caracterizam, da posição na grade programática do canal, entre muitas outras possibilidades. Esses programas apresentam alguns elementos que reafirmam uma série de propriedades televisuais, tais como:

- Instantaneidade: a emissão do jornal é realizada ao vivo e encena essa característica.
- Delimitação temporal: duração limitada e regular.
- Visualidade: a imagem possibilitou a integração; a informação tornou-se acessível a toda população.
- Seletividade: o jornal tria e opera a escolha no fluxo das informações (exiguidade informacional). Essa triagem é feita conjugando as carac-

terísticas de instantaneidade e visualidade. É o lugar da focalização da vida pública.

- Lógica de captação: o telejornal deve captar o maior número possível de telespectadores.

Os telejornais encontram-se em um ambiente de forte concorrência, contexto de estratégias de conquista, captação e fidelização de um público. Nesse sentido, buscam uma imagem que os particularize e destaque dos demais. Para Pierre Moeglin (1986, p. 169), essa busca é centrada na ideia de que cada jornal deve ter seu *look* bem definido. O *look*, mais do que relacionar-se a vestuário de apresentador e repórteres, postura e dicção, envolve também a cenografia, o que nos leva a um problema de agenciamento de dispositivos visuais e sonoros.

Todos os truques visuais utilizados pelos telejornais não têm influência funcional; o que se busca, sem dúvida, é a imagem – ou mais exatamente, uma imagem – que a televisão quer dar de seu jornal. E qual seria então essa imagem? (Moeglin, 1986, p. 169)

Esse questionamento nos faz refletir sobre alguns aspectos da macroestrutura dos telejornais: primeiro, o uso de truques de imagem e inovações tecnológicas realmente não acrescenta nada do ponto de vista funcional (função de informar, no entender de Moeglin); segundo, retomando literalmente a questão desse autor: qual imagem os canais de televisão querem dar a seus telejornais? Para avançar nesses questionamentos, serão abordados dois aspectos do telejornal que, no nosso entendimento, contribuem para a configuração de sua hipertextualidade: o cenário e a relação imagem-texto.

Cenário

A cenografia no teatro da Grécia Antiga era reduzida à pintura de locais e fachadas em tendas ou skenes (skene era o local onde os atores se trocavam). O público se posicionava em torno do espetáculo, numa forma circular. O espaço do palco era delimitado por um círculo no chão.

Na Idade Média, utilizou-se o interior das igrejas como lugar para encenação de peças, que ganhavam uma conotação litúrgica. Do palco-altar, passou-se aos pórticos das igrejas, para, finalmente, ganhar as praças públicas, que impuseram a necessidade de um cenário simples, mas inovador na época (uma pequena elevação poderia representar uma montanha, por exemplo). O teatro clássico renascentista avança, com o italiano Bramante, para o cenário em perspectiva, proporcionando, pelos estudos ópticos, uma visão em terceira dimensão do cenário e criando para o espectador, consequentemente, uma ilusão de real. A cena italiana se adapta à própria estruturação espacial do palco, que, arquitetonicamente, é separado do espaço destinado ao público por uma ribalta, permitindo a iluminação da cena sem a iluminação da sala destinada ao público.

Com o surgimento da luz elétrica, as inovações cenográficas avançam, e, de simples décor, o cenário amplia sua importância. A cenografia moderna utiliza-se de elementos antes meramente decorativos para expressar ideias, emoções.

O cinema incorporou essa forma de representação teatral. Nos primórdios do cinema, cenários eram construídos como no teatro, mas a evolução da cenografia cinematográfica fez com que ela adquirisse características próprias e tecnicamente diferentes. O espaço real foi muitas vezes utilizado como cenário em filmes e, hoje, tem-se o advento da cenografia virtual. Espaços computadorizados são criados para o espectador, não sendo compartilhados por aqueles que estão no local da gravação.

A princípio, a televisão deu à cenografia pouca importância; os cenários eram precários e limitados. A partir da segunda metade do século XX é que, com as evoluções técnicas, que permitiram melhor qualidade de imagem, exigiu-se do cenógrafo uma maior preocupação com a qualidade do espaço cênico. A cenografia virtual já é também uma realidade das cenas televisivas. Obviamente, sua utilização ganha importância relativa, de acordo com o gênero.

O cenário é a ambientação, a porta que nos faz entrar nesse mundo informacional. Como o cenário do teatro, ele busca nos inserir em um outro universo; em nosso caso, o universo responsável por nos fazer conhecer o que de "mais importante" está acontecendo no mundo todo.

O cenário do estúdio testemunha a imagem que o telejornal constrói de si. Normalmente, tal imagem reforça o caráter de seriedade e avanço tecnológico do jornal. Se, de um lado, está em função da busca de credibilidade através de um processo de referenciação (nós estamos aqui, e, ao vivo, vamos te informar), de outro o cenário é um forte elemento de captação, de sedução. Refletirá o que o jornal é capaz de fazer tecnológica e esteticamente para valorizar ainda mais a informação a ser transmitida.

Segundo Soulages (1999), para o telejornal, o estúdio é um verdadeiro "espaço nodal", ponto de passagem obrigatório para acesso ao mundo dos acontecimentos. Esse dispositivo é central em sua macroestrutura, alternando imagens externas (imagens de reportagens) e o espaço interno do estúdio. Esse espaço cênico se exibe de diversas formas, mas sempre reforçando a imagem de rede invisível que liga, em tempo real, telespectadores e acontecimento.

Para Hanot (2002), a percepção da cenografia é construída pelo receptor através do estabelecimento de relações dos objetos encenados com o seu universo de referência, do qual fazem partes conteúdos e textos interconectados. Esses objetos podem se referir a um universo amplo – o mundo, lugar dos acontecimentos; ou restrito – o mundo da televisão. Segundo esse autor, tal mundo se concentra em um lugar fabricado, constituído de índices diversos e recorrentes. É o mundo do estúdio, diferente do mundo dos acontecimentos.

O mundo encenado pelo estúdio não é definitivamente o "mundo-todo mundo", uma vez que nos apresenta um cotidiano que não é o nosso. O mundo encenado se refere aos jornalistas e à própria televisão.

Para Soulage, há três tipos de espaços cênicos: autorreferencial, decorativo e modular.

- Espaço autorreferencial: nos apresenta uma decoração estritamente referencial, no qual a câmera centrada no apresentador, em primeiro plano, deixa entrever deliberadamente, em segundo plano, todos os dispositivos tecnológicos que dão o suporte para o fazer jornalístico (como monitores/ computadores). Esse recurso contribui para fortalecer uma imagem de que a edição de um jornal é complexa, ativa e tecnologicamente avançada, dando maior credibilidade e autenticidade para a função.
- Espaço decorativo: o segundo plano é figurativo. Normalmente, opta-se por uma única imagem ao fundo, estando o apresentador em primeiro plano. Nesse caso o efeito evocado é o de seriedade; o destaque é para o apresentador e para as notícias apresentadas. Não há nada que possa dispersar a atenção dos telespectadores do que o objetivo maior do programa: a informação.
- Espaço modular: evidencia a imagem do entorno do apresentador. Espaço em que se realizam trocas duais ou plurais. O espaço modular é visualizado quando a câmera faz tomadas do palco do jornal como um todo. Tem-se a imagem de estúdio quando a câmera se afasta e mostra um plano geral.

Esses espaços podem se mesclar e constituir, por exemplo, um espaço cênico modular e autorreferencial, como ocorre em diversos telejornais brasileiros. Aliado a esses cenários físicos, tem-se ainda o auxílio da imagem virtual para agregar informação ao cenário. Imagens relacionadas às temáticas do que está sendo apresentado aparecem e desaparecem. Pode haver a utilização de texto, evidenciando títulos das matérias. Ou ainda, como vem ocorrendo em alguns telejornais, o uso de informações textuais passando continuadamente na parte inferior da tela, reforçando o aspecto sinestésico da transmissão. A multimodalidade, nesse caso, permite ao telespectador fazer diversas leituras simultâneas, não se fixando apenas na voz do apresentador, mas desviando o olhar para as outras enunciações, em um tipo de concorrência complementar.

Relação texto-imagem

A mensagem linguística é facilmente descolada das mensagens icônicas. No entanto, a leitura de um texto, em cuja composição estão presentes esses dois tipos de mensagens e que utiliza a imagem como elemento para autentificar seu discurso, deve considerar as diferentes possibilidades de sentidos oriundas da relação texto e imagem.

Algumas perguntas podem ser feitas quando se questionam os aspectos dessa relação: a imagem dobra informações do texto pelo fenômeno da redundância (Barthes, 1964, p. 43)? Ou ambos, texto e imagem, acrescentam algo novo um em relação ao outro?

A mensagem linguística pode funcionar como uma forma de fixar os sentidos dispersos em uma mensagem icônica, por natureza polissêmica. Funciona como forma de direcionamento de sentido, ajudando a identificar os elementos da cena, a nomeá-los e a fazer uma descrição denotada da imagem. A essa função, Barthes (p. 44) chama ancoragem: "o texto dirige o leitor entre os significados da imagem, fazendo-lhe evitar alguns e receber outros". A ancoragem é uma forma de controle das possibilidades de sentido, da liberdade dos significados da imagem.

Uma outra função da mensagem linguística abordada por Barthes é a função de *relais* (complemento). Fala e imagem encontram-se em uma relação de complementaridade, compondo um sintagma mais amplo. Esse tipo de recurso é usado em narrativas cinematográficas, nas quais a informação é mais custosa, não existindo uma relação imediata e direta entre texto e imagem, o que exige um esforço de leitura maior, diferente de quando a mensagem linguística tem valor substitutivo, o que torna a apreensão da informação, facilitada na relação imagem-texto, mais direta.

Esse é o ponto que nos interessa mais de perto: a relação texto e imagem em mensagens cujo objetivo é informar. Será que essa relação é limitada pela função da ancoragem? Ou poderemos perceber algum sentido fugitivo dessa forma de controle?

Jost (1999) propõe, tendo como base os conceitos peirceanos, a classificação dos tipos de imagem em três categorias:

- Imagens-testemunho: guardam traços com o fato (índices).
- Imagens de arquivo: ao mesmo tempo em que afirmam a possibilidade de um acontecimento representado, negam a unicidade desse acontecimento – esquemas abstratos e reatualizáveis (ícones).
- Imagens-símbolos: são capazes de criar metáforas; têm valor de comentário, ao se destacarem da imagem do real para lhe dar um valor simbólico (símbolos).

Ao abordar as imagens televisivas, Jost utiliza o termo simulação (*feintise*). Dessa forma, mesmo as imagens de caráter indicial, uma vez representação, sempre serão vistas como uma forma de simular uma realidade, e não como a própria realidade. De forma não muito diferente, Charaudeau e Ghiglione (1997, pp. 44-52) já tinham abordado as figuras de representação da imagem. Para esses teóricos, são quatro os modos de representação: a presentificação, a figuração, a visualização e a evocação.

- Presentificação: o processo consiste em apresentar, através de um procedimento técnico de decalque videográfico da realidade, um "ser-aí". Pelo recurso da cotemporalidade e copresença, o apresentador, mesmo que *a posteriori*, torna o objeto presente aos olhos do sujeito observador, que tem a ilusão de estar em contato direto com ele através de sua (re)apresentação. Os efeitos de autenticidade, dos quais o apresentador lança mão nesse tipo de representação, criam uma relação de equivalência entre o que aconteceu, o que é mostrado e o que é visto. A imagem estabelece uma contiguidade indiciária entre a presença do apresentador e o que é exibido.
- Figuração: esse tipo de representação consiste em restituir, reconstituir um fato, uma realidade. O mundo criado é uma simulação cujo grau de semelhança com a realidade representada varia de acordo com a finalidade. O sujeito observador sabe que o que vê é "como se fosse o real". Ele se vê diante de uma imagem de mundo. O sujeito figurante tem uma grande possibilidade criativa de recriação, que deve ser adaptada às restrições do gênero. Esse modo de representação pode provocar efeitos de fidelidade ou de deformação de uma verdade estabelecida pelo conhecimento empírico do observador sobre o mundo.
- Visualização: esse processo não consiste em mostrar ou reconstituir uma realidade, mas visualizar uma outra realidade conceitual depreendida do que é mostrado através da imagem. Assim, exige-se do sujeito observador um processo de interpretação para perceber a equivalência entre o

que vê e o conceito, ou mensagem proposta pelo sujeito visualizante. É o caso do uso de imagens como gráficos, mapas, imagens, que têm por objetivo explicar um mundo não visível, e por isso, podem despertar o desejo de saber, já que sua criação está relacionada ao conhecimento de uma tecnologia instrumental que permite a elaboração de tais imagens.

- Evocação: esse processo consiste em remeter, valendo-se de dispositivos semiológicos diversos, para um mundo de sensações ou de valores, de forma codificada. O sujeito evocante utiliza mais ou menos conscientemente recursos que podem provocar determinadas sensações no sujeito observador. Tais evocações são de ordem cultural, portanto compartilhadas pelos membros de uma mesma comunidade social. Conjugada com outros modos de representação, a evocação constrói universos simbólicos.

Tanto no que propõe Jost como Charaudeau e Ghiglione, estamos diante de releituras dos conceitos peirceanos de ícone, índice e símbolo. Isso se mostra bastante operacional nas análises das imagens televisivas. No entanto, vale ressaltar que esses procedimentos de representação através da imagem não são estanques, como não são os conceitos semióticos, e devem ser analisados como um processo dinâmico, que preveja o uso concomitante de imagens com valor icônico, indicial e simbólico.

Sobre o processo de evocação, Charaudeau e Ghiglione afirmam (1997, p. 52): "A televisão não utiliza de todo a 'evocação', exceto talvez nos 'genéricos'[3] dos jornais televisivos e em certas emissões. Em contrapartida, esta é sistematicamente explorada pela publicidade."

Tal afirmação converge com a ideia de que as matérias jornalísticas, por buscarem um efeito de real, baseiam-se mais em recursos como a presentificação ou figuração. No entanto, o que está sendo proposto é que percebamos na construção de uma reportagem o uso desses outros procedimentos, inclusive o de evocação, que, apesar de ser um recurso amplamente utilizado na publicidade, não o deixa de ser no jornalismo. E mais, o seu uso, ao mesmo tempo em que demonstra a busca por efeitos de patemização, é revelador de um determinado posicionamento, às vezes sutil, às vezes nem tanto, do sujeito comunicante em relação a seu objeto. E estaria, em nosso entender, sendo utilizado como uma estratégia argumentativa subjacente ao discurso referencial da informação.

Para Mottet (1986, p. 183), a representação da atualidade na televisão ocupa hoje uma posição estratégica no mundo das imagens. Primeiramente, devido à

3 Genérico – o mesmo que abertura, vinheta.

sua proximidade com as preocupações concretas das pessoas; em seguida, pelas modificações que tal recepção cotidiana introduz nas leituras de outros tipos de imagem.

As imagens da atualidade estão impregnadas das condições práticas de produção, o que evidencia e valora mais o contato direto com o acontecimento designado do que a perfeição da imagem como forma de imitação.

O discurso de informação midiática, ao postular a visibilidade dos fatos e da realidade, pressupõe o estabelecimento, na produção da notícia, de um vínculo com a experiência que concede a suas representações um estatuto de realidade.

Há um monopólio da relação existencial do referente na imagem fílmica de informação. A imagem, tendo reforçado o seu aspecto indicial, é forçada a corresponder com o real na leitura do telespectador.

Recorrer às virtudes indiciais da imagem acentua a designação do acontecimento pela reportagem. Mas, contrariamente ao que é constantemente afirmado, a designação dos fatos de atualidade pela imagem televisiva não é simplesmente um problema de reprodução do autêntico, de seu lado documentarizante, do seu valor analógico.

Como afirma Mottet (1986, p. 192):

> O que confere plenamente eficácia à imagem é menos seu conteúdo, sua qualidade estética, seu realismo, virtudes ligadas a características imanentemente de linguagem, do que sua relação a um acontecimento único, por definição contíguo, sobre o qual ela nos obriga a fixar, por alguns instantes, nosso olhar, nossa atenção. Vazia de conteúdo, pura força designadora, a imagem-pretexto do telejornal é suficiente para estabelecer nossa relação com os fatos. De fato, a designação do referente funciona não mais pelo viés do trabalho formal na cena, mas por uma relação que opera aquém de toda figuração.

Assim, insuficiência de informações e pouca qualidade das imagens não são obstáculos para se produzir uma reportagem. Basta lembrarmos a cobertura do conflito armado entre Estados Unidos e Iraque, em que um correspondente, munido de uma câmera web e de um telefone, mantinha-nos informados dos acontecimentos *in situ*. As informações trazidas eram muitas vezes repetidas, já que agências de informação as divulgavam 24 horas por dia. No entanto, as más condições de produção das imagens, os sons que entrecortavam a fala e os ruídos da linha telefônica reforçavam o valor da presença no local. As imagens nos remetiam menos à semelhança com o objeto (a guerra, os destroços, a situação do povo, as condições do exército etc.) do que aos traços da implicação do repórter no ato da reportagem (tomadas efetuadas no local em más condições). O efeito de real produzido por essas imperfeições técnicas é signo da ligação da reportagem com o fato.

A ilusão de linearidade narrativa, criada pela linha do tempo que conduz a reportagem televisiva, contrasta com as imagens que se apresentam de forma fragmentada. Ao narrar um acontecimento, o repórter busca atender a uma expectativa do telespectador em ter acesso a uma informação completa, com início, meio e fim (se possível, nessa ordem). No entanto, na composição de uma reportagem, pode-se perceber a fragmentação das imagens, que, coladas umas às outras como em um mosaico, possuem a propriedade de conduzir o telespectador a construir sentidos, ora estabelecidos na relação imagem e texto, ora na dissociação dessas enunciações.

Considerações finais

Ao assistir a um programa de televisão, em especial a um telejornal, faz-se necessário o estabelecimento de relações múltiplas que envolvem diferentes signos (verbais, icônicos, gestuais), assim como o cruzamento com informações fornecidas pelo próprio veículo ou por outros contextos. Um programa de tal natureza está sempre em diálogo com o programa do dia anterior e com outros que compõem a extensa coleção de textos de informação midiática em diferentes meios (jornal impresso, internet, rádio).

Dessa forma, um texto midiático não nos oferece todas as informações necessárias para a compreensão da informação veiculada, uma vez que sua leitura dependerá da capacidade do leitor em unir fragmentos, associar informações, relacionar signos, tornando-o um coenunciador. É nesse sentido que a noção de hipertextualidade pode ser considerada constitutiva do discurso de informação televisiva. Embora o discurso da informação possa ser considerado prioritariamente sob o ângulo do fazer-saber, a construção de sentido depende do esforço do receptor para estabelecer relações entre a informação nova e outras informações de outros textos a que ele teve acesso anteriormente.

Um dos fatores que caracteriza o hipertexto é a não linearidade. Como podemos considerar esse aspecto em um texto que é marcado pela linearidade temporal? Os programas televisivos são marcados por um início e um fim definidos pelo tempo de duração da emissão. No entanto, essa linearidade não é refletida na composição do texto que assistimos. O texto telejornalístico é marcado pela multissemiose, exigindo do leitor uma associação contínua de diferentes elementos sensoriais:

imagens, léxicos, sons, infográficos, cores... Tais elementos, todos portadores de potencial informativo, carecem de inter-relação a fim de contribuírem para a compreensão da mensagem veiculada. Dessa forma, a informação transmitida pelo telejornal apoia-se no funcionamento não linear da mente humana, que estabelece conexões entre os elementos sensoriais e os conhecimentos prévios dos sujeitos, configurando uma dimensão importante da hipertextualidade.

Embora muitos outros aspectos também característicos da hipertextualidade, em especial os relacionados à multimodalidade e à não linearidade, pareçam entrar em cena na construção de sentidos construídos a partir da informação televisiva, buscou-se abordar apenas dois aspectos da hipertextualidade em um telejornal: o cenário dos estúdios e a relação imagem e texto. Como afirma Charaudeau (2007), não há "grau zero" de informação. Há sempre algo implícito e que depende de um valor de crença para ser compreendido nas informações. Isso faz com que a construção de sentidos do discurso informativo, a exemplo do veiculado pelos telejornais, ressalte o caráter hipertextual de sua constituição.

Referências Bibliográficas

BARTHES, Roland. Rhetorique de l'image. *Communications*, Paris, Seuil, n. 4, pp. 40-51, 1964.

BENVENISTE, Émile. L´appareil formel de l´énonciation. *Langages*, n. 217, pp. 12-18.

CHARAUDEAU, Patrick & MAINGUENEAU, Dominique. *Dicionário de análise do discurso.* São Paulo: Contexto, 2004.

CHARAUDEAU, Patrick & GHIGLIONE, Rodolphe. *A palavra confiscada – um gênero televisivo: o talk-show.* Lisboa: Instituto Piaget, 1997.

CHARAUDEAU, Patrick. *Discurso das mídias.* São Paulo: Contexto, 2007.

CULIOLI, Antoine. La formalisation en linguistique. *Cahier pour l´analyse*, n. 9, pp. 106-117.

______. Sur quelques contradictions en linguistique. *Communications*, n. 20, pp. 83-91.

GENETTE, Gerard. *Palimpsestes – La littérature au second degré.* Paris: Seuil, 1982, 576 p.

JOST, F. *Introduction à l'analyse de la télévision.* Paris: Elypses Editions Marketing, 1999.

HANOT, Muriel. *Télevision-realité ou réalisme?* Bruxelas: De Boeck Université, 2002.

MOEGLIN, P. Une scenénografie en quête de modernité: de nouveaux traitements de l'image au JT. In: MIÈGE, B. (org.). *Le JT – mise en scène de l'actualité à la télévision.* Paris: INA, 1986.

MOTTET, J. Le reportage: des images en situation. In: MIÈGE, B. (org.). *Le JT mise en scène de l'actualité à la télévision.* Paris: INA, 1986.

RIBEIRO, Ana Elisa. Leituras sobre o hipertexto: trilhas para o pesquisador. *Anais do XI Simpósio Nacional de Letras e Linguística e I Simpósio Internacional de Letras e Linguística.* Uberlândia, 2006.

SOULAGES, J. C. *Les Mises en scène visuelles de l'information.* Paris: Nathan/ INA, 1999.

4. Novos letramentos e apropriação tecnológica: conciliando heterogeneidade, cidadania e inovação em rede

Marcelo El Khouri Buzato (Unicamp)

Introdução: letramentos digitais e o conceito de apropriação tecnológica

Apropriação é um conceito aplicável a diferentes escalas ou níveis de análise (tecnologia-indivíduo, tecnologia-grupo, tecnologia-instituição, tecnologia-cultura nacional etc.), produzido em diversos campos disciplinares (Antropologia, Sociologia, Psicologia etc.) e disputado por diferentes teorias ou correntes nesses campos (o marxismo, a teoria da estruturação, os estudos culturais, o sociointeracionismo etc.). Trago para esta reflexão apenas algumas dessas perspectivas, justamente as que se harmonizam com a concepção de novos letramentos/letramentos digitais que tem norteado minhas pesquisas.

Posso resumir tal concepção da seguinte maneira: ser letrado (adquirir um certo letramento) é participar de um conjunto de práticas sociais nas quais significados e sentidos de certos conteúdos codificados culturalmente (tradicionalmente, mas não exclusivamente, textos escritos) são gerados, disputados, negociados e transformados. Letramentos são diversos, de modo que as atividades interativas/interpretativas que os constituem envolvem propósitos, valores, atitudes, códigos e dispositivos tecnológicos variados. Os efeitos cognitivos e sociais desses letramentos variam em função dos fatores citados, entre outros, não sendo totalmente previsíveis, embora se possa investir institucionalmente em certos tipos de letramento, em certos contextos, visando certos efeitos.

Pode-se dizer que letramentos são sempre situados, mas, para tanto, é preciso esclarecer o sentido de "situado". Não se trata apenas de que eles existem e circulam em domínios e contextos geográficos, culturais, institucionais e históricos específicos, mas também de que esses contextos (domínios, instituições etc.) são por sua vez produzidos por letramentos específicos. Trata-se, em outras palavras, de assumir que, entre letramento e contexto, há sempre uma relação de coprodução e recursividade.

Os novos letramentos/letramentos digitais são particularmente importantes para pensarmos em apropriação tecnológica visando a transformações sociais, porque habilitam contingencialmente aquilo que autores como Lankshear e Knobel (2007) qualificam como um novo *ethos*, uma nova mentalidade, que enfatiza a participação, em detrimento da publicação editorial, o conhecimento (técnico) distribuído em lugar do conhecimento (técnico) centralizado, a partilha de conteúdos em vez da propriedade intelectual privada, a experimentação em oposição à normatização, enfim, a troca colaborativa, a quebra de regras criativa e o hibridismo em lugar da difusão de conteúdos, do policiamento e da pureza.

De fato, os novos letramentos são produtos e produtores de hibridizações, no sentido bakhtiniano (1988), de justaposições de vozes/consciências num mesmo ato enunciativo, e essas hibridizações têm um potencial centrípeto, renovador. Entre elas, podemos citar as que se dão entre (i) espaços-tempos, (ii) mídias (a imprensa, o vídeo, a fotografia, o rádio, o cinema etc.), (iii) sistemas de representação (a escrita alfanumérica, as diversas linguagens imagéticas, os diversos tipos de cartografia e infografia, a música, a matemática etc.), (iv) gêneros vinculados a diferentes esferas de atividade social e diferentes tradições culturais e lugares geográficos que podem ser atravessados por um mesmo percurso interpretativo, (v) atitudes ou disposições frente ao conteúdo codificado – procurar informação, criticar, se divertir, pedir ajuda etc. (Buzato, 2009).

Ao mesmo tempo em que evidenciam uma certa instabilidade, e, portanto, a possibilidade de mudança social (e educacional), tais hibridizações também são resultados de processos de dominação e manipulação gerenciados a distância (globais, nesse sentido), processos que, no mais das vezes, são movidos adiante por nossa própria agentividade. Dito de outra forma, *conforme nos apropriamos das novas tecnologias* para fazer caminhar um outro *ethos*, o qual consideramos mais propício a uma educação voltada para a liberdade, a autonomia, a democracia, a solidariedade etc., não podemos perder de vista o fato de que *alguém* está fornecendo os *templates*, alguém também se apropria de nossa atividade e lhe confere significados sobre os quais talvez não tenhamos consciência (Latour, 2000; 2005).

Os novos letramentos/letramentos digitais são, portanto, ao mesmo tempo produtores e resultados de apropriações culturais (mas também institucionais, sociais e pessoais) das tecnologias digitais. Essas apropriações põem em evidência processos e conflitos socioculturais que sempre existiram, e que não deixarão de existir, mas também abrem a possibilidade de transformações (inovações, aberturas de sentido, instabilidades estruturais etc.) que ações e/ou políticas educacionais e de inclusão social (digital) deveriam aproveitar, ou ao menos não ignorar.

Apropriação tecnológica e inovação I: de cima para baixo

Rogoff (1995, *apud* Delaney et al., 2008) explora três sentidos aplicáveis ao termo apropriação. Em um deles, esta pode ser entendida como internalização, ou seja, as tecnologias são elementos externos que carregam habilidades e conhecimentos passíveis de ser transmitidos para dentro do indivíduo, produzindo mudanças internas. Em um segundo sentido, apropriação pode ser vista como transformação, isto é, a tecnologia é algo externo ao indivíduo que é importado e transformado para servir a seus propósitos. Nesses dois sentidos, está ligada a características do indivíduo e a seus movimentos em direção ao objeto, de modo que indivíduo e objeto são tidos como entidades discretas. Podemos postular, com base nos dados anedóticos de que dispomos, que essa seja, *grosso modo*, a visão de apropriação que norteia o pensamento "escolar" sobre as novas tecnologias atualmente.

Em um terceiro sentido, que nos interessa mais diretamente, Rogoff toma os processos individuais, interpessoais e socioculturais como mutuamente constitutivos por meio do conceito de apropriação participativa (*participatory appropriation*). Basicamente, nessa visão, ao participarem de atividades em que a tecnologia é relevante, as pessoas adaptam e modificam seu significado por meio da interação social (negociação de sentidos) em torno dos usos da tecnologia. Apropriação, portanto, passa de uma precondição a um sinônimo de transformação. Apropriar-se é igual a tornar-se (*becoming*).

Ao conectar apropriação, participação e transformação, sem separar sujeitos de objetos (e de outros sujeitos), Rogoff aponta para um caminho interessante de reflexão, porém também convidando o analista a revisitar a velha questão da precedência, ou não, do sujeito em relação à estrutura social. Diversos autores ligados ao tema da apropriação tecnológica recorrem, para essa revisita, à Teoria da Estruturação Social de Antony Giddens (1989).

Resumindo drasticamente essa teoria, podemos dizer que ela tenta explicar como os atores sociais, ao participarem de práticas ordenadas no tempo e no espaço, ao mesmo tempo produzem e conservam uma certa estrutura social, justamente porque se apoiam em regras e recursos que existem como propriedades estruturais. Tais propriedades são vistas como o meio e o produto das práticas que constituem os sistemas sociais, os quais são, por sua vez, emergentes e dotados de recursividade: os atores sociais servem-se de normas e recursos do sistema para mantê-lo e mudá-lo, "refazendo o que já está feito na continuidade da práxis" (p. 140).

Com base na Teoria da Estruturação de Giddens, Orlikowski (1992, *apud* Delaney *et al.*, 2008) propõe uma teoria de apropriação em que as tecnologias são vistas como recursividade entre estrutura e ação, isto é, como uma dualidade *tecnologia como design* e *tecnologia em uso*. Como design, a tecnologia fornece aos atores sociais certos sistemas de normas e recursos de que se servem para estruturar sua prática, condições institucionais e estilos de vida, sendo que as percepções do sujeito sobre o contexto influenciam sua interação com a tecnologia (tecnologia em uso). Esses usos trazem sempre consequências para as instituições que os abrigam, ou seja, a tecnologia em uso reforça e/ou transforma estruturas de significação, dominação e legitimação institucionalizadas.

O problema com o modelo de Orlikowski é que a autora enfatiza uma visão segundo a qual quaisquer restrições estruturais são institucionais e não internas às próprias tecnologias. Parece escapar-lhe, portanto, a percepção de que também para o construtor a tecnologia é uma dualidade (não é só design, mas, também, uso). Logo, entre os usos dos usuários (que o construtor pode apenas projetar) e os usos do construtor, de que os usuários, por vezes, não têm consciência, ou não estão em posição de direcionar, existe um espaço de conflito e de disputa de poder e de sentidos. Como em todo espaço desse tipo, há aí lugar para privação e criatividade.

Bar *et al.* (2007) identificam esse espaço ao definirem apropriação tecnológica como "uma renegociação criativa do poder implicado na configuração das tecnologias, seus usos, e a distribuição dos seus benefícios". Os autores não recorrem a propriedades estruturais, mas a dinâmicas culturais como motores dos processos de apropriação. Particularmente, baseiam-se em dinâmicas culturais constituídas historicamente em situações de assimetria de poder: a *infiltração barroca*, a *creolização* e a *antropofagia*. Argumentam os autores que assim como essas dinâmicas produziram literaturas, arquiteturas, práticas religiosas etc. consideradas excepcionalmente *criativas*, elas produziriam agora, no campo da telefonia celular no terceiro mundo, apropriações tecnológicas excepcionalmente *inovadoras*.

Para os autores, a inovação é produzida em um ciclo que começa com a adoção da tecnologia, tal como projetada alhures, pelos usuários, seguida da apropriação em si (*i.e.*, transformação dessa tecnologia, em sua aparência, função e configuração, pelas práticas, códigos e necessidades locais) e finalmente pela reapropriação dessas transformações por parte do fabricante, que reprojeta ou reconfigura o produto (na versão seguinte) para incorporar ou reprimir tais transformações.

Assim, podemos pensar em dois tipos de apropriações tecnológicas, pelo menos, constituídas na relação entre fabricante/tecnologia como design e usuário/tecnologia em uso. *Inovações* seriam, basicamente, apropriações legitimáveis, isto é, não ofensivas ao plano de negócios do fabricante. As não legitimáveis e francamente resistentes ao plano de negócios seriam, mais propriamente, *transgressões*. Versões sucessivas do produto serão então, basicamente, (i) tentativas do fabricante de lucrar por meio de inovações locais que ele torna globais e faz circular, e/ou (ii) tentativas de reprimir transgressões que minam seu plano de negócios. Obviamente, nem todas as apropriações inofensivas serão reapropriadas como inovações (apenas as que se reverterem em lucro), e nem todas as transgressões reprimidas (apenas as que se reverterem em prejuízo ou em responsabilidade legal do fabricante). Não há aí, portanto, criatividade ou dialogismo. Há circulação do poder e trabalho de Sísifo de ambos os lados.

Apropriação tecnológica e inovação II: de baixo para cima

Todos os apontamentos sobre apropriação tecnológica recolhidos até este ponto contam uma história muito binária da relação entre design/configuração, uso/apropriação e inovação/transgressão. Isso porque, aparentemente, excluem posições/subjetividades híbridas ou fronteiriças tais como a do "utilizador" (Cardon, 2005), isto é, o fabricante não industrial, não institucionalizado, não cumpridor de um plano de negócios, mas (i) suficientemente envolvido com o funcionamento interno do artefato para compreender melhor do que o fabricante o potencial da tecnologia para resolver seus problemas locais, e (ii) suficientemente entusiasmado, indignado ou indisciplinado (no "bom sentido" que o termo pode ter, ao designar algo produtivo e voltado para a solidariedade e a dignidade, como em Moita Lopes, 2006) para iniciar um processo coletivo e aberto de inovação em rede. É dessa maneira, justamente, que foram produzidas inovações tais como o Linux, a Wikipedia e a própria web, inovações produzidas por dinâmicas de conexão e colaboração voltadas, recursivamente, para a diversidade, a abertura e o compartilhamento.

Modelos como os de Orlikowsky e Bar *et al.* dão conta apenas de inovações pelo uso que Cardon denomina descendentes (*top-down*). Nesse caso, os fabricantes, ao observarem certas possibilidades criadas pelos usos locais, "são impelidos a desenvolver uma solução a partir de seu controle dos procedimentos genéricos, a fim de reduzir os custos de transferência da necessidade específica dos clientes". Inovações de baixo para cima (*bottom-up*) como o Linux ou a Wikipédia são de outro tipo. Basicamente, em lugar de uma solução genérica produzida visando um padrão médio de necessidades tais como interpretadas pelo fabricante, elas "são produzidas [...] pela convergência entre as especificidades", o que permite "uma outra forma de generalização, construída com o ajuste progressivo da multiplicidade de soluções trazidas pelos utilizadores" (Cardon, 2005). Trata-se, portanto, de compatibilizar heterogeneidade e ação coordenada sem o recurso à imposição de uma interpretação global e blindada do problema, produzida a partir dos recursos e modos de operar do fabricante.

Mais do que uma opção ética e política (que não deixa de existir, seja qual for o tipo de inovação), inovações ascendentes são uma opção utilitária, em muitos casos, porque adotam a chamada "lei da eficiência da cooperação aberta", expressa pela famosa frase: "given enough eyeballs, all bugs are shallow"[1]. Dito de outra forma, as diferenças de capacidade, necessidade e interpretação entre os atores conectados em torno da inovação não constituem o problema, mas a própria solução.

Além de tirar proveito da heterogeneidade de visões, competências e interesses daqueles que dela participam, as inovações ascendentes têm características que as colocam em uma direção particularmente interessante para uma educação comprometida com a liberdade e a transformação social. Justamente porque sua força está nos ajustes sucessivos que vão sendo feitos pelos que não a criaram originalmente, tentar protegê-la ou disciplinar excessivamente os seus usos a enfraquece (exatamente como uma ação escolar mal conduzida, porque excessivamente prescritiva e direcionada, pode enfraquecer o potencial de recursos como um blog, uma wiki ou um editor de apresentações). De alguma forma, nessas inovações, a igualdade emerge dinamicamente da diversidade, em processos de convergência, e não de imposição.

Isto não significa dizer, fique bem claro, que a prolixidade ou a eficácia desse tipo de inovação/apropriação tecnológica determinará, por si só, mudanças radicais nas configurações da relação entre desigualdade e diferença nos espaços culturais e institucionais em que elas se desenrolam. Assim como nas inovações de cima para baixo, há também aqui uma série de conflitos, dilemas e disputas a serem considerados. Para entendê-los, é útil recorrer ao modelo da inovação pelo uso proposto por Cardon, reproduzido na Fig. 4.1.

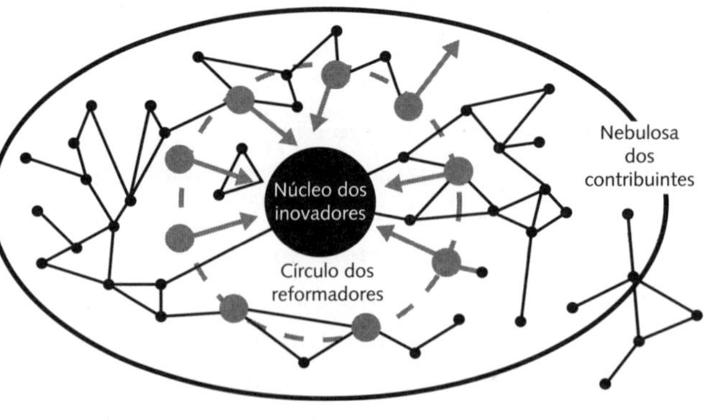

Fig. 4.1 – Os três círculos da inovação pelo uso, segundo Cardon (2005).

1 "Dado um número suficiente de olhos, todos os *bugs* (erros de sistema) são facilmente depuráveis".

Em geral, os processos de inovação ascendente começam com um problema prático que um utilizador, ou grupo pequeno de utilizadores, encontra em sua vida. Esses indivíduos utilizam sua reflexividade e competências pessoais que adquiriram em um contexto profissional ou acadêmico, misturadas às suas atividades pessoais ou de lazer (isto é, em espaços e letramentos caracterizados por maior liberdade, mais simetria de poder, menos prescrição etc.), para dar início a um esforço no qual vão conquistando aliados (no sentido de Latour, 2000), os quais se articulam em torno do problema, atribuindo-lhe significados locais.

Ao mobilizarem suas relações pessoais/profissionais, e não apenas conteúdos técnicos que dominam, os iniciadores fortalecem sua iniciativa. Em um primeiro momento, essas redes colaborativas, além de *eyeballs*, trazem prestígio e notoriedade para a inovação, o que, em um segundo momento, atrai para si uma "nebulosa de contribuintes". Embora intervenha pouco tecnicamente no artefato, essa nebulosa revigora a inovação. Primeiro, por seu volume, "estressa" o sistema e expõe suas fragilidades, as quais, então, tornam-se objeto de atenção do núcleo de inovadores. Segundo, por sua diversidade, sugere/demanda novos usos que um segundo grupo de utilizadores tecnicamente habilitados, o "círculo de reformadores" na Fig. 4.1, utiliza para ampliar o leque de funcionalidades do sistema. A inovação, porém, não termina aí. Dado que tudo foi feito, desde o início, privilegiando a abertura e a conexão, explica Cardon, formam-se paulatinamente "ecossistemas" de inovações conectados entre si, o que permite a cada uma das inovações (e grupos de inovadores) beneficiar-se dos efeitos externos que elas (eles) produzem.

Para que não se caia na ilusão de achar que, por conta de sua base aberta e cooperativa, as apropriações de baixo para cima são isentas dos problemas afetos à desigualdade e à diferença que caracterizam qualquer outro tipo de prática social, vale notar que nesses processos não se prescinde – nem se pode prescindir – de especializações nos papéis dos contribuintes dentro da comunidade formada em torno da prática inovadora e, portanto, de assimetrias de poder expressas nas diferentes formas de participação e reificação que ali se produzem (Wenger, 1998). A mais evidente delas, explica ainda Cardon, está no desenvolvimento técnico mais pesado, que "raramente é uma produção coletiva ampliada".

Ligado a essa assimetria de capacidade/conhecimento que caracteriza a própria prática está também o fato de que o círculo inicial dos inovadores frequentemente exerce "um controle vigilante sobre o destino de sua iniciativa", de modo que vão se estabelecendo aí fronteiras ideológicas, ligadas a políticas de participação específicas e marcadas por reificações específicas (por exemplo, licenças que garantem o prolongamento do caráter aberto da inovação aos produtos e desenvolvimentos posteriores gerados a partir dela).

Vale a pena notar também que, como em qualquer processo social, existem aí tensões e lutas. Por vezes, a relação entre o núcleo dos inovadores e os demais contribuintes – que podemos aqui entender como uma relação intercultural, isto é, entre a cultura técnica específica onde nasce uma certa inovação e os outros *lifewords* de onde vem contribuintes e onde a inovação circula – demanda dos inovadores a tolerância para certas simplificações (por exemplo, de design de interfaces) desejadas pelos contribuintes, ou para certos usos "profanos" sem os quais estes não poderiam/desejariam participar da inovação. Dos contribuintes periféricos é demandado também um certo esforço cognitivo e crítico, sem o qual o valor da inovação não seria percebido.

Mesmo sabendo tolerar e viabilizar essa diversidade de formas de envolvimento, ou justamente porque essa tolerância existe, o núcleo de inovadores enfrenta também o problema da colonização da sua inovação por usos "mais próximos do consumo de serviços gratuitos que do envolvimento com uma informática 'cidadã" (Cardon, 2005), como, por exemplo, a adoção do sistema por agentes comerciais. Surgem aí tensões normativas e oposições entre "puro" e "impuro" que, contrariamente ao que ocorre nas inovações descendentes, já não poderiam, mesmo que assim se desejasse, ser resolvidas à base de imposições imperialistas inscritas na *tecnologia como design*. Na maioria dos casos, essas tensões levam à instauração de uma *governança pluralista* para a inovação, vigilante, porém "tolerante para com a diversidade de razões que os agentes têm para nelas se envolverem" (Cardon, 2005). Trata-se, portanto, de uma outra maneira, quando comparada com instituições tradicionais como a escola, de lidar com as forças centrípetas e centrífugas que caracterizam a produção simbólica em qualquer esfera.

Educar para o uso e educando pelo uso

A Web 2.0[2], tema dileto dos trabalhos mais recentes e mais instigantes sobre novos letramentos/letramentos digitais, traz para o centro dos debates a cultura

2 Guardo em relação ao termo Web 2.0 (e, portanto, à metáfora de uma Educação 2.0) a mesma distância crítica que procuro guardar em relação à palavra "inclusão". Em verdade, esse termo, cunhado por Tim O'Reilly, dono de uma conceituada empresa especializada em publicações técnicas em informática e promoção de seminários na área, e entusiasta ligado ao movimento do software livre, está hoje apropriado por discursos de marketing, que travestem processos de "criação de valor" para novos e antigos negócios em promessas sobre espaços de liberdade e autonomia e realização do potencial humano (Jarret, 2008, entre outros). O fato, porém, é que há algo de novo, e não necessariamente bom ou ruim, mas certamente não neutro, na maneira como as pessoas se apropriam da internet, e esta das pessoas, no que chamamos de Web 2.0.

da inovação pelo uso e, com ela, o conflito entre o *ethos* que dá sustentação a uma educação conteudista, voltada para o acesso a um conhecimento monológico, imposto de cima para baixo e direcionado para a produção de trabalhadores capacitados conforme o mercado o demanda, e um segundo *ethos* que, em princípio, começa a caracterizar outras esferas de produção simbólica legitimada (o jornalismo, as artes, a informática etc.). Entre essas esferas está, inclusive, a da pesquisa acadêmica que se faz em torno dos novos letramentos/letramentos digitais (Coiro *et al.*, 2008), na qual os "empreendedores" começam a perceber que a lei da eficiência da cooperação aberta é a melhor maneira de lidar com um objeto de interesse (letramento) que de substantivo passou a dêitico.

Contrariamente ao que poderiam supor os mais conservadores, o que os pesquisadores dos novos letramentos têm em mente ao envolverem-se com o conceito e os discursos acerca da Web 2.0 não é a criação de modelos prescritivos para a geração de materiais didáticos ou atividades que levem alunos e professores a fazer "coisas novas" que resultem no que já existe. Ao contrário, a ideia é legitimar as maneiras locais pelas quais cada professor, com seus alunos, possa se apropriar das novas tecnologias de modo a negociar criativamente os designs e configurações curriculares, didáticos e espaciotemporais que lhes são impostos globalmente, e, por meio dessa apropriação, participar de uma globalização contra-hegemônica, fundada na noção de que é possível conciliar heterogeneidade e cidadania (cosmopolita) a partir da inovação de baixo para cima, tecnológica ou não.

Obviamente se pode argumentar que pensar uma educação centrada em inovações ascendentes é tirar a chance dos alunos "excluídos" de compartilhar o acervo de bens e práticas culturais da era do impresso que a escola tradicionalmente ficou encarregada de difundir e ensinar a apreciar, de cima para baixo, algo que a Web 1.0 prometia, e ainda promete, ajudá-la a fazer. Não pretendo ignorar esse argumento; contudo, suponho que ele não pode nos paralisar enquanto um fosso ético, cultural e cognitivo se alarga e se aprofunda cotidianamente em nossas salas de aula, principalmente nas que já estão dotadas de bons computadores, boas conexões e professores tecnicamente capacitados (Leander, 2007).

Nem por isso pretendo sucumbir ao mito da internet livre, indisciplinada e cosmopolita, feita para e pelo cidadão, que os produtores dos negócios 2.0 tentam propagar. Trata-se, em verdade, de pesquisar maneiras de reterritorializar e reinventar a discussão em torno de tecnologia, liberdade e transformação social que precisa nortear uma educação crítica, da mesma forma que o capitalismo (e o funcionamento do poder) se reinventam/reinventarão e se reterritorializam/reterritorializarão nas Webs 1.0, 2.0, 3.0, 4.0...

Referências Bibliográficas

BAKHTIN, M. M. *Questões de literatura e de estética.* São Paulo: Editora da Unesp/Hucitec, 1988.

______. *Estética da criação verbal.* São Paulo: Martins Fontes, 1992.

BAR, F.; PISANI, F. & WEBER, M. Mobile technology appropriation in a distant mirror: baroque infiltration, creolization and cannibalism. *Seminario sobre Desarrollo Económico, Desarrollo Social y Comunicaciones Móviles en América Latina*, Buenos Aires, Argentina, abr. 2007.

BUZATO, M. E. K. Letramento e inclusão: do Estado-Nação à era das TIC. *DELTA - Documentação de Estudos em Linguística Teórica e Aplicada*, v. 25, n. 1, pp. 1-38, 2009.

CARDON, D. A invenção pelo uso In: AMBROSI, A.; PEUGEOT, V. & PIMIENTA, D. (coords). *Desafios de palavras: enfoques multiculturais sobre as sociedades da informação.* Caen, França: C & F Éditions, 2005. Disponível em <http://vecam.org/article591.html>. Acesso em: 12 mar. 2009.

COIRO, J.M. *et al.* Central issues in new literacies and new literacies research. In: ______ (eds.). *The handbook of research in new literacies.* Mahwah, NJ: Erlbaum, 2008.

DELANEY, P.; TIMBRELL, G. & CHAN, T. A marxian model of technology appropriation. *Sprouts*, Amsterdam, v. 8, n. 28, 2008.

GIDDENS, A. *A constituição da sociedade.* São Paulo: Martins Fontes, 1989.

JARRET, K. Interactivity is evil! A critical investigation of Web 2.0. *First Monday*, v. 13, n. 3, mar. 2008.

LANKSHEAR, C. & KNOBEL, M. Sampling "the new" in new literacies. In: ______. (eds.) *A new literacies sampler.* New York: Peter Lang, 2007.

LATOUR, B. *Ciência em ação: como seguir cientistas e engenheiros sociedade afora.* São Paulo: Editora da Unesp, 2000.

_____. *Reassembling the Social: an introduction to actor-network-theory.* New York: Oxford University Press, 2005.

LEANDER, Kevin M. "You won´t be needing your laptops today": wired bodies in the wireless classroom. In: LANKSHEAR, C. & KNOBEL, M. (eds.). *A new literacies sampler.* New York: Peter Lang, 2007.

MOITA LOPES, L. P. da. *Por uma linguística aplicada indisciplinar.* São Paulo: Parábola Editorial, 2006.

ORLIKOWSKY, W. J. The duality of technology: rethinking the concept of technology in organizations. *Organization Science*, Hanover, MD, v. 3, n. 3, pp. 398-427, 1992.

PETERSEN, S. M. Loser generated content: from participation to exploitation. *First Monday*, v. 13, n. 13, 3 mar. 2008.

ROGOFF, B. Observing sociocultural activity on three planes: participatory appropriation, guided participation and apprenticeship. In: WERTSCH, J. V.; DE RIO, P. & ALVAREZ, A. (eds.). *Sociocultural Studies of Mind*. Cambridge: Cambridge University Press, 1995.

WENGER, Etienne. *Communities of practice: learning, meaning and identity.* New York: Cambridge University Press, 1998.

5. Hipertexto e fluxo informacional: considerações sobre o dado e o novo na web

Jaqueline Barreto Lé (UFRJ)

Introdução

Já há algum tempo na literatura linguística a questão do status informacional das categorias referenciais vem sendo associada às noções de dado (*given*) e novo (*new*), como se verifica nos trabalhos de autores como Halliday (1967), Prince (1981), Chafe (1984), entre outros. O ponto comum entre as diversas abordagens consiste na tentativa de classificar as expressões linguísticas com base no tipo de informação apresentada, verificando se o referente em questão constitui ou não informação nova no discurso.

Neste estudo serão consideradas, particularmente, as classificações apresentadas por Prince (1981) e Chafe (1984), visto que ambas permitem uma categorização intermediária das entidades do discurso. Entre as categorias *novas* e *evocadas*, Prince insere uma terceira noção, a de entidade *inferível*. Chafe, numa perspectiva mais cognitivista, ainda que associe as noções de dado e novo aos estados *ativado* e *não ativado* na consciência dos interlocutores, também considera um nível intermediário de ativação, o das categorias *acessíveis* ou *semiativadas*.

A delimitação de um nível intermediário parece constituir, nas duas classificações, uma ferramenta relevante para o entendimento do fluxo informacional e da construção de sentidos no âmbito discursivo. Além disso, tal estratégia está em consonância com a visualização escalar, em *continuum*, dos fenômenos linguísticos, presente em grande parte das abordagens funcionalistas mais recentes.

Paralelamente à análise do caráter informacional das entidades linguísticas, pretende-se investigar o mapeamento de sentidos no hipertexto, pautando-se em estudos dos gêneros digitais emergentes na internet, realizados por autores como Marcuschi (2005), Xavier (2005), Cavalcante (2005), Galli (2005), entre outros. A preocupação central, aqui, será apresentar aspectos gerais da construção do sentido na cadeia hipertextual, que estão condicionados, de certo modo, ao status informacional das entidades do discurso, considerando-se, sobretudo, a importância das redes de inferência em tal categorização.

As entidades do discurso: novas, evocadas e inferíveis

Prince, ao considerar o tipo de informação apresentado pelas expressões referenciais no discurso, substitui a clássica divisão *dado/novo* pela tripartição *novo/evocado/inferível*. Antes de se abordar a classificação e subdivisões propostas pela autora, é importante mencionar a sua definição de entidade do discurso.

> An entity is a discourse-model object, akin to Karttunen's [...] discourse-referent; it may represent an individual (existent or not in the real world), a class of individuals, an exemplar, a substance, a concept, etc. Following Webber [...], entities may be thought of as hooks on which to hang attributes[1].

Como se vê na definição acima apresentada, a uma entidade do discurso necessariamente está atrelado um referente, que pode ser um indivíduo, um objeto, uma classe de indivíduos, um conceito etc. Porém, ao tratar dos atributos ou predicativos, a autora frisa que estes não são propriamente entidades referenciais no discurso, mas qualidades ou propriedades das mesmas.

Tomando essa definição como ponto de partida, e considerando que ela torna o grupo das entidades do discurso uma categoria bastante ampla, nota-se que, de um modo geral, qualquer sintagma nominal (SN) que não exerça a função de atributo ou predicativo poderá constituir, em princípio, uma entidade do discurso. No entanto, algumas limitações a essa definição foram sinalizadas por Braga e Oliveira e Silva (1984), especialmente no que concerne à inclusão ou não de determinadas categorias no quadro de entidades.

O problema inicial é que essa lista não delimita com precisão a entidade considerada como tal pela autora. A análise-exemplo fornecida por ela também não contribui para a solução desta dificuldade. Assim, ao iniciar sua análise, ela menciona, sem maiores explicações, que "adverbiais", expletivos e cadeias reparadoras foram omitidos. Se, por um lado, compreendemos intuitivamente porque as últimas fogem à definição de entidade, por outro lado sabemos que o tratamento de advérbios, ou melhor, de sintagmas adverbiais, é matéria delicada (Braga e Oliveira e Silva, 1984, p. 35).

1 "Uma entidade é um objeto do modelo de discurso, semelhante ao referente discursivo de Karttunen [...]; ela pode representar um indivíduo (existente ou não no mundo real), uma classe de indivíduos, um exemplar, uma substância, um conceito etc. De acordo com Webber [...], entidades podem ser pensadas como ganchos onde dependurar atributos."

Assim, para as referidas linguistas, alguns sintagmas adverbiais seriam facilmente incluídos no grupo das entidades do discurso, como se verifica em exemplos como: Aqui também tem meio da gente ir *para a praia*? / Não tem esse que mora *no subúrbio*? / O futebol tem aquele que nasce *com o dom de jogar*.

Tendo em vista essas considerações iniciais, adotar-se-á, neste estudo, a noção de entidade do discurso proposta por Prince, excluindo-se as seguintes classes: atributos ou predicativos, predicativos, expletivos, cadeias reparadoras e sintagmas adverbiais cuja cabeça não seja nome.

Para classificar as entidades do discurso de acordo com o seu status informacional, a autora usa os seguintes rótulos: *novo* (*new*), *evocado* (*evoked*) e *inferível* (*inferrable*), No grupo das entidades novas, é estabelecida uma primeira subdivisão: *totalmente novas* ou *disponíveis*. A segunda subdivisão seria referente ao conjunto das categorias *evocadas*, que podem ser, em tal classificação, *textualmente evocadas* ou *situacionalmente evocadas*. Por fim, as entidades *inferíveis* também são apresentadas em dois grupos: *inferíveis incluidoras* e *inferíveis não incluidoras*. Vê-se, a seguir, o quadro geral do status informacional das entidades do discurso:

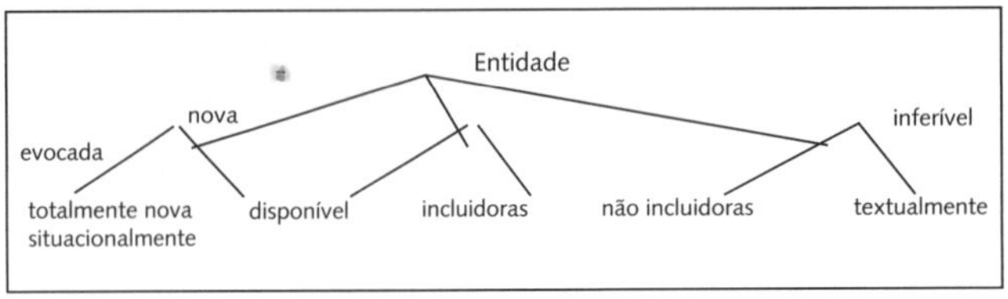

Fig. 5.1 – Classificação do status informacional das entidades do discurso (Prince, 1981).

Na categoria das entidades novas, a autora inclui aquelas expressões referenciais que estão sendo introduzidas pela primeira vez no discurso. Elas podem ser totalmente novas (exemplo 1) ou *disponíveis* (exemplo 2), quando se supõe que podem já ser familiares ao ouvinte/leitor, ainda que não tenham sido mencionadas anteriormente no discurso. Nota-se, nos exemplos abaixo, extraídos de gêneros do jornal eletrônico, que, por se tratarem de títulos dos textos em questão, apresentam entidades novas como principais referentes. O sintagma do exemplo 1 introduz o assunto que será mantido ao longo de todo o texto (plano de saúde) e, por estar sendo reconhecido pela primeira vez no discurso, constitui uma entidade totalmente nova. Já o sintagma do exemplo 2 claramente se vincula a um referente já disponível para a maior parte dos cidadãos brasileiros, pois trata de um cantor renomado da bossa nova, expoente em nossa cultura. Trata-se, então, de uma entidade nova, mas disponível.

Ex. 1: "*Preso ao plano de saúde*" (título do post 1, no gênero Blog).

Ex. 2: "*João Gilberto*" (título de comentário apresentado no painel 3, no gênero Painel do Leitor).

No que tange às entidades *evocadas*, Prince afirma que são *textualmente evocadas* quando já mencionadas anteriormente no discurso, podendo ser recuperadas cotextualmente. Por outro lado, são *situacionalmente evocadas* quando recuperadas com base no contexto extralinguístico. Os exemplos 3 e 4 mostram, respectivamente, esses dois tipos de entidade evocada. No exemplo 3, a forma pronominal *ela* se refere à colunista da *Folha de S.Paulo*, Danuza Leão, citada anteriormente no texto. É, portanto, uma entidade textualmente evocada. Já no exemplo 4, a forma pronominal *eu*, por se referir à pessoa do discurso, constitui entidade *situacionalmente evocada.*

Ex. 3: "A julgar pelos seus conselhos, *ela* pode ter mentido bastante em seus artigos anteriores" (*Filosofia*, comentário apresentado no painel 4, no gênero Painel do Leitor).

Ex. 4: "*Eu* acho que foi um grande passo, mas prefiro esperar até o fim do ano para comemorar" (comentário do post 3, no gênero Blog).

Por fim, Prince apresenta um terceiro grupo, o das *entidades inferíveis*, que correspondem a categorias que o falante supõe serem dedutíveis pelo ouvinte/leitor com base em outras entidades já evocadas ou inferíveis, via raciocínio lógico ou plausível. Se dedução for estabelecida a partir de entidades que se encontram num mesmo sintagma nominal, trata-se, segundo a autora, de uma categoria inferível incluidora. Tal diferença pode ser exemplificada nos dois casos de inferência apresentados a seguir. A entidade veiculada pelo sintagma os *brinquedos da promoção*, no exemplo 5, é inferível não incluidora, porque a dedução se faz a partir de uma entidade localizada em sintagma diferente (o *McDonalds*). No exemplo 6, ao contrário, a inferência é estabelecida dentro de um mesmo sintagma pelas formas *um* e *os primeiros sinais*. Sendo assim, o sintagma *os primeiros sinais* é entendido como uma entidade inferível incluidora.

Ex. 5: "Já achei absurdo obrigarem o *McDonalds* a vender separado *os brinquedos da promoção* porque os pais não sabem educar os filhos e não conseguem dizer NÃO" (comentário no post 2, no gênero Blog).

Ex. 6: "Em nosso país, *um dos primeiros sinais* do 'sucesso pessoal' está justamente no carro que se tem" (*transporte público*, comentário apresentado no painel 3, no gênero Painel do Leitor).

Os estados de ativação

Ao abordar o fluxo informacional em narrativas orais, Chafe (1984) destaca que é bastante difícil estabelecer uma terminologia satisfatória na área dos estudos de processos cognitivos. Termos como *informação velha* ou *dada*, *informação nova*, *tópico*, *comentário*, entre outros, têm sido alvo constante de interpretações equivocadas e, por isso, são usados de diferentes modos. Diante desse problema, o autor prefere substituir as expressões *dado* e *novo* pelos termos correspondentes aos níveis *ativado* e *não ativado*, concebendo-as de modo essencialmente cognitivo. Ele sugere, também, a noção de *acessível* ou *semiativado* como um terceiro tipo nível de ativação, que corresponde a um estágio intermediário entre o *dado* e o *novo*.

Segundo o autor, há uma grande quantidade de informação e conhecimento na mente do falante, sendo que apenas uma pequena parte é ativada de uma única vez. O importante a ser destacado, para ele, é o fato de que a memória de curto prazo não acumula muita informação. Desse ponto de vista, o termo *ativado* parece apropriado.

Embora Chafe, em sua abordagem, trate particularmente das chamadas *unidades de entonação* em narrativas orais, a sua classificação do status informacional a partir dos estágios *ativado*, *não ativado* e *semiativado* mostra-se perfeitamente aplicável a outros tipos de texto, orais ou escritos. Na realidade, o que está em jogo aí é o *fluxo de consciência*, aquilo que o falante supõe estar introduzindo na mente dos interlocutores (ouvinte/leitor).

"An intonation unit is a sequence of words combined under a single, coherent intonation contour, usually preceded by a pause"[2] (Chafe, 1984, p. 22). Para especificar o conteúdo das unidades de entonação a ser considerado, o autor faz referência às ideias de objeto, evento e propriedades, destacando que estes são conceitos distintos que residem num mesmo bloco (unidade de entonação) e aos quais os estágios de ativação estão relacionados. Segundo Chafe, há evidências, portanto, de que um dado conceito, num dado momento da vocalização, pode estar em qualquer um dos três estados por ele propostos: *ativado*, *semiativado* ou *não ativado*.

Um conceito *ativo* seria, na opinião do autor, um tipo facilmente acessado, que está no foco de consciência do falante/ouvinte. Um conceito *semiativado*, por sua vez, seria um tipo localizado na consciência periférica do indivíduo, mas que não está sendo diretamente focalizado. Por fim, um conceito *não ativado*

2 "Uma unidade de entonação é uma sequência de palavras agrupadas em um único e coerente contorno entonacional, geralmente precedido por uma pausa."

é aquele situado na memória de longo prazo, que não é nem focalizado, nem ativado perifericamente.

Assim, em tal abordagem, a *giveness* é estabelecida na consciência do ouvinte tanto pelo contexto linguístico como pelo contexto extralinguístico. No primeiro caso, a informação é considerada dada quando já mencionada previamente no texto. Na segunda situação, o compartilhamento de um mesmo contexto físico, de um campo perceptível, é o que define se a informação é dada.

Em comparação às entidades discursivas apresentadas por Prince, nota-se que as unidades de entonação de Chafe apresentam uma maior abrangência de conteúdo, já que incluem, por exemplo, os atributos e eventos. Em outras palavras, aquilo que é *ativado* como referente pode funcionar também com predicado e predicativos.

Outra diferença fundamental entre as duas classificações está na abordagem cognitivista. Enquanto Prince destaca claramente os aspectos textuais das entidades do discurso para categorizar o tipo de informação veiculada, Chafe considera o fluxo informacional a partir de processos cognitivos, dos estados de ativação, assumindo como relevante o tipo de informação introduzida na mente dos interlocutores.

Hipertexto e fluxo informacional

O termo *hipertexto* surge em meados dos anos 1960, criado por Theodore Nelson, para "exprimir a ideia de escrita/leitura não linear em um sistema de informática" (Lévy, 1999, p. 29, *apud* Cavalcante, 2005, p. 164). Tal definição já apontava, a essa época, para duas faces essenciais de uma nova ferramenta comunicativa: o aspecto tecnológico e o textual.

Do ponto de vista tecnológico, pode-se dizer, conforme Cavalcante (2005, p. 164), que "o percurso desta ferramenta aponta para sua adequação, a partir da otimização dos sistemas criados, visando à acessibilidade de um novo usuário, o doméstico". É justamente quando esses sistemas passam a ser acessíveis a uma comunidade não especializada, principalmente a partir da década de 1990, que o hipertexto passa a suscitar, na área da linguística e da comunicação, variadas reflexões acerca do modo como a informação se apresenta no espaço virtual.

A autora destaca que, para teóricos como Bolter (1991) e Douglas (1998), o hipertexto pode ser entendido com um novo espaço de escrita, a escrita eletrônica, que possibilita que a ordenação textual se estruture de maneira variada. Crystal (2005) enfatiza, também, o surgimento de um novo tipo de linguagem a partir das ferramentas virtuais de comunicação, motivado pelo advento da internet: o *netspeak*.

Tendo em vista, então, a importância do hipertexto nos variados tipos de relações sociais contemporâneas, o que constitui sua identidade como objeto linguístico? O que o torna particular em termos estruturais e funcionais, linguisticamente falando? Como lembra Cavalcante, a tessitura textual representa o diferencial do hipertexto, ou seja, o que o faz singular é justamente a presença e utilização de seus constituintes internos: os *nós* e *links*.

Podemos dizer que os links promovem ligações entre blocos informacionais (outros textos; fragmentos de informação; palavra; parágrafo; endereçamento etc.) conhecidos como nós. No entanto, tais blocos não necessitam de uma relação sêmica entre si, isto é, as ligações possíveis não formam a tessitura daquele texto específico, mas promovem a abertura para outros textos, embora nunca para qualquer texto (Cavalcante, 2005, p. 166).

Como se vê, para a autora, os links e os nós que caracterizam a rede hipertextual apenas sinalizam as possibilidades de leitura, de acordo com o que é disponibilizado pelo autor na organização de sua tessitura textual. Essa espécie de mapeamento de construção de sentido não delimita o caminho exato que o leitor irá seguir naquele ambiente virtual específico. É interessante notar ainda que, ao mesmo tempo em que evidenciam as direções de leitura a serem tomadas, os links e nós do hipertexto também são limitados pelo autor, ou seja, ele não sugere "qualquer texto" como trilha a ser seguida. Isso revela, sem dúvida, uma limitação na suposta criação desenfreada do sentido, uma limitação que se faz na própria materialidade do ambiente virtual. Segundo Cavalcante (2005, p. 168), "a discussão sobre a natureza do hipertexto permite pensar o próprio texto em sua materialidade, bem como as estratégias de seu processamento ou do simulacro dele".

Uma vez que, dentro dos estudos linguísticos, o hipertexto é visto como uma forma de se entender a construção de sentidos em seu processamento, assume-se a possibilidade de se estudar o fluxo informacional das entidades nele apresentadas com base, também, em sua materialidade. Nessa perspectiva, podem-se investigar quais elementos do ambiente virtual explicitam o tipo de informação apresentada (nova, evocada ou inferível) e ainda como podemos associá-los a estados de ativação na mente do leitor (ativado, não ativado ou semiativado).

Certamente, estudar o fluxo informacional no hipertexto exige uma análise ampla, que envolve a consideração tanto dos aspectos textuais e cognitivos como dos elementos físicos, materiais, que compõem a construção do sentido nessa ferramenta. Em tal investigação, considera-se que uma das principais questões envolvidas é processamento da rede de inferências, como será visto a seguir.

Sobre as conexões entre referência e inferência

No contexto atual dos estudos linguísticos, falar de gêneros digitais e referenciação envolve, sem dúvida, a abordagem dos mecanismos de construção textual do sentido ativados na rede textual. Conforme destacam Nascimento e Oliveira (2006, p. 285), a criação do espaço de referência "se dá recursivamente, pela integração em rede de todos os espaços de referenciação instaurados no processo discursivo". Nesse caso, assume-se a ideia de que todo texto é, de fato, um hipertexto.

Em sentido estrito, pode-se dizer que a rede "hipertextual" dos gêneros digitais constitui um ambiente revelador de poderosas estratégias de mapeamento de sentidos (cognitivas) das quais os falantes lançam mão no ato comunicativo. Assim, estipula-se também que estes desenvolvem uma espécie de *competência discursiva*, noção utilizada por Nascimento e Oliveira (2006, p. 287) para se referir às "habilidades e/ou conhecimentos necessários à implementação e gerenciamento do processamento discursivo".

É justamente na utilização dessas habilidades que os processos de inferenciais são ativados, o que faz com que a depreensão de um referente se dê não apenas por meio dos elementos cotextuais e situacionais (do contexto), mas, sobretudo, pelos conhecimentos de mundo partilhados entre os interlocutores.

O fato de que o falante recorra a processos inferenciais para chegar aos referentes no discurso também não é propriamente uma exclusividade do hipertexto. Porém, o que se quer destacar aqui é que a cadeia hipertextual materializa as redes de inferências, em condições físicas, por meio dos links e do seu formato não linear.

No que toca ao fluxo informacional, sugere-se, aqui, que essas redes de inferências acessadas no processo de referenciação são, sobretudo, as principais vias de mapeamento do texto nos estágios intermediários entre informação nova e dada. Na visão de Prince, este seria justamente o espaço das entidades inferíveis, aquelas que são dedutíveis logicamente por intermédio de outra entidade mencionada anteriormente no discurso. Para Chafe, tais cadeias cognitivas são disponibilizadas sobretudo no estado semiativado da informação, ou seja, são acessíveis na consciência periférica do indivíduo, mas não diretamente focalizadas.

O que mais interessa à discussão aqui proposta é essa diferença de concepção das inferências no processamento discursivo entre as duas abordagens apresentadas (Prince e Chafe). Na realidade, entende-se que a teia de inferências no processamento textual (jogo que envolve participação de ambos os interlocutores) está intrinsecamente relacionada à capacidade do falante de acessar o referente de forma *indireta*, cotextualmente, contextualmente ou cognitivamente (por meio de conhecimentos de mundo e partilhado).

Aspectos metodológicos

Para constituição do *corpus*, serão considerados neste estudo dois gêneros textuais da edição eletrônica do jornal *Folha de S.Paulo*: Blogs da Folha e Painel do Leitor. A amostra foi composta de cinco edições de cada gênero. Para os Blogs, foram escolhidos cinco posts, de datas diferentes, incluindo-se os comentários do leitor. Da mesma forma, nas cinco edições do Painel do Leitor foi considerado o total de cartas/comentários referente a cada data de publicação.

A escolha desses dois gêneros foi motivada pela necessidade de comparação entre um gênero genuinamente digital, pertencente apenas ao jornal eletrônico, como os Blogs da Folha, e um gênero jornalístico comum às versões eletrônica e impressa, o Painel do Leitor.

Para análise do status informacional das entidades do discurso no hipertexto, os dados foram tabulados quantitativamente de acordo com as categorias apresentadas por Prince – novas, evocadas e inferíveis. Não foram consideradas, no entanto, as subdivisões propostas pela autora, por não se mostrarem relevantes para o foco desta pesquisa. Procedeu-se, ainda, à análise qualitativa dos dados, considerando-se os estados de ativação mencionados por Chafe, bem como aspectos gerais do mapeamento do sentido na cadeia hipertextual.

Por fim, três hipóteses foram consideradas no tratamento dos dados: (a) há pontos da cadeia hipertextual que apresentam uma maior quantidade de entidades inferíveis (ex.: comentários do leitor, no gênero Blog); (b) a inferência no hipertexto pode ser concebida a partir de elementos da superfície textual (cotextualmente), mas sobretudo com base no processamento cognitivo das entidades do discurso; (c) o gênero Painel do Leitor (pelo seu elevado grau de descontinuidade) tende a apresentar uma quantidade maior de entidades novas se comparado ao gênero Blog.

Análise de dados

Os dados encontrados no *corpus* investigado foram, inicialmente, tabulados de acordo com o número de ocorrências em cada edição do gênero digital utilizado como amostra (Blogs da Folha ou Painel do Leitor), classificadas segundo as categorias de Prince.

Na tabela 5.1, tem-se o total de ocorrências encontradas em cada post do gênero Blog. Cada um deles equivale a uma publicação no espaço virtual do jornal, em data específica, realizada pelo autor (no caso do blog escolhido, a advogada

Maria Inês Dolci). Vale ressaltar, ainda, que fazem parte de cada edição do blog não apenas o post publicado pelo autor, mas também os comentários inseridos pelos leitores. Outra característica que deve ser destacada aqui é convergência temática de todos os posts dos Blogs da Folha, pois geralmente se escolhe um tema maior, de domínio específico do autor, para que este funcione como uma espécie de eixo norteador de todas as discussões ali realizadas. Para o blog da advogada Maria Inês Doci, por exemplo, o assunto geral proposto é "defesa do consumidor", sendo que a cada edição as discussões são destinadas a diferentes tópicos a ele relacionados: extravio de bagagem, funcionamento dos *call centers*, planos de saúde, entre outros. Veja-se, a seguir, o resumo do total de ocorrências encontradas nesse gênero.

Entidades	Novas	Evocadas	Inferíveis
Post 1 – 06.08.2008	8	43	75
Post 2 – 05.08.2008	11	43	72
Post 3 – 31.07.2008	7	20	36
Post 4 – 25.07.2008	10	23	42
Post 5 – 24.07.2008	7	16	29
Total	**43**	**145**	**254**

Tabela 5.1 – Número de ocorrências encontradas no gênero Blog (Folha Online).

A Tabela 5.2 apresenta o total de ocorrências no segundo gênero escolhido, o Painel do Leitor. Deve-se mencionar que, diferentemente do gênero Blog, que é exclusivo do ambiente eletrônico, esse segundo gênero é flexível, atendendo às versões impressa e eletrônica do jornal *Folha de S.Paulo*. Além disso, é importante dizer que, embora o Painel seja também composto por comentários do leitor (cartas do leitor), sua edição não inclui o texto original do autor que está sendo comentado. Na realidade, num mesmo espaço são apresentados comentários diversos relacionados a textos distintos, de edições anteriores do jornal. Exatamente por essa característica, pode-se dizer que o Painel do Leitor apresenta uma maior descontinuidade tópica ou temática, se comparado ao blog, por exemplo. Isso se revela tanto no gênero como um todo (já que não há um tema geral que o caracterize), como em cada edição particular. A diferença no número de entidades novas encontradas nos dois gêneros corrobora esse aspecto, como se vê a seguir:

Entidades	Novas	Evocadas	Inferíveis
Painel 1 - 08.08.2008	11	33	77
Painel 2 - 07.08.2008	22	30	86
Painel 3 - 06.08.2008	40	39	128
Painel 4 - 05.08.2008	26	33	114
Painel 5 - 04.08.2008	26	38	99
Total	**125**	**173**	**504**

Tabela 5.2: Número de ocorrências encontradas no gênero Painel do Leitor (Folha Online).

Em termos percentuais, a diferença entre os dois gêneros, quanto ao número de entidade novas, não foi tão grande (9,7% - Blog, 15,1% - Painel do Leitor). Porém, em se tratando de entidades novas, que é o tipo menos utilizado pelo falante, essa diferença já é significativa, pois sinaliza que a descontinuidade tópica ou temática interfere no fluxo informacional dos textos em questão.

Entidades	Novas	Evocadas	Inferíveis
Gênero Blog	43	145	254
Gênero Painel do Leitor	125	173	504
Total	**168**	**318**	**758**

Tabela 5.3 - Total de ocorrências encontradas nos dois gêneros.

Quanto ao total de ocorrências, um dado relevante está no grande número encontrado de entidades inferíveis, em ambos os gêneros. Isso demonstra a importância dos encadeamentos por inferência no processamento da informação, seja cotextualmente (na visão de Prince), seja cognitivamente (na visão de Chafe). Vale dizer, então, que para uma consideração mais ampla do conceito de inferência - que é algo importante no fluxo informacional - é preciso atentar para os seus múltiplos aspectos, concebendo-a como a mola propulsora de vários sentidos que são encadeados no discurso.

Analisando-se as três hipóteses apresentadas para este estudo, viu-se que apenas as hipóteses "b" e "c" foram confirmadas, constatando-se o grande número de entidades inferíveis, dependentes de elementos tanto cotextuais como cognitivos, e, ainda, a interferência da descontinuidade tópica no número de entidades novas. A hipótese "a", por outro lado, não pôde ser confirmada, já que não se registrou uma diferença considerável no número de entidades inferíveis para pontos distintos do hipertexto. Pelo que foi observado, tal número dependerá muito mais do volume de informação apresentado do que propriamente do local virtual (bloco no hipertexto) que é acessado.

No que tange aos aspectos peculiares do hipertexto que são relevantes para a análise do fluxo informacional, observou-se claramente que ele pode ser interativamente modificado pelo leitor a partir do momento em que este insere comentários ou lê comentários de outros leitores, interferindo nos tipos (e na quantidade) de informação encontrada. Isso não seria possível, por exemplo, num gênero impresso, já que lhe falta a ferramenta material capaz de gerar tal dinamicidade.

Considerações finais

A partir deste breve estudo sobre o fluxo informacional no hipertexto, observou-se a necessidade de atualização das abordagens que discutem o status da informação das entidades do discurso. Se a clássica taxionomia dado/novo foi reformulada e ampliada por Prince e Chafe, parece o momento atual propício a uma reanálise dessas duas perspectivas, à luz das teorias cognitivas e da linguística textual.

Torna-se, também, essencial a reflexão e discussão acerca dos limites da inferência para a compreensão do tipo de informação apresentado pelas entidades no processamento discursivo. Tal debate, que já faz parte das análises linguísticas funcionalistas mais recentes, pode ajudar muito a desvendar os caminhos da construção textual do sentido.

Vale ressaltar, enfim, que os gêneros digitais e, mais propriamente, as suas especificidades materiais no hipertexto constituem atualmente um importante meio de se investigar o processamento linguístico da informação e as próprias bases da textualidade. São, portanto, terreno fértil para as futuras descobertas linguísticas

Referências Bibliográficas

BRAGA, Maria Luiza & OLIVEIRA E SILVA, Giselle Machline de. Novas considerações a respeito de um velho tópico: a taxionomia novo/velho. *Linguística: questões e controvérsias*. Centro de Ciências Humanas das Faculdades Integradas de Uberaba, 1984.

CALVACANTE, Marianne C. Bezerra. Mapeamento e produção de sentidos: os links no hipertexto. In: MARCUSCHI, Luiz Antônio & XAVIER, Antônio Carlos (orgs.). *Hipertexto e gêneros digitais.* 2ª ed. São Paulo: Lucerna, 2005.

CHAFE, Wallace. Cognitive constraints on information flow. In: TOMLIN, R. *Coherence and graunding in discourse.* Amsterdam: John Benjamin, 1984.

CRYSTAL, David. *A revolução da linguagem.* Trad. Ricardo Quintana. Rio de Janeiro: Jorge Zahar, 2005.

MARCUSCHI, Luiz Antônio & XAVIER, Antônio Carlos (orgs.). *Hipertexto e gêneros digitais.* 2ª ed. São Paulo: Lucerna, 2005.

MONDADA, Lorenza & DUBOIS, Daniele. Construção dos objetos de discurso e categorização: uma abordagem dos processos de referenciação. In: CALVACANTE, Mônica Magalhães; RODRIGUES, Bernadete Biasi & CIULA, Alena (orgs.). *Referenciação.* São Paulo: Contexto, 2003.

PRINCE, Ellen F. Toward a taxonomy of given/new information. In: COLE, P. (ed). *Radical Pragmatics.* New York: Academic Press, 1981, pp. 223-255.

XAVIER, Antônio Carlos. Leitura, texto e hipertexto. In: MARCUSCHI, Luiz Antônio & XAVIER, Antônio Carlos (orgs.). *Hipertexto e gêneros digitais.* 2ª ed. São Paulo: Lucerna, 2005.

6. Experiências genuinamente digitais e a herança do impresso: o que ajuda na interação com as interfaces gráficas

Ana Elisa Novais (UFMG/UFOP)

Apresentação

Na pré-história da informática, quase não havia reflexão sobre a importância da interface para o manuseio dos computadores, já que aqueles que dependiam dela eram os mesmos que as desenvolviam – os programadores e cientistas da computação. Num segundo momento, com a popularização dos computadores, a informática começou a dialogar com outras áreas, como a psicologia, a ergonomia e o design, em busca de soluções que pudessem atender melhor aos usuários leigos. Mas o furor tecnológico, por certo período, acabou abafando o objetivo de atender aos usuários. A crença no ilimitado poder da tecnologia, de reproduzir a realidade tal qual ela nos é apresentada no mundo físico, elevou a importância e o status das interfaces como redentoras de todos os problemas relacionados à interação humano-computador. Recentemente, talvez muito recentemente, os usuários voltaram a ter sua devida importância na produção de sentidos em ambientes digitais. Surgem estudos que medem a performance dos usuários no uso das interfaces, que perguntam a esses usuários sobre problemas e entraves na interação com softwares, com websites e com sistemas informatizados. Nos manuais de design de interação, há autores que já discutem técnicas de pesquisa qualitativa que levam em conta o percurso cognitivo dos usuários (Preece *et al.*, 2005; Cooper *et al.*, 2007), e na ciência da computação algumas correntes já admitem o "potencial comunicativo" das interfaces e assumem a importância de se pensar na qualidade das interações (Martins e De Souza, 1998; Leite e De Souza, 1999; Oliveira e Baranauskas, 1999).

Esse percurso epistemológico, no qual as reflexões sobre interação humano-computador parecem alternar sua atenção ora para o produtor da tecnologia, ora para o aparato tecnológico, ora para o usuário, é bastante semelhante a outro percurso bem conhecido na linguística, a saber:

> Hoje em dia dá-se muito valor ao trabalho do leitor na atividade de leitura, mas não foi sempre assim. Em um determinado momento, deu-se muita ênfase ao autor do texto. Considerava-se que ele tinha

> o poder de controlar totalmente a interpretação do leitor, isto é, o texto tinha de significar o que o autor queria dizer. Mas essa ideia não se sustentou por muito tempo, dada a sua fragilidade. A ênfase passou, então, para o texto, ao qual foi conferido o poder de controlar a leitura. O texto passou a ser considerado como responsável pelo seu próprio sentido. Logo foi possível perceber que nenhum texto é tão transparente assim, e justamente isso é que impossibilita a construção de um único sentido para ele. Assim, a questão foi deslocada para o leitor e a preocupação com o sentido correto do texto foi abandonada. É comum, atualmente, o leitor ser considerado a figura-chave da leitura, o grande e poderoso produtor de sentido (Coscarelli, 1999, p. 73).

Neste trabalho, propomos contribuições para o estudo da interação humano-computador, buscando aproximar e articular conceitos das teorias de leitura e dos estudos sobre textualidade com as pesquisas sobre design de interação.

Realizamos testes de leitura com quatro usuários em estágio primário de letramento digital, propondo que tentassem realizar tarefas com as quais estavam pouco habituados. Os resultados desses testes foram analisados à luz do modelo reestruturado de leitura (Coscarelli, 1999), adaptado para a leitura das interfaces digitais.

Ao investigar situações reais de uso da interface, optamos por pensar nesta como um texto, produzido por determinado autor, para determinado leitor, sob certas circunstâncias e com um objetivo. Mais comumente tratada como suporte para materialização de textos de natureza diversa, a interface pode, é o que pretendemos discutir, assumir o status de texto a ser lido, processado, interpretado.

Buscamos, nessa abordagem, refletir sobre a importância da compreensão das características da interface como um sistema coerente de signos, que operam de forma coerente e estável para favorecer a construção de sentidos. Trabalhamos com a hipótese de que a compreensão dessa estabilidade, previsibilidade e coerência facilitam o trânsito pelos meios digitais.

A interface é um texto ou o texto é uma interface?

A definição de texto que usamos nesta pesquisa, e que mais tarde será detalhada e relacionada às particularidades da interface, é:

> [...] uma unidade linguística concreta, [...] um conjunto organizado de informações conceituais e procedimentais (instruções de como ligar essas informações), que media a comunicação. É um produto de um ato discursivo, isto é, está sempre marcado pelas condições em que foi produzido e pelas condições de sua recepção. Assim, o texto não funciona autonomamente, posto que depende da ação de quem o produz, e também de quem o recebe, ou seja, não traz em si todos os detalhes de sua interpretação. Em outras palavras, o texto funciona como o fio condutor que liga tenuemente o escritor ao leitor, permitindo a interação entre eles em uma situação comunicativa concreta (Cafiero, 2002, p. 31).

Assim como qualquer texto, as interfaces do meio digital não trazem em si todas as possibilidades de significação. Cada leitura é única porque cada leitor é único, com suas experiências e expectativas. Basta lembrar que cada usuário tem um jeito próprio de salvar um arquivo, de fazer download ou acessar os documentos de um pen drive.

Os leitores precisam buscar estratégias para entender e dar sentido à atividade que estão realizando no computador, acionando as instruções e marcas deixadas pelos autores, e acessando seus sistemas de conhecimentos, de crenças e de cultura. Como em qualquer texto, "o escritor deve ter habilidade de organizar a superfície textual com marcas e instruções suficientes e relevantes, o leitor deve ter habilidades necessárias para reconstruir o caminho marcado, percebendo-o nas instruções deixadas" (Cafiero, 2002, p. 47).

A Engenharia Semiótica, uma disciplina que estuda questões da interação humano-computador, admite o caráter comunicativo da interação na interface e situa outras tendências:

> As abordagens cognitivas para o design de interface normalmente buscam modelos do funcionamento da mente humana tentando entender quais características as interfaces devem ter para que elas sejam mais fáceis de usar e de aprender. Estas abordagens são de fundamental importância para a elaboração do modelo conceitual da aplicação. Elas, entretanto, deixam de considerar o amplo potencial comunicativo que as interfaces têm e que pode ser explorado no aprendizado deste modelo. A Engenharia Semiótica tem como objetivo explorar esta característica de metacomunicação que os sistemas computacionais possuem e oferecer ao designer instrumentação que o permita ensinar

> quais soluções ele projetou para os problemas dos usuários (Leite e De Souza, 1999, pp. 7-8).

E exatamente por mediar a construção de sentidos no ambiente digital, provendo possibilidades de significação tanto para os designers (autores) como para os usuários (leitores), "através de práticas discursivas e cognitivas, social e culturalmente situadas" (Cafiero, 2002, p. 45), é que a interface gráfica de usuário pode se materializar como texto. Dessa forma, a interface é um texto, assim como qualquer texto é interface: ponto de contato entre o autor e o leitor.

A seguir, detalhamos algumas particularidades desse texto – interface digital –, suas pistas e caminhos para a construção do sentido.

Textos, interfaces e gêneros textuais

A Linguística Textual, fundamentada em teorias de base estruturalista, defendeu por certo tempo que os textos traziam consigo um conjunto de características que lhes permitissem ser interpretados pelos leitores. Alguns fatores foram apontados como definidores das qualidades que um texto teria ou deveria ter. Em 1991, Costa Val defendia que o texto deveria ter coerência e ter coesão, para que fosse lido sem problemas. Em publicações posteriores (2000; 2004), a autora reconsidera essa posição e defende que a textualidade não é uma característica exclusiva do texto, mas "um princípio geral que faz parte do conhecimento textual dos falantes e que os leva a aplicar a todas as produções linguísticas que falam, escrevem, ouvem ou leem um conjunto de fatores capazes de textualizar essas produções" (Costa Val, 2004, p. 114).

A pesquisadora repensa suas definições de coerência e coesão, buscando uma adequação desses conceitos aos processos de produção e de interpretação textual, e não mais à ideia de texto como produto. Nesse sentido, ela defende, apoiando-se nas tendências de base interacionista, que tanto a coerência quanto a coesão, além de outros princípios como a intertextualidade, a situacionalidade, a informatividade e a aceitabilidade, são *textualizados* pelos leitores. Os textos são "mentalmente coconstruídos pelos interlocutores, que levam em conta seus objetivos, suas expectativas, os conhecimentos, crenças e valores que partilham, as circunstâncias físicas em que as produções ocorrem" (Costa Val, 2004, p. 115).

Leitura e escrita são, nessa perspectiva, processos indissociáveis. Assim como os leitores precisam ativar expectativas, conhecimentos, crenças e valores para processar a leitura de um texto, os autores devem criar estratégias de produção textual que facilitem a vida dos leitores e tornem a interação menos tortuosa e truncada.

O texto, nesse processo, não está isento de sua responsabilidade e importância na construção de sentidos. Existem certas instruções que, se organizadas pelos autores, podem favorecer a leitura. Liberato e Fulgêncio (2001; 2004; 2007) investigam, a partir dos textos em livros didáticos, fatores que contribuem para a legibilidade de um texto. Segundo as autoras, existem fatores sintáticos, lexicais e cognitivos que interagem no processamento da leitura e favorecem a construção dos sentidos. A legibilidade, para elas, é resultado da interação desses fatores, que podem ser mais ou menos relevantes, de acordo com cada situação de leitura, com as características dos leitores e dos textos. Em favor da legibilidade, um texto deveria atender a certos parâmetros (Liberato e Fulgêncio, 2007) que facilitariam a vida dos leitores porque deixariam o caminho mais livre para a localização das marcas, das instruções, dos padrões estabelecidos pelos autores.

Em relação à construção de interfaces gráficas dos computadores, existe uma preocupação dos autores com as marcas e orientações que devem deixar para os usuários. As interfaces de hoje são elaboradas a partir de critérios de padronização, coerência e estabilidade. Existem inúmeros trabalhos e guias que orientam os profissionais envolvidos na construção de interfaces gráficas, e algumas dessas orientações se manifestam como regras ou heurísticas, como manuais para se "escrever" uma interface "legível"[1].

Apesar de terem objetivos coincidentes – construir textos legíveis –, parece que os estudos da linguagem e o design dialogam pouco. Ribeiro (2008, p. 80) afirma que o conceito de legibilidade dos linguistas é diferente daquele adotado pelos designers, mas defende que esses conceitos deveriam ser inseparáveis na produção dos suportes a partir dos quais se materializam os textos. Em acordo com Ribeiro, acreditamos que as questões estéticas, como tamanho e tipo de letra, escolha de cores e contrastes adequados aos objetivos da construção dos textos e dos objetos de ler, deveriam estar diretamente ligados a questões linguísticas como a escolha do vocabulário e das imagens, e a construção de unidades textuais de sentido completo e bem articuladas entre si.

Os estudos sobre produção textual e leitura lidam pouco com questões relativas aos objetos de ler, deslocando o texto do suporte a partir do qual ele se materializa. Esses trabalhos tendem a ignorar o fato de que muitas vezes o texto não *está*, ele *é* o próprio objeto de ler, assim como a interface. Coscarelli defende que "não se pode falar de significado sem forma, nem negar a influência dessa

1 Raskin, 2000; Preece *et al.*, 2005; Cooper *et al.*, 2007; Nielsen, 2005; Norman, 1998.

na construção daquele". Assim como a autora, acreditamos que "essas noções não podem ser separadas, ao contrário, uma sempre sofre influência e influencia a outra, enriquecendo a representação de ambas" (1999, p. 47).

Na produção dos suportes textuais existe grande variedade de profissionais envolvidos no desenvolvimento de interfaces gráficas para usuários de computadores, todos empenhados na construção das "instruções" deixadas para os leitores e buscando sua legibilidade. Pesquisas sobre interfaces gráficas de usuário concentram-se em áreas como ciência da informação, design e ergonomia. Esses trabalhos recorrem principalmente à teoria da comunicação, à psicologia cognitiva e à semiótica na busca por soluções que possam facilitar a vida do usuário em sua interação com o ambiente digital.

Apesar de existirem certas variações entre esses estudos, assim como nas interfaces desenvolvidas por diferentes empresas e grupos, os princípios que regem o desenvolvimento desses sistemas são muito semelhantes. Pacotes de programas desenvolvidos por uma mesma empresa utilizam os mesmos elementos e processos, como é o caso do pacote Office, da Microsoft. Nesse caso, por exemplo, todos os programas possuem as mesmas instruções e processos para gravar um documento no computador, imprimir, abrir e fechar documentos etc. Mesmo entre programas de empresas concorrentes, alguns padrões se mantêm, por já estarem canonizados e consolidados pelos usuários, como a exibição dos programas a partir de quadros chamados janelas ou as "barras de rolagem", localizadas na parte lateral das janelas, que fazem com que as páginas do documento se comportem como os antigos rolos. Há ainda os artifícios gráficos para simular ações e instruções dadas ao computador, como a ação de selecionar uma parte do texto ou a ação de pressionar um botão na tela, e mesmo o recurso que indica qual janela está ativa, qual não está. São princípios que se estabilizaram já com as primeiras interfaces gráficas para computadores pessoais e que, ao longo do tempo, vêm se aprimorando e se refinando, esteticamente e em relação à usabilidade. Esses padrões e regras de coerência auxiliam e direcionam a leitura, na medida em que favorecem analogias, aproximações e inferências dos usuários.

Segundo Lévy (1998), a tela do computador constrói significação "não só pela forma, mas por movimentos e metamorfoses" (p. 17). Esses movimentos e metamorfoses compõem as convenções que funcionam como marcas ao leitor. Tais convenções são identificadas pelo pesquisador francês quando ele afirma que

> [...] em princípio, todos os elementos do ideograma [interface] são significantes. Mesmo eventuais correspondentes não icônicos e puramente convencionais, por exemplo, a forma redonda ou quadrada em

> que se inscrevem as figuras ideográficas, remetem a uma significação, a pertinência do objeto designado a esta ou àquela categoria (p. 57).

Esses e outros elementos significantes são organizados de tal maneira a partir de convenções relativamente estáveis (Bakhtin, 2003) que são típicas do ambiente digital, e compõem a textualidade (Costa Val, 2000; 2004) da interface. É a partir desses elementos e da dinâmica que torna o uso da interface coerente, estável, previsível que se torna possível ao leitor criar estratégias de leitura cada vez mais eficientes. O usuário, portanto, deve conhecer e saber lidar com essas marcas para *textualizar* a interface.

Acreditamos, portanto, que a construção de sentido na interface não está relacionada apenas à decodificação de seus elementos estruturantes, mas também ao reconhecimento de uma complexa rede de relações entre esses elementos, a sua função em determinado contexto, a sua disponibilidade dentro daquela situação. O leitor da interface deve reconhecê-la como "um todo articulado e com sentido, pertinente e adequado à situação de interação em que ocorre" (Costa Val, 2000, p. 114).

Concordamos com Ribeiro, quando ela defende que a formação de leitores deve levar em conta os processos de produção dos objetos de ler e as marcas e instruções utilizadas nesse processo. Segundo a autora, "conhecer os gêneros, além de todos os outros itens necessários para se ler, também depende de conhecer suportes e formas. Isso tudo, por sua vez, depende do grau de letramento do leitor" (2008, p. 80).

É exatamente o grau de letramento do leitor o fator determinante para o sucesso na relação com as interfaces gráficas. Como veremos a seguir, a busca dos designers por representações mais próximas do universo dos usuários na criação dos elementos de uma interface digital tanto pode facilitar como dificultar a interação, já que leitores pouco experientes não têm habilidades e conhecimentos suficientes para textualizar essas referências no contexto dos limites e possibilidades dos ambientes digitais.

"Mas o lápis não serve para escrever?" – confusões entre "analógicos" e "digitais"

Conhecer e identificar os ícones e botões é apenas um dos desafios que um usuário precisa superar para utilizar as interfaces digitais. É preciso também compreender as sintaxes de navegação e construir uma coerência – *textualizar* a tela do computador no contexto de cada operação específica. Tecnicamente, essa textualização consiste em habilidades para identificar se esses botões e ícones estão disponíveis para aquela ação, compreender o motivo pelo qual estão ou não disponíveis, inferir sobre a melhor forma de realizar uma tarefa, compreender toda a dinâmica de funcionamento de um programa, compreender como cada programa lida com um determinado objeto – texto, desenho, foto etc.

A seguir, veremos como é complexa a leitura das interfaces digitais. A falta de referências dos usuários pouco letrados permite que visualizemos os inúmeros processos de referenciação necessários para a textualização das interfaces digitais.

Comparemos, inicialmente, as estratégias utilizadas por Rose e Gustavo para escrever um texto no Paint. O primeiro ícone acessado por Rose para tentar reproduzir o texto da tarefa foi o *Lápis*, identificado por sua forma icônica e pela legenda de mesmo nome. Ao clicar nessa ferramenta, Rose tentou "escrever" o texto na tela do Paint, mas rapidamente percebeu que aquela ferramenta não era adequada para a ação que iria realizar. Espantada, pergunta: "mas o lápis não serve para escrever?" Rose claramente estava relacionando uma ação tipicamente "analógica" a outra tipicamente "digital", sem as adaptações necessárias de um meio a outro. Logo em seguida, percorreu com o mouse ícones e menus da tela, sem saber o que procurava, até que a pesquisadora deu a dica de que ela precisaria utilizar o teclado para digitar o texto. Depois de algum tempo ainda para identificar o ícone que lhe permitisse essa ação, não sabia como utilizar a ferramenta para digitar. Se não fosse pela ajuda do pesquisador, não conseguiria. Mesmo após digitar o texto, se perdeu inúmeras vezes desativando a propriedade de edição da área editada e apagou o mesmo texto quatro vezes.

Gustavo, apesar de não conhecer o ícone, criou uma hipótese mais coerente para digitar o texto, clicando no ícone *Selecionar*. Ele provavelmente sabia que é preciso delimitar um espaço na tela para digitar um texto. Percebendo a inadequação inicial, não teve problemas para identificar o ícone. Ao utilizar a ferramenta, desativou a propriedade de edição, mas entendeu a explicação do pesquisador e conseguiu contornar a situação. Provavelmente, depois disso, conseguiu reconstruir o conhecimento que tinha a respeito da dinâmica do programa Paint. Uma pista dessa hipótese é o fato de que, quando tentava copiar e colar um desenho, usou a opção de colar várias vezes, fazendo com que os desenhos ficassem sobrepostos. Demonstrando habilidades para construir generalizações e fazer julgamentos a respeito das situações que encontra na interface, arriscou um palpite: "esse negócio que aconteceu aqui deve ser o mesmo do texto".

Para textualizar as telas de uma interface digital, é preciso um conhecimento prévio bem estabilizado, mas é preciso também ter habilidade para reconstruí-lo, reformulá-lo sempre que necessário. É esse conhecimento que, cada vez mais refinado, irá ajudar o leitor a construir uma representação mental sobre a sintaxe da interface, sobre sua dinâmica de funcionamento, sobre aquilo que é ou não possível de se fazer no computador, ou seja: um conhecimento mais amplo sobre a dinâmica daquele texto com o qual está lidando.

O fato de Rose relacionar o ícone do *Lápis* à ação de escrever no Paint demonstra sua carência de referências a práticas exclusivas do ambiente digital. Conhecimentos de outras práticas podem não ajudar, pois a dificuldade em distinguir as propriedades e as possibilidades de cada ambiente podem fazer com que os usuários direcionem sua atenção a áreas da interface que não atenderiam às suas necessidades naquele momento.

A identificação dos ícones está diretamente ligada ao conhecimento que os leitores dispõem no momento da leitura. Em relação aos dados da pesquisa, é notória a fragilidade das operações cognitivas realizadas durante a interação dos usuários leigos na interface. A falta de referências para compor estruturas cognitivas faz com que esses sujeitos construam e reconstruam suas hipóteses a todo momento. A quantidade de informações processadas na memória de curto prazo muitas vezes ultrapassa os limites humanos (Miller, 1956, citado por Preece *et al.*, 2005, e Liberato e Fulgêncio, 2001), e faz com que operações recentes não consigam ser replicadas em outras ações. Esse problema pode estar relacionado ao que Liberato e Fulgêncio chamam de "ciclo vicioso". Segundo as autoras, a falta de referências para o processamento lexical, por si só, não constitui um problema que impede definitivamente o leitor de construir sentidos para o texto, porque ele deverá recorrer também a previsões e inferências. Mas tais operações só serão realizadas com sucesso, ou seja, o leitor só conseguirá pistas relevantes para chegar ao significado, se conseguir construir hipóteses adequadas. O "ciclo vicioso" acontece quando ele não dispõe de um conhecimento mínimo sobre o material textual com o qual precisa lidar:

> [...] se não captamos o sentido (porque não podemos compreender o significado dos itens léxicos), ficamos presos à informação visual; mas se o material visual não nos auxilia na construção do sentido (porque o vocabulário não é transparente), não podemos resolver o nosso problema na leitura e voltamos à estaca zero. Sem a compreensão do vocabulário, ou pelo menos de um número significativo de palavras que permita a elaboração do significado (mesmo que delineado em linhas gerais), todo o processo de leitura se desmantela (Liberato e Fulgêncio, 2001, p. 56).

Uma das hipóteses da nossa pesquisa era a de que a dificuldade de processamento de alguns recursos do meio digital é potencializada também pela falta de referências em práticas letradas anteriores. A partir da leitura dos ícones, acreditamos que essa hipótese pôde ser comprovada, já que muitas das ações não foram concluídas simplesmente porque os usuários não sabiam o que procurar. A carência de conhecimentos dos usuários leigos dificultou os processos referenciais e impediu a textualização.

Foi o caso de Vanessa, quando precisava colorir o "plano de fundo" do slide ou colorir o preenchimento das caixas de texto. A estudante não sabia identificar o slide como "fundo", e desconhecia a possibilidade de atribuir a ele uma cor. Também teve problemas quando escolheu um modelo de WordArt cujas letras tinham sombra para escrever "9999-9999". Passou o mouse por vários ícones na tela, sem saber o que procurava, uma vez que não sabia o que era "sombra" nesse tipo de recurso. Nem mesmo a referência direta ao ícone (■) ou à sua legenda "Estilo da sombra" pôde ajudá-la a identificar esse recurso. Tanto o recurso como o ícone eram desconhecidos (não familiares), e esses fatores dificultaram a identificação da ferramenta.

Outra questão importante é a limitação do vocabulário dos leitores, que está intimamente ligada à falta de conhecimentos necessários para compor e complementar o processo de referenciação. Em diversas situações, os sujeitos não conseguiram identificar os ícones porque não sabiam o nome daquilo que estavam procurando.

Vanessa, por exemplo, foi influenciada pelo pesquisador quando procurava um ícone que lhe permitisse inserir contornos no texto. Como o pesquisador sugeriu que a estudante procurasse um ícone que alterasse a cor da "borda", ela ficou confusa porque o ícone na verdade se chama *Cor da linha*, e ela não relacionou os dois nomes. A mesma dificuldade foi encontrada por Vanessa para identificar *Plano e fundo* e *AutoFormas*. Da mesma forma, Luciana não conseguia encontrar a *Caixa de texto* porque não conhecia o nome dessa ferramenta, e só a encontrou depois que o pesquisador citou esse nome.

O vocabulário também influi bastante na identificação de alguns menus, porque o nome deles está ligado a contextos muito particulares, como o da produção gráfica ou do cinema. Se o usuário não conhece esses contextos, torna-se incapaz de reconstruir as projeções realizadas pelos autores para nomear os menus.

Vanessa manifestou verbalmente sua dúvida a respeito do nome "formatar". Ela tinha uma informação que não correspondia à função daquele menu, naquele contexto, que era a de que a ação de formatar estava ligada ao apagamento dos dados de um disquete. Tentando buscar outras relações com a ajuda da informação visual (a palavra "formatar"), Vanessa chegou a citar alguns sentidos mais próximos, como "desenho", "forma" e "estilo", mas não suficientes para que ela construísse uma ideia mais ampla do sentido da palavra naquele contexto.

A expressão "formatar", que dá nome a um menu do PowerPoint, tem, segundo o Houaiss, datação muito recente (1964) e todas as acepções sob a rubrica da informática. Tem sentido de organizar os dados em um dispositivo de memória, como o disquete. Sua etimologia vem de "forma, tamanho e constituição, como de um material impresso, sua paginação". Está muito ligada a questões do universo do impresso, restrito aos profissionais da área.

A palavra "arquivo", que nomeia o primeiro menu de ambos os programas, segundo o dicionário Houaiss, tem acepções que remetem à organização de documentos e conjuntos de documentos. Por metonímia, pode significar também o recinto onde se guardam esses documentos. Sob a rubrica da informática, significa

> [...] conjunto de dados digitalizados que pode ser gravado em um dispositivo de armazenamento e tratado como ente único [arquivos podem trazer representações de documentos, figuras estáticas ou em movimento, sons e quaisquer outros elementos capazes de ser digitalizados] (<http://houaiss.uol.com.br>).

O nome "editar" também foi emprestado do contexto da impressão, das gráficas. Outro sentido que pode ter favorecido a escolha desse nome para o agrupamento de funções que organiza vem da rubrica do cinema, da radiofonia e das telecomunicações. Mesmo que os comandos presentes nesse menu possam estar relacionados a tal contexto (recortar, copiar, colar, localizar etc.), muito dificilmente o sentido dado para o nome do menu seria entendido pelos usuários que não compartilham dessas informações.

O acesso a esses três menus aconteceu, na grande maioria das situações, de forma arbitrária e sem nenhum critério de seleção. Quando desconheciam as ações de *Copiar*, *Colar* e *Desfazer* (contidas no menu *Editar*), os sujeitos percorriam com o mouse todos os menus, do início ao fim. A única exceção foi quando Gustavo acessou esse menu tentando localizar uma ferramenta para aumentar a espessura do pincel. Mesmo assim, sua estratégia foi construída a partir de uma hipótese equivocada, porque o menu *Editar* não possui opções para alterar propriedades dos textos e das imagens. Essas opções geralmente se concentram no menu *Formatar*.

Outros menus, como *Exibir* e *Inserir* (do PowerPoint) e *Cores* e *Imagem* (do Paint) trazem sentidos mais facilmente compartilhados pelos usuários leigos. As opções contidas nesses menus foram mais facilmente localizadas, apesar de algumas exceções. Vanessa acionou sem problemas o menu *Inserir* quando desejava incluir uma caixa de texto no documento. Rose clicou sem hesitar no menu *Imagem*, localizando a opção *Inverter/girar*, mas depois recorreu a esse mesmo menu tentando encontrar alguma opção que lhe permitisse inserir textos, e também tentou o menu *Imagem* quando procurava a ferramenta para *Desfazer*. Quando tentava encontrar a barra de ferramentas que altera as propriedades do texto, Rose foi direto ao menu *Exibir* e localizou a opção *Barra de ferramentas*. Luciana tentou o menu *Exibir* para inserir uma *Caixa de texto*, sem sucesso.

Reveladora foi a forma como Rose processou o sentido do menu *Ajuda*. Quando o pesquisador sugeriu que a estudante poderia encontrar funções também pelos menus, a opção *Ajuda* foi a primeira a ser acionada. Por duas vezes, Rose tentou "pedir ajuda", clicando nesse menu. A estudante, por desconhecer os mecanismos de ajuda presentes nos programas de computador, acionou conhecimentos muito provavelmente ligados à sua experiência com a expressão "ajuda" fora do ambiente digital.

Este último caso demonstra, especialmente, a complexidade das operações necessárias para a construção de sentidos em ambientes digitais. Conhecimentos externos ao contexto de interação digital podem não ajudar, como no exemplo acima, quando a falta de referências de Rose a respeito dos sistemas de ajuda no computador direcionou sua atenção para uma área da interface que não atenderia às suas necessidades naquele momento.

Considerações finais

As tarefas delegadas nos testes de leitura forneceram-nos dados importantes que permitiram conhecer diversas habilidades necessárias de interação nas interfaces e discutir a importância da compreensão desse sistema semiótico a partir da sua estrutura relativamente estável. Os protocolos de leitura dos ícones e seus desdobramentos nos permitiram entender de que forma os leitores da interface recorrem a conhecimentos e práticas anteriores para identificar e usar as ferramentas dos programas. Recorrer a conhecimentos do mundo analógico, sem projetá-los seletivamente na compreensão da dinâmica das interfaces, dificulta os processos de textualização. Apesar dos designers de interação buscarem referências de outros meios e outras práticas para representar as funções de uma interface, o baixo letramento digital dos usuários pode restringir a construção de sentido, já que o meio digital possui propriedades e contornos muito diferentes da interação em outros textos e suportes.

O alerta do historiador Roger Chartier (1998) sobre as reais rupturas promovidas pelos meios digitais mostra-se pertinente e adequado ao objeto desta pesquisa. Referindo-se aos diferentes suportes materiais a partir dos quais o homem vem construindo e reconstruindo o hábito de ler, o pesquisador lembra que uma das maiores rupturas está ligada à perda de referências em relação aos procedimentos necessários para se ajustar ao objeto de leitura. Segundo ele, processo semelhante aconteceu com surgimento do códice, que aos poucos substituiu o rolo (ou *volumen*) como suporte para os hábitos de leitura. Nesse período, os "leitores defrontavam-se com um objeto novo, que lhes permitia novos pensamentos, mas que, ao mesmo tempo, supunha o domínio de uma forma imprevista, implicando técnicas de escrita ou de leitura inéditas" (Chartier, 1998, p. 93). A compreensão dessas rupturas só é possível quando os usuários constroem sentidos mais gerais sobre o texto com o qual estão lidando, articulando seu conhecimento prévio às suas especificidades.

Referências Bibliográficas

BAKHTIN, M. *Estética da criação verbal.* 4ª ed. São Paulo: Martins Fontes, 2003.

CAFIERO, Delaine. *A construção da continuidade temática por crianças e adultos: compreensão de descrições definidas e de anáforas associativas.* Campinas: Instituto dos Estudos da Linguagem, Unicamp, 2002 (tese de doutorado).

CHARTIER, Roger. *A aventura do livro: do leitor ao navegador.* Trad. Reginaldo de Moraes. São Paulo: Editora da Unesp, 1998 (Prismas).

COOPER, A.; REIMANN R. & CRONIN D. *About face. The essentials of interaction design.* Indiana: Wiley Publishing, 2007.

COSCARELLI, Carla Viana. *Leitura em ambiente multimídia e produção de inferências.* Belo Horizonte: Faculdade de Letras, Universidade Federal de Minas Gerais, 1999 (tese de doutorado).

COSTA VAL, Maria da Graça. *Redação e textualidade.* São Paulo: Martins Fontes, 1991, pp. 3-16.

______. Repensando a textualidade. In.: AZEREDO, José Carlos (org.). *Língua portuguesa em debate: conhecimento e ensino.* Petrópolis: Vozes, 2000, pp. 34-51.

______. Texto, textualidade e textualização. Pedagogia cidadã. *Cadernos de Formação,* São Paulo: Unesp, pp. 113-128, 2004.

LEITE, J. C. & DE SOUZA, C. S. Uma linguagem de especificação para a engenharia semiótica de interfaces de usuário. *IHC'99 Proceedings.* Campinas, out. 1999 (CD-ROM). Disponível em <http://www.serg.inf.puc-rio.br/>. Acesso em: 7 nov. 2007.

LÉVY, Pierre. *A ideografia dinâmica. Rumo a uma imaginação artificial?* Trad. Marcos Marciolino e Saulo Krieger. São Paulo: Loyola, 1998.

LIBERATO, Yara & FULGÊNCIO, Lúcia. *A leitura na escola.* São Paulo: Contexto, 2001.

______. *Como facilitar a leitura.* São Paulo: Contexto, 2004.

______. *É possível facilitar a leitura. Um guia para escrever claro.* São Paulo: Contexto, 2007.

MARTINS, I. H & DE SOUZA, C. S. Uma abordagem semiótica na utilização dos recursos visuais em linguagens de interface. *Anais do IHC'98 - I Workshop de Fatores Humanos em Sistemas Computacionais.* Maringá, PR, 12-13 out. 1998. Disponível em <http://www.serg.inf.puc-rio.br/>. Acesso em: 7 nov. 2007.

NIELSEN, J. Ten *usability heuristics.* 2005. Disponível em <http://www.useit.com/papers/heuristic/heuristic_list.html>. Acesso em: 13 ago. 2007.

NORMAN, D. A. *The invisible computer: why good projects can fail.* USA: Cambridge MA/MIT Press, 1998.

OLIVEIRA, O. L. & BARANAUSKAS, C. Interface entendida como um novo espaço de comunicação. *II Workshop sobre Fatores Humanos em Sistemas Operacionais.* Universidade Federal de Campinas, 1999. Disponível em <www.unicamp.br/~ihc99/Ihc99/AtasIHC99/art7.pdf>. Acesso em: 30 mar. 2008.

PREECE, J.; ROGERS, Y. & SHARP, H. *Design de interação. Além da interação homem-computador.* Trad. Viviane Possamai. Porto Alegre: Bookman, 2005.

RASKIN, J. *The human interface. New directions of designing interactive systems.* USA: ACM Press, 2000.

RIBEIRO, Ana Elisa. *Navegar lendo, ler navegando. Aspectos do letramento digital e da leitura de jornais.* Belo Horizonte: Faculdade de Letras, Universidade Federal de Minas Gerais, 2008 (tese de doutorado).

7. Movimentos sociais no ciberespaço: o cruzamento de duas ordens discursivas

Solange Mittmann (UFRGS)

Apresentando a questão

O ciberespaço se oferece aos movimentos sociais como mais um lugar de manifestação e circulação daquilo que é silenciado na grande mídia. Porém, essa oferta exige uma adequação discursiva a esse universo. No presente texto, através da análise de sites de movimentos sociais, pretendemos discutir sobre a ocupação, por esses movimentos, dos espaços de dizer no ciberespaço, ou melhor, sobre a apropriação de tais espaços, já que além de ocupar, é preciso ter certo domínio sobre a organização própria do hipertexto e sobre as possibilidades oferecidas pela internet.

Enquanto a grande mídia serve ao poder político-econômico como instrumento de controle da circulação de discursos, e, portanto, controle da interpretação para a perpetuação desse poder, a apropriação do ciberespaço pelos movimentos sociais – como movimentos à margem do sistema – tem sido um forte instrumento de enfrentamento às dominâncias, furando esse controle e provocando novas possibilidades de produção e circulação de discursos.

O primeiro movimento social a tomar posse de um quinhão do ciberespaço foi o Exército Zapatista de Libertação Nacional, em 1994, que, no Encontro Intercontinental, afirmava: "Aprendamos a ganhar espaços. As mídias não podem tudo. Busquemos a tecnologia e o poder: a superestrada da informação como caminho da liberdade. Máquinas a favor dos povos. O conhecimento é poder, poder para nós" (EZLN, 1994 *apud* Cruz, 2004). O cerceamento de discursos e de vozes na grande mídia poderia ser rompido justamente pela apropriação de uma parcela do ciberespaço, para a construção de um caminho em outra direção.

Assim, com o advento da internet, o que não podia não ser de outro modo que aquele imposto pelo poder através da grande mídia passa a ocupar um espaço de grande circulação para contestar o já estabelecido. Isso se dá por outras discursivizações a partir de outros lugares sociais e de outros lugares físicos no âmbito do ciberespaço.

> La crítica a los mass media se basa en la connivencia que estos tienen con el sistema capitalista y en la mercantilización que adquiere la información,

> eliminando así objetividad y rigor, convirtiéndose en un producto, en una mercancía más. De esta crítica sale pues el nombre de contrainformación, en clara oposición a cierto tipo de información, imperante en el modelo capitalista (Ramos Martínez e Fernández Franco, 2004).

Diante do poder capitalista, o discurso dos movimentos sociais aparece como discurso outro, como discurso contra, agregado a um discurso tido como primeiro, visto que é este o que domina a grande mídia: o do *establishment*. Assim, na rede, circulam os mesmos conflitos da história, as mesmas relações de dominância entre grupos ou classes sociais. Ocorrem os mesmos enfrentamentos entre a reprodução e a transformação dessas relações de dominância e, portanto, das condições de existência.

A circulação – antes limitada a redes menores, a pequenas comunidades – hoje é potencializada. E a possibilidade de entrar nessa grande rede de significantes, fazendo circular vozes outras que não as parafraseadoras do discurso da ideologia dominante, tem permitido aos movimentos sociais a divulgação em grande escala de discursos de denúncias, as convocações ao internauta, o estabelecimento de relações de aliança com outros movimentos etc.

Isso significa uma inversão de valores e finalidades da própria tecnologia: a mesma base tecnológica criada e usada para fins de valorização, como um novo espaço da organização, produção e reprodução da Nova Economia capitalista é também usada como a base organizacional e comunicacional de novos movimentos que lutam justamente contra essa produção e reprodução (Cruz, 2004).

Por isso, importa considerar a dimensão que o ciberespaço – e a internet, sua base técnica – toma nos movimentos sociais e analisar o modo como estes tomam aí a palavra e adaptam-se a essa nova realidade. Afinal, no momento em que a internet possibilita uma nova forma de circulação de discursos, ela acaba por impor aos movimentos sociais a sua presença na grande rede de discursos.

Mas a internet é mais que um instrumento útil a ser usado porque está lá. Ela se ajusta às características básicas do tipo de movimento social que está surgindo na Era da Informação. E como encontram nela seu meio apropriado de organização, esses movimentos abriram e desenvolveram novas avenidas de troca social que, por sua vez, aumentaram o papel da internet como sua mídia privilegiada (Castells, 2003, p. 115) .

Se a internet se ajusta às características do movimento social, o inverso também ocorre: os movimentos sociais se ajustam a essa nova realidade, que envolve não apenas a circulação de discursos, mas também as formas de discursivização.

Acreditamos que as regularidades e ressonâncias são pistas de como vem ocorrendo a adaptação dos discursos dos movimentos sociais ao modo próprio exigido pelo ciberespaço, nesse cruzamento entre o que é da ordem do político e o que é da ordem da tecnologia.

Para não seguir pelo caminho de uma mera descrição, arriscando a cair num prescritivismo, a análise desse tipo de objeto deve levar em conta as condições de sua produção, o político como constitutivo e não apenas acessório, o histórico entrecruzado com o linguístico. O que e como é preciso dizer nas páginas virtuais dos movimentos sociais? Essa é a pergunta que norteia este trabalho. Procurando respondê-la, vamos conferir as regularidades entre sites de três movimentos sociais:

- MST (Movimento dos Trabalhadores Rurais Sem Terra) – <http://www.mst.org.br>.
- MTST (Movimento dos Trabalhadores Sem Teto) – <http://www.mtst.info/>.
- MNCR (Movimento Nacional dos Catadores de Materiais Recicláveis) – <http://www.mncr.org.br>.

São três movimentos de trabalhadores que se apropriaram de seu quinhão no terreno do ciberespaço e que, assim, estabeleceram um tipo particular de relação com o leitor-internauta, com um jogo de tempo-espaço particular, que importa analisar.

Novo espaço, novos tempos, novos lugares para os sujeitos

Um dos fatores impostos pelo advento da internet – e característicos dos modos de vida social contemporâneos – é a particularidade do binômio tempo/espaço.

> [...] o novo sistema de comunicação transforma radicalmente o espaço e o tempo, as dimensões fundamentais da vida humana. Localidades ficam despojadas de seu sentido cultural, histórico e geográfico e reintegram-se em redes funcionais ou de colagem de imagens, ocasionando um espaço de fluxos que substitui o espaço dos lugares. O tempo é apagado no novo sistema de comunicação, já que passado, presente e futuro podem ser programados para interagir entre si na mesma mensagem. O *espaço de fluxos* e o *tempo intemporal* são as bases principais de uma nova cultura, que transcende e inclui a diversidade dos sistemas de representação historicamente transmitidos: a cultura da virtualidade real, onde o faz-de-conta vai se tornando realidade (Castells, 1999, p. 398).

O tempo, depois do advento da internet, adquire outra dimensão: a notícia antes aguardada junto com a chegada do trem ou do navio agora é simultânea ao fato, pois a postagem é imediata. A preparação, pelos movimentos sociais, de textos para circulação, que se dava geralmente diante de um fato específico, trabalhado discursivamente e graficamente para caber em um panfleto, agora mistura-se a muitos outros discursos – do presente, do passado e até do futuro – no site do movimento. A circulação, antes realizada da noite para o dia, agora é simultânea ao acontecimento, e um texto percorre diferentes sites ao mesmo tempo.

Por outro lado, a postagem faz o texto permanecer em arquivo, podendo ser acessado em qualquer tempo, como se o fato fosse simultâneo à leitura, e quando é costurado a outras postagens, provoca outros efeitos de sentido. Também a dimensão do público imaginado mudou: o leitor de um texto específico agora é um público-internauta variado, que pode ter buscado a discursivização do fato, mas também pode ter caído na página por acidente, a partir de um link em outra página. O imaginário do internauta leitor e o imaginário do internauta do movimento social a respeito dos discursos presentes no site podem não coincidir. É a partir do lugar social em que cada um se encontra, das posições que cada um assume, do espaço-tempo que cada um ocupa que se configura esse imaginário.

Nesse novo espaço-tempo, a relação entre movimento social e o internauta imaginário pressupõe novos discursos, novos efeitos de sentido, em virtude do choque-atravessamento entre o que é da ordem do discurso dos movimentos sociais e o que é da ordem do discurso das tecnologias da informação e da comunicação – TIC. A expressão *Fale conosco*, presente nos três sites analisados, é comum no discurso das TIC, já significada como lugar em que o internauta clica para enviar seus comentários e perguntas ao "proprietário" do site. Ou seja, é o espaço de abertura ao internauta daquilo que, aparentemente, está fechado em si: o próprio site. Isso faz com que a relação pré-estabelecida entre o movimento proprietário do site e o leitor imaginário seja atravessada pela possibilidade de inserção da voz desse leitor – tomado como internauta – no próprio discurso do movimento, num espaço particular e delimitado a ele destinado. Assim, o imaginário sobre o interlocutor do movimento social é reconfigurado pelo atravessamento de um discurso próprio do novo espaço discursivo, o do discurso das TIC.

Já com a expressão *Apoie*, também presente nos sites, ocorre o inverso: o discurso das TIC é atravessado pelo discurso dos movimentos sociais, que chamam o leitor à participação política, ou seja, a força maior é a da ordem do político. É o que vem ocorrendo com o ciberativismo: com um clique (com ou sem a digitação de algumas palavras), o internauta assume o lugar de agente político.

Porém, como esse sujeito não deixa o lugar de internauta e o seu gesto de clicar ou postar é próprio do discurso das TIC, novamente esse discurso se sobrepõe ao de mobilização política.

Em ambas sobreposições de discursos – o das TIC sobre o político e o deste sobre o das TIC –, aquilo que se sabe, que intervém a partir de certo lugar, provoca o que Pêcheux (1995, p. 111) chama de "efeito de sustentação", numa espécie de "retorno do saber no pensamento".

Observamos assim que há sempre um jogo de forças entre as duas ordens discursivas, uma se sobrepondo à outra, acionando pré-construídos diversos para sustentar os sentidos e, portanto, fazendo com que estes deslizem ora em uma direção, ora em outra.

O site como arquivo

Não podemos nos esquecer de que a internet, depois de seu surgimento com fins militares, atrelou-se à lógica capitalista da oferta e da concorrência. A inserção dos movimentos sociais nesse universo, bem como a presença desse universo nos discursos dos movimentos sociais, trazem suas consequências.

Com cada vez mais pessoas usando a WWW, mais informação é naturalmente colocada à disposição. São empresas divulgando seus produtos e serviços, profissionais autônomos se promovendo, currículos sendo exibidos, páginas pessoais, sites de vendas de produtos e serviços etc. Essa abundância aumenta a concorrência entre as diversas páginas, o que leva todos a quererem melhorar a apresentação de seus sites (Cruz, 2004).

Impõe-se aos movimentos sociais proprietários dos sites a corrida pela conquista do internauta, através de movimentos, cores, hierarquização de temas, propriedade de linguagem etc. Ocorrem, simultaneamente, a concorrência entre sites e a sua aliança em redes.

Ainda na Declaração pela Humanidade apresentada no Encontro Intercontinental, o EZLN descreve sua entrada na rede:

> Faremos uma rede de comunicação entre todas as nossas lutas e resistências. Uma rede intercontinental de resistência, de comunicação alternativa contra o neoliberalismo e pela humanidade. Esta rede buscará os canais para que a palavra caminhe pelos caminhos que resistem. Será o meio para que se comuniquem entre si as distintas resistências. Essa rede não é uma estrutura organizativa, não tem centro diretor nem

> decisório, nem comando central ou hierárquico. A rede somos todos nós que falamos e escutamos (EZLN, 1994 *apud* Cruz, 2004).

Uma rede de resistência entra no espaço que um dia pertenceu exclusivamente ao poder militar e depois se tornou predominantemente comercial. A entrada dos movimentos sociais nessa rede de resistência, através dos sites, precisa ser apresentada como democrática, possibilitando dar voz a todos os que compartilham de tal resistência. Ou seja, delimitam-se aí os lugares ocupados, as identificações possíveis. É a partir dessa delimitação – que acaba por se impor aos sites de movimentos sociais – que eles podem ser concebidos como arquivos.

A construção de um arquivo não é pacífica, é sempre conflituosa. "Isso porque o arquivo não é o reflexo passivo de uma realidade institucional, ele é, dentro de sua materialidade e diversidade, ordenado por sua abrangência social" (Guilhaumou e Maldidier, 1997, p. 164). Se o discurso nasce da relação de forças, do conflito, também a seleção e organização dos discursos em arquivo e a discursivização desse arquivo serão necessariamente conflituosos.

Como afirmei em outro texto (Mittmann, 2008), tomar o site como arquivo implica considerar um imaginário de totalidade, em que tudo o que é importante deve ali constar, ao mesmo tempo em que tudo o que não cabe, ou não convém, deve ficar de fora das fronteiras. Afinal, é preciso algo ficar de fora para que algo entre, é preciso não dizer para que se possa dizer. Ou, pelo menos, é preciso que se lance para outro lugar aquilo que se deve dizer mas que não cabe ali. Sempre há um mecanismo de articulação interna ao arquivo, que regula a inserção e a exclusão de elementos, além de uma hierarquização.

Os três sites analisados contêm links que levam a subarquivos com documentos: *Biblioteca, Multimídia, Fotos, Áudio, Vídeos, Audiovisual, Ocupações, Manifestos, Artigos, Jurídico, Instrumentos Jurídicos, Notícias, Publicações* etc. Estes subarquivos funcionam ora como lugar de consulta sobre o movimento, oferecendo documentos hipermidiáticos; ora como relatos ao internauta de fatos do presente e do passado, podendo se projetar para o futuro (já que o tempo da postagem pelo internauta-autor não é, necessariamente, o mesmo tempo do acesso pelo internauta-leitor), como no caso do link *Notícias*; ora como lugar de consulta para ações futuras, como é o caso do link *Jurídico* e dos modelos de cartas, quando se constrói um imaginário de internauta participativo.

Além desses subarquivos, também há links que encaminham para a descrição do próprio movimento: *Quem somos, Nossa história, Nossos objetivos, Nosso hino, Nossa bandeira, Princípios e objetivos, Estruturas regionais* etc. Novamente aqui é interessante pensar sobre esse internauta imaginário, tão amplo e indefinido, e a relação que os movimentos sociais procuram estabelecer com ele, a partir do imaginário que fazem de si mesmos, do internauta e de si para o internauta. É preciso descrever ao internauta indefinido o que é o movimento, como se estrutura, o que pretende, como atua.

Ainda no âmbito do arquivo, links que remetem a sites de outros movimentos sociais auxiliam nessa marcação de fronteiras. Por mais que o hipertexto leve à imagem de um texto sem limites pré-fixados, sabemos que não é a simples borda de um texto (efeito de início e efeito de fim) que determina seus limites. O que os determina são as relações estabelecidas com o que é "de fora" mas deixa marcas dentro, como é o caso de acesso a outros sites a partir dos links *Indicamos* ou *Links indicados*.

No site do MST, as páginas indicadas estão divididas em: *Agricultura*, *Cultura*, *Direitos humanos*, *Entidades*, *Governo*, *Literatura* e *Notícias*. Com exceção do bloco Governo, todos os blocos trazem, especificamente, sites de movimentos de esquerda, nacionais ou internacionais. No site do MTST, os blocos são *Movimentos sociais do Brasil*; *Sindicatos, institutos e instituições*; *Aliados da cultura*, *Direitos humanos*, *Legislação*, *Notícias*, *Solidariedade internacional: Argentina, México, Espanha e Uruguai*. E no site do MNCR, os links se distribuem em *Movimentos sociais*, *Notícias*, *Campanhas*, *Informação*, *Parceiros* e *Suporte para a luta*.

A rede de relações de aliança com outros movimentos sociais, ao mesmo tempo em que indica uma abertura que remete para fora do texto ou da página analisada, aponta também para um fechamento pela relação de aliança em prol de um objetivo comum e também pela relação de rechaço ao oponente, ou como, dizem Ramos Martínez e Fernández Francos (2004), "un enmarcamiento dentro de una corriente de pensamiento concreta que podríamos definir como antisistémica, antagónica o alternativa".

Sob os efeitos de transparência, evidência, universalidade e naturalidade é que se dá a construção do arquivo como um projeto de fomento aos novos discursos. E se dentro do próprio arquivo exerce-se o controle, obviamente o mesmo controle é esperado no retorno dos saberes até os novos discursos, e na articulação desses, saberes nesses novos discursos. Dessa forma, seria preciso dominar pela escrita o dizer anterior para melhor controlar o novo dizer. Desfazendo-se a imagem atordoante do caos, o mundo de saberes (o que pode/deve ser dito numa formação discursiva) parece organizado naturalmente, numa estrutura aparentemente capaz de repetir a si mesma infinitamente pela renovação dos discursos. É claro que não há jamais controle absoluto, sempre algo escapa – e a lincagem é uma das formas de escape –, mas há um jogo de forças que tenta conter tais escapes. Daí a importância dos links que remetem a sites com os quais o movimento estabelece aliança, formando uma rede de parceiros pela mesma causa.

O encadeamento com outros movimentos – *Indicamos* ou *Links indicados* – também funciona como chamamento à ação de clicar e navegar, não mais entre páginas do mesmo site, mas entre sites de movimentos que partilham das mesmas posições, quase como remissões que retornam ao mesmo, mas com espaço para variação.

Repetição, Paráfrase e Ressonância

Na produção ou na leitura dos textos, bem como no gesto de articulação do arquivo, o que funciona é um embate de sentidos, e o que dá sustentação a esses sentidos é a memória, como algo pré-existente e exterior, ausente mas presente, funcionando sob a forma de retorno.

Nos sites analisados, encontramos a apresentação de cada movimento ao internauta. E isso tem a ver com a nova relação tempo/espaço/circulação possibilitada pela internet, que passa a funcionar de uma outra forma, com uma nova relação com os leitores (internautas), que visitam o site seja em virtude de uma pré-identificação, seja por acidente, quando lançados a ela a partir de algum outro site, ou até mesmo a partir de algum site de busca ou de consulta (Google, Wikipédia e outros).

Serrani (1993, p. 47), ao abordar a paráfrase, mostra que há uma *ressonância* entre os elementos que entram no processo parafrástico: "Ressonância porque para que haja paráfrase a significação é produzida por meio de um efeito de vibração semântica mútua". E é essa ressonância que constrói a realidade (imaginária) de um sentido e torna possível abordar o sujeito da linguagem, pois uma paráfrase sempre ressoa para alguém. A autora distingue duas formas de ressonância de significação: uma que se dá em torno de unidades específicas, e outra em torno de modos de dizer:

O primeiro tipo diz respeito ao funcionamento parafrástico de unidades tais como itens lexicais, frases nominais etc. O segundo tipo refere-se ao estudo dos efeitos de sentidos produzidos pela repetição, em nível interdiscursivo, de construções sintático-enunciativas na estruturação de um discurso determinado.

As duas formas de ressonância tanto mostram um processo de paráfrase daquilo que pode e deve ser dito a partir de uma formação discursiva, como apontam para o que pode e deve ser dito em outra formação.

Expressões como *Quem somos*, *Sobre o movimento*, *O que é o movimento*, *Conheça o movimento* marcam uma regularidade e dão pistas sobre essa relação particular dos movimentos com os leitores internautas imaginários. O imaginário de que o internauta é um visitante que não conhece o movimento faz parte das condições de determinação do que deve ser dito a partir dos menus. Há aí uma ressonância de unidades específicas, de itens lexicais, numa relação parafrástica.

Subordinados a esse funcionamento de chamada ao internauta a clicar sobre o item para conhecer o movimento, encontramos outros itens: *História*, *Princípios*, *Objetivos*, *Organização*, numa forma de planificação daquilo que é disperso no próprio discurso dos movimentos.

O encadeamento interno – organização espacial, com menus nas bordas da página, hierarquização, novos menus dentro de subarquivos – funciona como uma ressonância de modos de dizer, pois repete-se não apenas o léxico, mas também a ordem sintática da página. E essa organização é determinada não só pelos saberes da formação discursiva dos movimentos sociais, mas, principalmente, pela formação discursiva das TIC.

A representatividade

O impacto dos movimentos sociais sobre a sociedade é apresentado ao mesmo tempo em que o internauta é chamado à identificação com uma formação discursiva e à participação (prática) na transformação das relações de dominância diante das denúncias às práticas da classe dominante. A relação de enfrentamento é justificada nos sites como aquilo que se deve saber. Assim, nessa prática de resistência, há uma marcação de fronteira do grupo, um "nós" que aponta para os sem terra, os sem teto, os catadores.

> Há 25 anos atrás, em Cascavel (PR), centenas de trabalhadores rurais decidiram fundar um movimento social camponês [...] Eram posseiros, atingidos por barragens, migrantes, meeiros, parceiros, pequenos agricultores [...] (MST).

> Os sem-teto resistem contra a lógica difundida como natural de que pobre nasce, vive e morre oprimido (MTST).

> Nossa categoria de catador, que é um trabalhador e tem sua importância (MNCR).

É interessante notar essa tentativa de delimitação de grupos sociais que os movimentos pretendem representar. São aqueles grupos citados nas páginas, mas a referência é também para uma grande classe de prejudicados pela lógica capitalista: os atingidos por barragens, os migrantes, os meeiros, o pobre, o trabalhador. Assim, apesar da fronteira de grupo – o movimento –, há um alargamento que busca o outro para junto de si, trazendo como parceiro o oprimido que, embora não participe da classe ali representada, sofre a mesma perversidade da classe opressora e deve, portanto, participar da resistência. Esse alargamento chega ao ponto de abarcar um imaginário de "toda a sociedade brasileira":

> Lutar por uma sociedade mais justa e fraterna significa que os trabalhadores e trabalhadores Sem Terra apoiam e se envolvem nas iniciativas que buscam solucionar os graves problemas estruturais do nosso país, como a desigualdade social e de renda, a discriminação de etnia e gênero, a concentração da comunicação, a exploração do trabalhador urbano, etc. (MST).

> O MTST tem como um dos objetivos combater a máquina de produção de miséria nos centros urbanos (MTST).

> Desenvolvemos nossas ações na busca de uma sociedade mais justa e melhor para todos (MNCR).

E se a formação discursiva tem suas fronteiras bem definidas, que podem ser observadas por essa ressonância de modos de dizer e de unidades de sentido, isso não significa que não haja também uma ressonância do que é de fora da fronteira. A própria repetição interna parece dar sustentação à possibilidade de uma ressonância externa. Afinal, a formação discursiva é que permite que o que vem do interdiscurso seja verbalizado, e no interdiscurso encontram-se outras formações discursivas:

> Mesmo depois de assentadas, estas famílias permanecem organizadas no MST, pois a conquista da terra é apenas o primeiro passo para a realização da Reforma Agrária (MST).

> [...] não aceitam a espoliação que muitos chamam de sina (MTST).

> [...] organizamos bases orgânicas do Movimento em cooperativas, associações, entrepostos e grupos, nas quais ninguém pode ser beneficiado às custas do trabalho do outro (MNCR).

Os discursos dos movimentos sociais contestam os saberes que vêm de outras formações discursivas a que eles se opõem: que a reforma agrária limita-se ao assentamento de famílias, que a pobreza é um fato natural, que a exploração do trabalho do outro é inevitável. Como são movimentos de luta contra o *establishment* social e econômico, a luta se dá também contra os saberes que são tidos como evidentes e naturais, aqueles reproduzidos constantemente pela grande mídia.

Fechando o que não se pode fechar

A historicidade – que se dá no jogo particular entre a língua e a história – constitui o discurso como retorno da história e como retorno à história. Ou seja, se a produção do discurso se dá a partir de um retorno de saberes, essa mesma produção pode levar à história outros saberes. A relação entre o que é próprio dos movimentos sociais e o que é próprio das tecnologias de informação e comunicação provoca um movimento de saberes.

Quando os movimentos sociais apropriam-se do ciberespaço, esse duplo retorno nos permite compreender que o jogo de forças entre dominantes e dominados não impede o anseio de transformação das relações de dominância. Afinal, é essa convicção que leva à prática e faz convocar o internauta à participação, através de um clique, de uma forma de apoio, da divulgação do link em seu próprio site etc.

O imaginário sobre o leitor-internauta – e sobre as relações que podem ser estabelecidas entre o movimento social e esse leitor – é determinado pela identificação com uma formação discursiva de resistência e pela delimitação com outras formações discursivas.

Referências Bibliográficas

CASTELLS, Manuel. *A sociedade em rede*. São Paulo: Paz e Terra, 1999.

_______. *A galáxia da internet: reflexões sobre a internet, os negócios e a sociedade*. Trad. Maria Luiza X. de A. Borges. Rio de Janeiro: Jorge Zahar Editor, 2003.

CRUZ, Leonardo Ribeiro da. *Ciberespaço e contestação política: o caso do centro de mídia independente (CMI)*. 2004. Disponível em: <http://br.monografias.com/

trabalhos/ciberespaco-contestacao-centro-midia-independente/.shtml>. Acesso em: set. 2009.

GUILHAUMOU, J. & MALDIDIER, D. Efeitos do arquivo: a Análise do Discurso no lado da história. In: ORLANDI, Eni P. *Gestos de leitura: da história no discurso*. 2ª ed. Campinas: Unicamp, 1997, pp. 163-187.

MITTMANN, Solange. Redes e ressignificações no ciberespaço. In: ROMÃO, L. M. S. & GASPAR, N. R. (orgs.). *Discurso midiático: sentidos de memória e arquivo*. São Carlos: Pedro & João, 2008.

PÊCHEUX, Michel. *Semântica e discurso: uma crítica à afirmação do óbvio*. Trad. Eni P. Orlandi *et al.* 2ª ed. Campinas: Unicamp, 1995.

RAMOS MARTÍNEZ, Iván Julio & FERNÁNDEZ FRANCO, Marcos. *Estrategias de contrainformación de los nuevos movimientos sociales: distribución alternativa y TIC*. Disponível em: <http://www.cibersociedad.net/congres2004/index_es.html>. Acesso em: set. 2009.

SERRANI, Silvana M. *A linguagem na pesquisa sociocultural: um estudo da repetição na discursividade*. Campinas: Unicamp, 1993.

8. A explicação no letramento digital: reflexão preliminar sobre o ambiente de ensino-aprendizagem via web

João Gomes da Silva Neto
Marineide Furtado Campos (UFRN)

Introdução

No Brasil, o uso dos computadores e das estruturas de hipermídia na educação representa uma realidade, e cada vez mais tem exigido dos professores a apropriação e desenvolvimento de novas habilidades que, progressivamente, têm-se traduzido no desenvolvimento de suas competências pessoais e profissionais. Identificam-se, aí, novas posturas comunicativas e, portanto, novos letramentos, em face da crescente complexidade do mundo da informação – e do que ora se conhece por tecnologias da informação e da comunicação (TIC). Decorrem daí impactos consideráveis nos domínios das línguas e linguagens e, em sua feição mais ampla, na comunicação e nas relações inter e intragrupais, não se perdendo de vista, ainda, as profundas transformações que se operam na constituição dos planos intersubjetivos, com a contínua e acelerada remodelação dos paradigmas espaçotemporais nas relações humanas. Nesse contexto, em 2007, o MEC lançou o Programa de Formação Continuada em Mídias na Educação, voltado para o uso da TV, vídeo, rádio, impressos e internet. Seus conteúdos são distribuídos em diferentes módulos temáticos através do portal educacional <www.eproinfo.com.br>.

Situado nesse contexto, este trabalho concentra seu interesse nos ambientes de ensino-aprendizagem via web, com foco no papel das interações verbais na construção de sentidos, em eventos orientados pela discussão e explicação de conceitos. A pesquisa parte de uma problemática que pode ser caracterizada pelas seguintes questões: por que os professores têm dificuldade em lidar com as tecnologias da informação e da comunicação, em especial com as que envolvem a web (e, por extensão, as estruturas de hipermídia)? Como eles lidam com essas tecnologias, na sua formação profissional e na sua prática em sala de aula? Como as concebem, a partir de sua formação e de sua experiência profissional?

A pertinência dessa discussão reside na possibilidade de ela lançar luzes sobre o processo de aquisição de novas competências de leitura e escrita, por parte desses cursistas, em termos de sua melhor compreensão da estrutura de hipermídia, para uma melhor formação e, em decorrência, uma melhor atuação profissional. Com base em seus textos, a análise pretende entender como eles significam esse processo e seus suportes tecnológicos. Considerando-se a abordagem qualitativa em que se insere, a análise textual leva em conta as dimensões programáticas e curriculares desse programa de formação, uma vez que o modelo de avaliação aplicado para medir o letramento dos cursistas inclui múltiplas ações didático-pedagógicas diretamente relacionadas com as habilidades específicas do letramento digital. Esperamos, com isso, contribuir para o avanço dos estudos sobre as relações interativas entre os usuários da estrutura de hipermídia e os elementos verbais e não verbais das interfaces na EaD (educação a distância).

Quadro metodológico e teórico

Em seus aspectos teóricos e metodológicos, nosso trabalho apresenta elementos preliminares de uma pesquisa que busca respostas para uma problemática voltada para o modo como os usuários cursistas se relacionam com os elementos hipermidiáticos (cor, som, hipertexto, vídeo, imagem, elementos gráficos e animação) das interfaces dos quatro módulos que integram o ciclo básico do Programa Mídias na Educação, com especial atenção sobre o modo como se relacionam com o hipertexto, durante suas atividades de formação[1]. Esse relacionamento é, num primeiro momento, entendido em termos de interação sujeito-elementos hipermidiáticos, numa perspectiva analítica em que tais elementos são percebidos como recursos indissociáveis de ensino e da aprendizagem no campo de EaD. De modo mais específico, pensamos a interação entre o sujeito aprendiz e a máquina, considerando a complexidade dos fatores envolvidos nessa relação, notadamente as demandas cognitivas aí envolvidas. A análise baseia-se numa amostragem de interações entre tutor e cursista (registros textuais) recolhida no ambiente do "fórum", previsto pelo programa, numa ocasião em que discutem a noção de hipertexto e seu papel na escola.

Como procedimento de análise, levamos em conta os vários discursos atinentes ao letramento escolar a distância, considerando as várias instâncias político-educacionais e didático-pedagógicas que instituem a formação docente e as atividades escolares voltadas para o letramento digital. Assim, tomamos como referência metodológica o que dizem os cursistas, em seus textos escritos, sobre as

---

1 Este trabalho insere-se na pesquisa de doutorado intitulada *O hipermídia na interação em educação a distância: o caso do Programa de Formação Continuada em Mídias na Educação*, desenvolvida por Marineide Furtado Campos, sob a orientação de João Gomes da Silva Neto, no Programa de Pós-Graduação em Estudos da Linguagem da UFRN.

tecnologias e as atividades envolvidas nesse letramento. Para tanto, pressupomos se encontrarem, nesses textos, indícios dos princípios que orientam aquilo que eles entendem por estruturas de hipermídia e, por extensão, suas concepções sobre essas tecnologias, o ensino e a avaliação, todas identificadas, de algum modo, com os vários discursos que instituem as ações educativas observadas. A análise considera, ainda, os indícios textuais presentes na inter-relação dos lugares enunciativos em que se promove esse letramento digital. Para isso, levamos em conta: as políticas públicas voltadas para a educação, com foco em questões do ensino a distância; as pesquisas acadêmicas sobre tais questões; a formação docente e as próprias práticas escolares, conforme ocorridas em ambientes virtuais.

O estudo parte da seguinte assertiva, aqui tomada como pressuposto: para além dos vários textos teóricos e didáticos a que geralmente têm acesso – dentro e fora da academia e dos cursos de formação continuada – e daqueles que instituem sua atividade escolar, os professores detêm saberes relativos a suas práticas que precisam ser esclarecidos. Assim, considerado em seus limites práticos de publicação, este trabalho apresenta parte daquilo que temos em vista na pesquisa como um todo, qual seja, a apropriação de um conhecimento adequado da realidade prática dos professores em formação continuada e, por extensão, um melhor entendimento de seus objetos de ensino – dentre eles, a noção de hipertexto –, em associação com os encaminhamentos de leitura e escrita a eles associados.

O *corpus* é constituído de uma amostragem de textos escritos por professores alunos (cursistas) em um curso de formação a distância (Programa de Formação Continuada em Mídias na Educação) oferecido por uma universidade estadual brasileira. A pesquisa situa-se no âmbito da linguística aplicada, seguindo procedimentos da pesquisa etnográfica (Bogdan e Biklen, 1994; Fetterman, 2009) e aportes da análise textual dos discursos (Adam, 2008). Embora a pesquisa seja eminentemente empírica, valemo-nos de algumas referências do ensino a distância. Para isso, reportamo-nos, dentre outros, a Correia (2007), Kenski (2003), Moore e Kearsley (2007) e Moran, Masetto e Behrens (2000).

O evento fórum: aspectos gerais

Os textos que compõem o nosso *corpus* foram recolhidos na atividade fórum[2], durante o Módulo Material Impresso, terceiro dos seis que integram o Ciclo Básico do

2 O material empírico aqui analisado tem como fonte o *corpus* da pesquisa de doutoramento intitulada *A hipermídia como suporte de letramento digital*, desenvolvida por Taciana de Lima Bur-

Programa Mídias na Educação[3]. Trata-se da segunda oferta desse curso, promovido pelo Núcleo de Educação a Distância (Nead) da Universidade do Estado do Rio Grande do Norte, com sede na cidade de Mossoró. O evento ocorreu entre os dias 5 de junho e 20 de julho de 2008, com dezoito cursistas e 34 mensagens postadas.

Trazendo a temática "A escrita e a leitura no hipertexto", o fórum foi aberto pela tutora com uma sugestão de debate, a ser desenvolvido a partir de algumas questões geradoras que deveriam explorar a noção de hipertexto, não só para a sistematização e fixação dos conteúdos lidos nos impressos, mas também para aprofundar a reflexão e o posicionamento dos cursistas a respeito da temática, sem perder de vista as questões da escrita e da leitura. Eis a proposta de debate (negrito conforme o original):

A escrita e a leitura no Hipertexto
Objetivo:
Debata com seus colegas sobre as seguintes questões: O que muda na alfabetização, no letramento, nos processos educacionais, na cultura digital? Como a escola pode lidar com a cultura do hipertexto? Como a Internet está mudando nossa relação com a leitura e a escrita? O computador e a Internet servirão de estímulo à leitura ou serão uma ameaça a ela? Por quê? Por que o hipertexto é subversivo? Que dificuldades os leitores encontram na leitura apoiada por suportes virtuais? Que vantagens e desvantagens podem ser apontadas em relação à leitura apoiada por suportes virtuais? O hipertexto elimina a ideia da autoria?
Vamos começar?

Quadro 8.1 – Proposta de debate do Fórum.

Durante o tratamento inicial, observamos que os textos das 34 mensagens se estruturavam conforme três tópicos predominantes, nesta ordem, dentro da cronologia das postagens: definição de hipertexto, vantagens e desvantagens do hipertexto, papel do

gos, sob a orientação de João Gomes da Silva Neto, no Programa de Pós-Graduação em Estudos da Linguagem da UFRN.

3 Os módulos são os seguintes, nesta ordem: Módulo Introdutório, Módulo Gestão de Mídias, Módulo Material Impresso, Módulo TV e Vídeo, Módulo Rádio e Módulo Informática.

hipertexto na escola. Na sequência da discussão, a distribuição dos textos das mensagens se organiza do seguinte modo, considerando-se o universo de dezoito participantes:

Tópico predominante	Número de mensagens	Número de participantes
Definição de hipertexto	13	9
Vantagens e desvantagens do hipertexto	12	11
Papel do hipertexto na escola	9	8

Tabela 8.1 - Os participantes e seus tópicos de discussão.

Essa sequência tópica tende a seguir a mesma ordem das três mensagens da tutora, em que ela retoma algumas das questões da abertura do debate. É importante frisar, no entanto, que tal divisão é uma escolha metodológica e tem seus limites, considerando-se que, em relação aos grupos participantes de alguns tópicos, certos cursistas ora introduzem outros tópicos em seus textos, ora antecipam ou retardam comentários e/ou respostas de algumas questões. Veja-se a transcrição das três mensagens da tutora:

Mensagem	Texto	Data/hora
01	Vamos iniciar nosso debate com alguém dizendo o que é um hipertexto? Um abraço.	Enviada em Jun 5 2008 04:11PM
02	Continuando a nossa conversa: 1. Vocês consideram o hipertexto subversivo? Por quê? 2. Que vantagens e desvantagens podem ser apontadas em relação à leitura apoiada por suportes virtuais? 3. O hipertexto elimina a ideia da autoria? Vamos lá!!!!!	Enviada em Jun 9 2008 03:41PM
03	Continuando a nossa reflexão, como a escola pode lidar com a cultura do hipertexto? Um abraço.	Enviada em Jul 1 2008 01:42PM

Tabela 8.2 - Mensagens da tutora.

Tendo em vista os interesses imediatos deste trabalho, vamos nos concentrar nos textos que exploram os dois últimos tópicos, visto que, nesses segmentos, os cursistas tendiam a se concentrar no modo como se relacionavam com o hipertexto. Quanto aos textos que desenvolvem o primeiro tópico, para o momento adiantamos que tendem a retomar as informações sobre hipertexto encontradas nos impressos do módulo, através de reformulações das definições e conceitos ali veiculados. Assim, os alunos apoiam suas definições em propriedades atribuídas ao hipertexto, com ênfase reiterada na interatividade, na intertextualidade e na não linearidade – propriedades retomadas nos tópicos dois e três, conforme veremos a seguir.

O hipertexto em debate: a perspectiva dos cursistas

Num primeiro momento, percebemos que os cursistas tendem a elaborar seus textos na forma de respostas sistemáticas às perguntas da tutora (ver Tabela 8.2), o que os leva a se afastar do gênero debate, como se reagissem a um questionário. É o caso de C-01, como se lê abaixo[4]:

Jun 11 2008 10:57PM
1. Sim. O hipertexto é subversivo porque foge à regra geral do texto impresso, a linearidade: começo, meio e fim. Através dos links o leitor passeia por múltiplos textos, o que propicia o fim das rígidas fronteiras entre os textos.
2. Vantagens: A riqueza de informações. O hipertexto, também devido à sua característica não linearidade, estimula e facilita a exploração da informação, oportunizando ao aprendiz escolher o que lê, como lê, para que lê. Desvantagem: É cansativo e mais demorado.
3. Não. O autor continua dono do processo criador, embora, como já acontecia antes do hipertexto, ao ler a obra, o leitor possa recriá-la e reescrevê-la.

4 A codificação adotada no tratamento do *corpus* é: TC-xx-x, em que T é texto, C é o cursista, -xx o número de ordem do texto na sequência de postagens no Fórum e -x o número correspondente a outro texto de mesmo autor, nos casos em que um mesmo cursista tenha mandado mais de uma mensagem sobre o mesmo tópico. O grupo data/hora permanece como no original.

Com o surgimento da internet com a sua característica de interatividade surgiu também a coautoria – a criação de obras de múltiplos autores. As chamadas coproduções realizadas de várias maneiras. Um exemplo desse tipo de coprodução: um autor escreve um parágrafo e dispõe o texto para que seus visitantes completem da forma que desejarem. Depois os textos inseridos passam pelo crivo do autor-organizador. O produto final é um texto-colagem de autores e realidades diferentes que se cruzam na virtualidade.

Quadro 8.2 – Texto TC-01.

Ao explicar o que é hipertexto por intermédio da ideia de subversão, C-01 desenvolve seu texto através do procedimento de comparação de propriedades, no caso, com as daquilo que ele entende por texto: este teria "a linearidade: começo, meio e fim", enquanto o hipertexto teria a "característica não linearidade". Outra coisa, própria do hipertexto (e, portanto, ausente no texto), seriam os "links", dispositivo que, segundo o autor, "propicia o fim das rígidas fronteiras entre os textos". Uma primeira constatação, nesse fragmento, é que a noção de hipertexto se constrói por oposição à de texto. Isso se percebe pelas expressões "foge à regra geral do texto impresso" e "rígidas fronteiras entre os textos". Como esse procedimento comparativo por oposição apresenta recorrências entre os textos analisados, intuímos que alguns problemas de ordem terminológica possam ter papel determinante nessa formulação, o que nos leva a concluir que se faz necessária uma análise cuidadosa do material impresso a que os cursistas têm acesso, no que se refere às informações que eventualmente deram sustentação a esse tópico, assim como aos demais. Essa recorrência dos cursistas ao material impresso pode ser constatada, por exemplo, em C-02, que inicia seu texto com a ressalva justificante: "Diante do estudo feito sobre hipertexto, vejo que [...]".

De tais constatações derivam já alguns elementos de interpretação: os conceitos de texto e hipertexto precisam ser mais bem delineados nas práticas de ensino-aprendizagem, levando-se em conta as suas especificidades intrínsecas, com base em conhecimentos consolidados sobre língua, linguagem, comunicação e informação, entre outros. Assim, para efeito de encaminhamentos didático-pedagógicos em eventos dessa natureza, a análise já nos aponta algumas lições, listadas e comentadas a seguir.

Primeiramente, para explicar o que é hipertexto, o procedimento de oposição com texto não se mostra adequado – embora correlatos, seus conceitos precisariam recorrer a propriedades diferentes, localizadas muitas vezes em campos do conhecimento distintos: assim, a ideia de linearidade pode se aplicar ao procedimento da escrita tabular, mas não à de leitura, com a qual tende a se confundir, quando associada ao hipertexto ("o leitor passeia por múltiplos textos"). Por outro lado, "linearidade" não se opõe a "links", visto se tratarem de coisas de naturezas distintas e se situarem em níveis de abstração diferentes. A leitura vai muito além do movimento dos olhos sobre a superfície textual (ou do suporte), o que nos leva à lembrança de que "texto impresso" não tem como "regra geral" a "linearidade" (que aqui se opõe à noção de multiplicidade – "múltiplos"). E delineia-se já outro problema conceitual: segundo os cursistas, hipertexto se define por propriedades que se contrapõem às do texto, mas tanto um quanto o outro estão igualmente associados ao processo de leitura.

No seu desdobramento para outro ponto de reflexão, o parágrafo anterior leva-nos imediatamente a pensar na noção de intertextualidade, já suficientemente delimitada nos estudos textuais e que, por isso, se afasta da ideia de "rígidas fronteiras entre os textos". Ou seja, não parece adequado assumir como propriedade específica do hipertexto a possibilidade de propiciar ao leitor experiências de leitura "por múltiplos textos". Ora, em certa medida e de alguma forma, qualquer texto tem alguma relação com algum outro texto. Isso também aplicar-se-ia, igualmente, ao que se entende hoje por "interatividade" e "coautoria", não específicas das dimensões do hipertexto e da web. Uma abordagem didático-pedagógica que tentasse repensar os conceitos em sua relação com a leitura e a escrita poderia, por exemplo, adotar a noção de escrita colaborativa, que permeia a compreensão desses elementos do conhecimento que, embora distintos, têm relação direta com as práticas de letramento da sociedade contemporânea.

Uma terceira lição deriva do procedimento explicativo que tenta definir hipertexto a partir da ideia preestabelecida de que ele teria, ao mesmo tempo, propriedades de vantagem e desvantagem. No desenvolvimento do tópico, por parte dos cursistas, um aspecto vantajoso predominante estaria no caráter informacional do hipertexto, apresentado com o reforço do empréstimo da conotação positiva do próprio termo "vantagem". De fato, em TC-01, essa vantagem se justifica por "sua característica": "Vantagens: A riqueza de informações. O hipertexto, também devido à sua característica não linearidade, estimula e facilita a exploração da informação [...]". A conotação positiva ainda é reforçada pelas propriedades de estimulação e facilitação dessa tarefa de "exploração da informação", a que se imprime um caráter prazeroso. A ênfase nesses aspectos considerados positivos leva-nos a inferir diretamente que, por oposição, isso não deve se verificar no texto, já que tais aspectos derivam das características tomadas como específicas do hipertexto. Nesse caso, o raciocínio explicativo implícito no texto seria: *o hipertexto é estimulante e facilitador da "exploração da informação", pois "a sua característica [é a] não linearidade".* Essa tendência explicativa é retomada por outros textos que o sucedem (grifos nossos):

> Fragmento 1: [...] mas gostaria de destacar na leitura realizada no ambiente hipertextual o *prazer de ler e a riqueza de informações* [...] (TC-02-1).

> Fragmento 2: O hipertexto por ter uma característica multilinear *nos permite facilmente escapes* do texto inicialmente lido, para um outro [...] (TC-05).

> Fragmento 3: Acredito que o uso dessas ferramentas *não seja uma ameaça e sim um estímulo*, por estabelecer *uma boa interação* com conteúdos e diferentes tipos de textos [...] (TC-06).

> Fragmento 4: O hipertexto provê vantagens educacionais. Uma delas é o *acesso* imediato, e praticamente *ilimitado a enormes volumes de informação*, de forma direta (*em contraposição* ao acesso sequencial do texto tradicional) (TC-06).

Como se vê, a noção de hipertexto tende a se sustentar na noção de texto, que, por sua vez, se apoia em propriedades (ou características) discutíveis e pouco consistentes. Dessa forma, um tende a se confundir com o outro, sobretudo quando associados à noção de "coautoria", havendo inclusive equívoco quanto ao que seria leitura (p. ex., possibilidade de vários níveis de leitura *versus* possibilidade de acesso a vários textos). Veja-se que a noção de leitura fica mais indefinida quando se percebe que, nos textos dos cursistas, hipertexto ora pode ser um texto, ora vários textos ao mesmo tempo (enquanto é reiterado o aspecto negativo da noção de texto). Isso é recorrente no fórum, como se pode ver em outros fragmentos (grifos nossos):

> Fragmento 5: [...] *um autor escreve um parágrafo e dispõe o texto* para que seus visitantes completem da forma que desejarem. *Depois os textos*

inseridos passam pelo crivo do autor-organizador. *O produto final é um texto-colagem* [...] (TC-01).

Fragmento 6: 1- Sim, *o hipertexto é um exemplo de texto* que fugiu dos padrões e conseguiu inserir na sua constituição a hibridação; sua diferença significativa é a concepção. *É um texto criado* a partir dos seguintes elementos de construção; interatividade, intertextualidade, não linearidade (TC-02.2).

Fragmento 7: No que se refere à *estrutura de escrita, ele foge à regra dos textos* que geralmente conhecemos fora do mundo virtual. [...] Aponto como vantagem as inúmeras possibilidades de leituras que ele nos oferece [...] (TC-05).

Fragmento 8: [...] agora [com o hipertexto] que *ler é mergulhar* nas malhas da rede, *é perder-se, é libertar-se dos caminhos proibidos, que o monologismo* havia colocado em segundo plano (TC-08).

Tais constatações nos levam a uma quarta lição sobre o ensino-aprendizagem de conteúdos específicos, sobretudo os emergentes, como é o caso dos fenômenos educacionais que envolvem a noção de hipermídia: a fluidez conceitual tende a levar os alunos professores a uma compreensão equivocada de noções básicas para a sua formação, e isso ocorre numa circunstância crítica, como a da educação formal, em que a consistência terminológica e conceitual exerce um papel de suma importância no que se refere aos saberes científico (o saber sobre a natureza e a funcionalidade das estruturas de hipermídia), técnico (o saber sobre a sua operacionalidade) e profissional (o saber sobre a sua aplicabilidade e eficiência – ou o saber fazer operatório).

Um outro aspecto a ser considerado nas análises, ainda, é o fato de os cursistas não se referirem a quaisquer outras mensagens enviadas pelos demais participantes, no âmbito do fórum. Há situações em que o enunciado está claramente marcado pelo posicionamento autoral, o que deixaria em aberto a possibilidade de uma retomada posterior, por um possível interlocutor que quisesse se posicionar relativamente ao objeto da discussão. Esse seria o caso dos exemplos a seguir:

> Fragmento 9: Acredito que o uso dessas ferramentas não seja uma ameaça e sim um estímulo, por estabelecer uma boa interação com conteúdos e diferentes tipos de textos (TC-06).

> Fragmento 10: Não. Eu não diria que com o hipertexto se elimina a autoria [...] (TC-05).

> Fragmento 11: Não acho que o hipertexto elimine a ideia de autoria [...] (C-14-1).

Não há, no entanto, retomada desses ou de outros textos, no sentido de tentativa de defesa ou recusa de determinado posicionamento particular, em relação a um objeto discursivo qualquer, como se espera que devesse ocorrer no caso de um debate (oral ou escrito, face a face ou não, em situação presencial ou não). Afinal, o fórum foi aberto com uma proposta explícita de debate, já na primeira palavra do texto da tutora: "Debata [...]". Em seus textos, no entanto, mesmo que haja lugar para assertivas passíveis de discussão e, portanto, de tomada de posição baseada em opiniões próprias, isso não parece ser levado em conta pelos participantes. Caso contrário, seus textos tenderiam a apresentar estruturas mais complexas, em que seriam inseridas, de alguma forma, sequências argumentativas, com as devidas marcas linguísticas de posicionamento discursivo dos eventuais debatedores/escritores, relativamente aos tópicos explorados. Estes, assim, seriam ressignificados a cada novo texto postado, em negociações discursivas marcadas pelos sujeitos ao assumirem seus textos, e, nestes, os seus lugares enunciativos, com as respectivas marcas textuais de responsabilidade enunciativa (cf. Adam, 2008). O que se observa, no entanto, é uma tendência ao apagamento autoral das assertivas, quando se trata de expor definições e do uso de terminologias sobre hipertexto, como se o que dissessem fosse consensual entre os participantes do fórum. O que, aliás, teria relação com a tendência de formatarem seus textos como respostas a um questionário, como já foi comentado. Isso nos leva a entender que sustentam suas afirmativas nas informações encontradas nos impressos do módulo, cujos conteúdos, certamente presumem, sejam do conhecimento de todos naquele ambiente e, além disso, aceitos de forma irrestrita e não passíveis de discussão ou questionamento. Com isso, verifica-se que, de certa forma, os tópicos dois e três são retomadas textuais do tópico um, através de situações que reforçam a conceituação de hipertexto, já explorada (e delimitada) nas primeiras mensagens.

Considerações finais

Considerando o que vimos até agora, e não pretendendo esgotar a problemática, nem tampouco retomar o que foi constatado nas análises, acreditamos ser oportuno encerrar momentaneamente nossa discussão refletindo sobre os riscos do ensino-aprendizagem e do processo de didatização no ensino a distância: de fato, a vulgarização de conceitos científicos requer processos continuados de reformulação, em que a terminologia é submetida a redefinições descritivas e explicativas, a partir de referenciais textuais e discursivos identificáveis pelos sujeitos envolvidos. Em educação, sabe-se, essa vulgarização conceitual precisa ser pensada e executada segundo critérios e procedimentos que levem em conta os sujeitos do processo de ensino-aprendizagem, em função do estágio em que se encontram suas competências e habilidades pessoais. Cabe aos professores (tutores, mestres), pois, promoverem adequadamente o incremento e desenvolvimento dessas competências e habilidades, com vistas a níveis mais avançados de percepção e domínio da realidade e, portanto, de possibilidades de crescimento individual e de atuação social. E esse processo está diretamente vinculado aos procedimentos de didatização de que vimos falando, de forma que a reflexão a esse respeito não pode deixar de ser considerada em qualquer discussão que envolva situações de ensino-aprendizagem a distância. Dentre outras questões a ser consideradas, então, destaca-se a que diz respeito à formação dos professores nessa e para essa modalidade educacional. Para tanto, reiteramos a necessidade de um incremento nas práticas de formação, fundamentadas em didáticas e conhecimentos específicos das diferentes áreas de atuação, para que, de fato, se instituam sujeitos autônomos e competentes nos âmbitos científico, técnico e profissional.

Referências Bibliográficas

ADAM, Jean-Michel. *A linguística textual: introdução à análise textual dos discursos.* Trad. Maria das Graças Soares Rodrigues *et al.* São Paulo: Cortez, 2008.

BOGDAN, C. Robert & BIKLEN, Sari Knopp. *Investigação qualitativa em educação: uma introdução à teoria e aos métodos.* Porto, Portugal: Porto Editora, 1994.

CORREA, J. *Educação a distância: orientações metodológicas.* Porto Alegre: Artmed, 2007.

FETTERMAN, David M. *Ethnography: step by step.* 3ª ed. Newburry: Sage, 1990.

KENSKI, V. M. *Tecnologias e ensino presencial e a distância.* Campinas: Papirus, 2003.

MOORE, Michel G. & KEARSLEY, Greg. *Educação a distância: uma visão integrada*. São Paulo: Thomson Learning, 2007.

MORAN, José Manuel; MASETTO, Marcos T. & BEHRENS, Marilda Aparecida. *Novas tecnologias e mediação pedagógica*. 3ª ed. São Paulo: Papirus, 2000 (Papirus Educação).

9. Trajetórias de estudantes universitários de meios populares em busca de letramento digital[1]

Daniela Perri Bandeira (UFMG)

Introdução

O estudante universitário, nos dias de hoje, precisa estar em sintonia com as novas tecnologias para conseguir desempenhar o mínimo de atividades acadêmicas sem depender de ajuda de colegas, professores ou funcionários.

No âmbito da educação, principalmente no que se refere ao ensino universitário, saber fazer uso da internet e de suas possibilidades/facilidades é uma necessidade quase diária. No entanto, muitos estudantes universitários, sobretudo aqueles provenientes de meios populares, não sabem lidar com os recursos do computador e da internet e precisam urgentemente, ao entrar na universidade, responder às demandas virtuais. Ao observar esse fato, é possível perceber que a possibilidade de inserção na cultura digital ao ingressar numa universidade é algo que ainda figura como uma lacuna nas discussões sobre inclusão digital. Principalmente quando se trata de jovens de meios populares que não adquiriram, em espaços de formação anteriores, intimidade com esse novo mundo.

Alguns procedimentos metodológicos

Este trabalho tem como objetivo investigar que relação mantêm com o computador e a internet indivíduos de meios populares ingressantes em instituição de ensino superior que pressupõe alunos com letramento digital prévio.

Para investigar o problema posto, foram realizados alguns movimentos metodológicos. Inicialmente, selecionar a instituição de ensino superior e, em seguida, alunos dos meios populares. A Faculdade de Educação da Universidade Federal de Minas Gerais foi o espaço escolhido para a seleção dos estudantes. Tal escolha deveu-se, primeiramente, ao fato de Pedagogia ser um curso vislumbrado

1 Trabalho apresentado ao grupo de discussão "Letramentos digitais, apropriação e inovação", no III Encontro Nacional sobre Hipertexto, Centro Federal de Educação Tecnológica de Minas Gerais, Belo Horizonte, 2009.

por estudantes das várias frações das camadas populares; em seguida, devido à grade curricular do curso, que ocupa apenas um turno, possibilitando ao aluno trabalhar no outro período do dia.

Escolhido o local da pesquisa, foram realizadas três etapas (observação, questionário e entrevista) para se chegar aos sujeitos desejados: estudantes das camadas populares "iletrados ou pouco letrados" em relação ao universo digital. É claro que não posso adotar uma visão simplista a respeito desses alunos calouros, pois são raros aqueles radicalmente alheios ao universo digital. No entanto, utilizar a internet como um novo suporte de leitura e escrita, dentro de uma perspectiva acadêmica, ainda constitui um obstáculo, tendo em vista os alunos calouros que não atingem essa condição de letrado digital na família ou em outros espaços de formação, por falta de acesso ou acesso precário.

A busca pelos sujeitos de pesquisa iniciou-se em fevereiro de 2007, ano em que ingressaram 66 alunos calouros no curso de Pedagogia noturno da Faculdade de Educação da UFMG. Foram dois anos de coleta de dados, e ao observar mais atentamente a postura da universidade, seu discurso e atitudes em relação à cultura digital, foi possível perceber que, para ela, a inserção digital dos alunos que ingressam na instituição é algo óbvio. Ou seja, pressupõe-se que um aluno que passa num vestibular tão rigoroso e concorrido como o da UFMG com certeza possui um bom nível de inserção digital. No entanto, isso não é verdade.

Assim, tendo como local de pesquisa a unidade da Faculdade de Educação, decidi também conhecer e compreender que cultura digital vem se constituindo na FaE/UFMG; como e para que são utilizados em salas de aula os computadores interligados ao *data show* e à internet; o que os professores demandam em relação aos usos dos aparatos digitais; e qual a relação estabelecida pelos alunos e professores com esses aparatos. Enfim, de que forma o aluno calouro "infoexcluído" desenvolve estratégias para atender às demandas de uso da internet no mundo acadêmico.

Após a seleção dos sujeitos, a pesquisa buscou responder às questões propostas e, ao mesmo tempo, sublinhar, a partir de uma abordagem sociológica, a importância de se levar em consideração situações singulares pelas quais estudantes calouros passaram no início de sua trajetória, no que diz respeito ao uso do computador e da internet em demandas acadêmicas. Assim, foi imprescindível procurar perceber se a Faculdade de Educação agrega conhecimentos favorecendo o letramento digital de seus estudantes, já que cria condições para um acesso de qualidade às novas tecnologias, possibilitando seu uso constante em laboratórios de informática, biblioteca, núcleos de pesquisa ou projetos de extensão. Entende-se aqui como letramento digital "um novo estado ou condição para aqueles que exercem práticas de escrita e de leitura na tela" (Soares, 2002, p. 152). Além disso, é possível observar que a universidade passa por um processo de digitalização. Em muitas unidades do *campus* Pampulha da UFMG, a reprografia é digitalizada, o diário de classe dos professores também está se tornando eletrônico, muitas disciplinas de pós-graduação são realizadas a distância e um dos pré-requisitos para cursá-las é ter acesso à internet. A matrícula da graduação, desde o segundo semestre de 2007, só pode ser efetuada via internet. Estes são alguns exemplos de como o aluno tem se visto cercado pela digitalização, e não tem como fugir, se quiser "sobreviver" às demandas da universidade.

Uma abordagem de cunho qualitativo foi a mais indicada para esta pesquisa, porque prioriza a compreensão das motivações e sentimentos que movem os sujeitos, dando significado à realidade estudada, e não apenas aos fatos observáveis e passíveis de serem medidos estatisticamente (Alves-Mazzoti, 2001). Logo, eleger a pesquisa qualitativa como base justifica-se a partir do momento em que ela se apresentou como o melhor caminho para a compreensão de um novo fenômeno, que toma a contemporaneidade como *locus*: no caso, os primeiros sinais de uma popularização da cultura digital que vem se manifestando no Brasil a partir da segunda metade da década de 1990, o que não deixa de ser bem recente. Além de Alves-Mazzoti, a leitura de autores como Bogdan e Biklen foi essencial. A coleta de dados foi realizada a partir de observações em espaços diversos: salas de aula, laboratórios de informática e a biblioteca. Compreendeu, ainda, a aplicação de um questionário de caráter socioeconômico, que também abordava o nível de habilidades digitais que o aluno possuía, e entrevistas semiestruturadas.

O mundo digital é "novo" para quem?

O pequeno número de sujeitos selecionados nesta pesquisa a situa numa escala microssociológica; tratou-se de apenas quatro casos de apropriação das habilidades relacionadas à cultura digital por indivíduos de meios populares ingressantes em instituição de ensino superior. Entre os sessenta alunos que responderam o questionário, apenas quatro declararam não saber nada sobre o uso do computador e da internet, e oito declararam saber muito pouco. Assim, ler os escritos de Jacques Revel foi muito importante para esclarecer que não há escala de observação que tenha privilégio sobre outra. A comparação entre escalas macro e micro é que gera maior benefício para a pesquisa. Desse modo, foi importante "transferir" essa questão de pesquisa para um contexto mais amplo e pensar: que relação indivíduos de meios populares estabelecem com as novas tecnologias de comunicação, em contextos que exigem o uso delas? A sociedade, ainda que de forma desigual, tem demandado um uso intenso das novas tecnologias. A cultura digital permeia vidas de maneira ampla, e não somente nos momentos em que se precisa cumprir demandas específicas. A fim de mostrar como a cultura digital tem se expandido no Brasil e como a população tem se enquadrado e tentado responder às demandas do mundo digital, entrando ou se inserindo, é importante recorrer aos dados da *Pesquisa sobre o uso das tecnologias da informação e da comunicação no Brasil: TIC Domicílios e TIC Empresas 2007*, realizada pelo Centro de Estudos sobre as Tecnologias da Informação e da Comunicação (Cetic.br)[2], órgão ligado ao Comitê Gestor da Internet no Brasil (CGI.br)[3]. O documento traz informações da pesquisa *TIC Domicílios 2007*, importantes para nós na medida em que é possível perceber uma coerência entre os dados obtidos para este estudo, realizado em escala micro, com os apresentados pelo levantamento do Cetic.br, em que foram feitas entrevistas em 17 mil domicílios de todas as regiões do país.

O acesso às tecnologias da informação e da comunicação (TIC), uso do computador, uso da internet e habilidades na internet foram os pontos do levantamento do Cetic.br que mais me interessaram, porque se assemelham, de certa forma, aos aspectos que utilizei para chegar à seleção dos sujeitos da pesquisa.

Partir de dados sobre a constituição da cultura digital no Brasil para compreender a constituição de uma cultura digital específica, em uma faculdade de uma universidade pública, justifica-se pelo fato de tentarmos demonstrar que, através de um estudo sobre letramento digital em escala micro, é possível obter resultados coerentes e que correspondam ao letramento digital em uma escala mais ampla. Logo, foi relevante conhecer os números do levantamento do Cetic.br e compará-los com os números obtidos em nossa pesquisa via questionário, e confirmados pelos dados fornecidos pela Copeve da UFMG. Tais dados referem-se ao *Perfil socioeconômico dos candidatos aprovados no curso de Pedagogia noturno em 2007.*

Uma reflexão sobre as especificidades da cultura digital, pautada nas teorias que tratam das culturas escrita e oral, foi realizada a partir de alguns importantes autores como Ong, Havelock, Goody e Olson. Assim, questões foram surgindo: "em que a cultura digital é específica em relação à escrita e à oralidade?"; "há um modo de pensar específico ou um modo de lidar com os escritos e com a oralidade no cibercontexto?"

Galvão e Batista (2005), a partir dos estudos desses autores, destacam que as diferentes culturas geram modos de pensar específicos de acordo com o papel que

---

2 <www.cetic.br>.

3 <www.cgi.br>.

nelas ocupam as expressões oral e escrita. As pessoas pensam, em certa medida, de acordo com a maneira de que dispõem para se expressar naquela cultura. Logo, pode-se colocar como hipótese que, se há uma cultura específica se constituindo no mundo virtual, há um modo de pensar específico dessa cultura, se o compararmos aos modos de pensar daqueles que dela não participam. Será? É necessário ressaltar que as tecnologias digitais não são superiores à escrita ou à oralidade, não são um instrumento de desenvolvimento cognitivo e cultural. Enfim, "não passa de um equívoco identificar os meios de comunicação usados com o conhecimento por eles comunicado" (Olson, 1997, p. 29).

As reflexões aqui apresentadas são como um "pano de fundo" para pensarmos na escrita em um *novo suporte* e no respectivo letramento resultante. Nesse sentido, alguns autores, como Coscarelli e Ribeiro (2007) e Souza (2007) advertem para a necessidade de pensar o letramento, impresso ou digital, a partir de "perspectivas que tomam tal processo como prática social, culturalmente constituída" (Souza, 2007, p. 59). Assim, para compreender que tipo de letramento digital vem se instituindo junto à ainda incipiente cultura digital da FaE, foi necessário buscar autores que discutissem aspectos ligados às práticas e eventos de letramento em contextos locais. Logo, para nortear essa discussão, David Barton, Brian Street e Shirley Heath foram os escolhidos.

Importante citar também Pierre Lévy, que vem discutir sobre o hibridismo da cultura digital e traz indispensáveis conceitos, como os de cibercultura e ciberespaço. Enfim, para analisar como a cultura digital vem se desenvolvendo no cenário da Faculdade de Educação da UFMG e dialogar com as descrições realizadas e com os depoimentos dados, foram utilizados autores como Stuart Hall, que aborda temas como globalização e identidade cultural; e Gilles Lypovetsky, que trata da organização temporal que se apresenta hoje, em tempos de avanço brutal da globalização e das novas tecnologias da comunicação.

As histórias das entradas dos sujeitos no mundo digital

Quem conta as histórias, os relatos de entrada no mundo digital, são os próprios sujeitos selecionados para esta pesquisa, quatro estudantes do primeiro período do curso de Pedagogia da FaE/UFMG. Seus relatos foram analisados a partir de temas, aqui chamados de "narrativas temáticas", apresentadas e classificadas a partir de algumas categorias, que funcionaram como ferramentas de análise para compreender como os sujeitos da pesquisa encenaram suas tentativas de entrada na cultura digital. As categorias ficaram assim dispostas: tipos de participação na cultura digital; locais de participação na cultura digital; estratégias de aprendizagem; fatores que criam demandas de uso, e condições de produção da participação na cultura digital.

As análises das narrativas estão baseadas, principalmente, numa perspectiva sociológica. Para isso, o diálogo foi realizado com Bourdieu e Lahire, no intuito de compreender as atitudes dos sujeitos diante das demandas do mundo digital. Ambos os autores são fundamentais para tratar desse aspecto. Predomina nos estudos de Bourdieu o olhar para fatores atrelados ao que é de cunho social. Lahire, além de considerar a instância social, enfatiza também a individual. Ou seja, as duas instâncias de experiências de vida – individual e social – se contaminam mutuamente, segundo Lahire.

Em suas trajetórias, as quatro estudantes mantêm uma relação particular com a cultura digital, mas, ao mesmo tempo, comum. Isso significa pensar no que é comum e particular às quatro no momento de entrada em uma cultura digital local. Ou melhor, pautando-se por Lahire (2002), pode-se falar em unicidade (o comum) e pluralidade (o individual). Assim, sem excluí-las de sua cultura de classe, é possível pensar que essas quatro estudantes mantêm relações de conflito com a faculdade diante do pressuposto de que todo aluno que passa no vestibular da UFMG já é considerado "dotado" de letramento digital suficiente para responder a todas as demandas digitais necessárias de um curso superior. Essa é uma faceta que podemos considerar como a mais comum entre as quatro estudantes: todas elas lutaram pela entrada no mundo digital, independentemente da fração que ocupam nas camadas populares. Como apontou Lahire, compreende-se o processo das estudantes como comum a um grupo social, numa dimensão macrossociológica. Desse modo, foi possível observá-las no início deste estudo numa perspectiva de unicidade. Mas, à medida que cada uma foi se aprofundando no mundo digital, surgiram as complexidades particulares presentes na forma de tentar se "ajustar" às demandas de uma cultura digital local. Houve uma forte diferenciação entre as estudantes na forma de se aproximar, assumir e se apropriar do que a cultura digital da FaE exige.

Importante ressaltar também que a "discriminação" sofrida por não saber lidar com as novas tecnologias está presente na perspectiva da unicidade (há um discurso geral, comum, que chega a ser cômico, sobre ser analfabeto digital) e da pluralidade (na intimidade, no cotidiano de cada indivíduo que necessita das novas tecnologias para resolver seus problemas, e muitas vezes se confunde e precisa da ajuda de outros).

Estudantes mantêm relações comuns e particulares de conflito com a cultura digital. Espera-se deles o que eles ainda não são, no caso, letrados digitais. Quem espera? Eis o ponto que mais surpreendeu durante esta pesquisa. A universidade espera letrados digitais, a própria Faculdade de Educação espera letrados digitais, os professores esperam letrados digitais, os colegas são letrados digitais. A obviedade com que o assunto é tratado na universidade é um aspecto de grande dimensão. É dessa forma que a instituição tem enxergado o aluno calouro: aquele que já sabe lidar com o computador/internet, ou seja, a universidade o vê como digitalmente letrado. Isso foi descoberto nos primeiros momentos de observação e se intensificou ao longo da pesquisa. A cultura digital atravessou a universidade, apesar de tantas resistências, e levou a cultura predominantemente gráfica para outro suporte de escrita. E da forma como entrou na universidade, vem atravessando também a sociedade e gerando demandas para os cidadãos, seja no trabalho ou nas atividades mais corriqueiras do dia a dia, como, por exemplo, lidar com a catraca eletrônica dos ônibus.

As formas de transmissão desse novo saber relacionam-se a trocas de experiências pessoais. Fato semelhante se dá em quase todos os contextos. As maiores estratégias de aprendizagem utilizadas na sociedade, de forma geral, são quase as mesmas desenvolvidas pelas quatro estudantes: buscando ajuda no outro; explorando ou, como se diz coloquialmente, "fuçando" para aprender sozinho; e, raramente, fazendo cursos. Há uma necessidade de letrar-se digitalmente. Mas "quem" possui essa necessidade e "para que" possui são questões muito amplas, passíveis de resposta apenas quando se pesquisa determinados contextos ou sujeitos. Por isso, então, pesquisei restritamente que cultura digital é essa da FaE/UFMG, que impõe demandas a todos os seus alunos, pressupondo que eles já sejam letrados digitais.

Conclusão

Como concluir? Articular os dados e as diversas teorias trazidas aqui, no sentido de ampliar alguns conceitos e repensar outros, talvez seja o melhor caminho. Levi (1992) afirma que alguns acontecimentos que podem parecer insignificantes levam a conclusões de mais amplo alcance.

Pensar na constituição de uma cultura digital "local", como no caso da FaE, remete-nos, com certeza, a um contexto mais amplo. Não há como naturalizar o desenvolvimento de uma cultura digital se não houver experimentação, convivência com as demandas dessa cultura. Por isso é preciso pensar no letramento digital da FaE como um exercício de demandas sociais específicas daquela instituição, mediado pela escrita em um outro suporte que não o impresso. Dentro do *mundo acadêmico*, saber responder às demandas do *mundo digital* é uma ampliação do letramento "do impresso". É o convívio com um novo suporte de escrita, num contexto específico, que levará o professor ou o aluno ao contato com mais um letramento, dentre tantos. Como diz Soares (2000, p. 81), "seria, provavelmente, mais apropriado referirmo-nos a 'letramentos' do que a um único 'letramento'". Além disso, o letramento é "um fenômeno de muitos significados" (Scribner, 1984, p. 9); "uma única definição consensual de letramento é, assim, totalmente impossível" (Soares, 2000, p. 112).

Nesse contexto, cabe reafirmar um conceito de letramento que parece adequado à linha de raciocínio que veio se desenvolvendo ao longo de todo este estudo. Buzato (citado por Silva *et al.*, 2005, p. 6) adota o termo letramento digital "por entender que não se trata apenas de ensinar a pessoa a usar teclados, interfaces gráficas e programas de computador, mas de inserir-se em práticas sociais nas quais a escrita, mediada por computadores e outros dispositivos eletrônicos, tem um papel significativo". Ser letrado digital é saber fazer o uso social da leitura e da escrita na tela, dentro de contextos em que tais práticas são necessárias ao indivíduo, além de interagir com o visual (mais constitutivo do digital do que do escrito, pois todos nós certamente conhecemos crianças que ainda não sabem ler e que são capazes de localizar os ícones que as interessam ao interagirem com o computador). Essa forma de entender o letramento digital não se constitui como uma redução do conceito, mas uma nova maneira de compreendê-lo submetido a contextos locais. Tal ponto de vista foi sendo formado aos poucos, ao longo destes quatro anos de pesquisa, e deveu-se, inicialmente, à leitura de autores como Barton, Street e Heath; e a dois momentos que transformaram meu olhar sobre o conceito de letramento digital: o momento de enfrentamento inicial dos sujeitos com o computador e com a internet e seu processo lento e dificilmente construído para se apropriar de habilidades próprias à cultura digital. Ver o impacto, o enfrentamento, é ver a entrada, e assistir ao processo é ver a inserção. Os dados coletados para esta pesquisa e todos os procedimentos metodológicos selecionados possibilitaram a visão desses dois privilegiados momentos.

Referências Bibliográficas

ALVES-MAZZOTTI, Alda Judith & GEWANDSZNAJDER, Fernando. *O método nas ciências naturais e sociais; pesquisa quantitativa e qualitativa*. 2ª ed. São Paulo: Pioneira, 2001.

BARTON, David. *Literacy: an introduction to the ecology of written language*. Oxford/Cambridge: Blackwell, 1994.

BARTON, David & HAMILTON, Mary. *Local literacies: reading and writing in one community*. London/New York: Routledge, 1998.

BATISTA, Antônio Augusto Gomes & GALVÃO, Ana Maria de Oliveira. Entrando na cultura escrita: percursos individuais, familiares e sociais nos séculos XIX e XX. *Educação e Realidade*, Belo Horizonte, 2004.

BOGDAN, Robert & BIKLEN, Sari. *Investigação qualitativa em educação: uma introdução à teoria e aos métodos*. Porto: Porto Editora, 1994.

BOURDIEU, Pierre. *A Distinção: crítica social do julgamento*. São Paulo: Edusp, 2006.

______. *Escritos de educação*. Petrópolis: Vozes, 1998 (organizado por Maria Alice Nogueira e Afrânio Catani).

CENTRO DE ESTUDOS SOBRE AS TECNOLOGIAS DA INFORMAÇÃO E DA COMUNICAÇÃO (CETIC.br). *Pesquisa sobre o uso das tecnologias da informação e da comunicação no Brasil : TIC Domicílios e TIC Empresas 2007*. 2ª ed. São Paulo: Comitê Gestor da Internet no Brasil, 2008. Disponível em: <http://www.cetic.br/tic/2007/indicadores-cgibr-2007.pdf>. Acesso em: 12 jul. 2009.

COSCARELLI, Carla Viana & RIBEIRO, Ana Elisa. Apresentação. *Língua Escrita*, Belo Horizonte, n. 2, pp. 7-8, dez. 2007. Disponível em: <http://www.ceale.fae.ufmg.br/nomade/midia/docs/168/phpEJkjzP.pdf>. Acesso em: 12 jul. 2009.

COSCARELLI, Carla Viana & RIBEIRO, Ana Elisa (orgs.). *Letramento digital: aspectos sociais e possibilidades pedagógicas*. Belo Horizonte: Ceale/Autêntica, 2005 (coleção Linguagem e Educação).

GOODY, Jack. *A domesticação do pensamento selvagem*. Lisboa: Presença, 1988.

HALL, Stuart. *A identidade cultural na pós-modernidade*. 11ª ed. Rio de Janeiro: DP&A, 2006.

HAVELOCK, E. A equação oralidade-cultura escrita: uma fórmula para a mente moderna. In: OLSON, D. & TORRANCE, N. (orgs.). *Cultura escrita e oralidade*. São Paulo: Ática, 1995.

HAVELOCK, E. A. *A revolução da escrita na Grécia e suas consequências culturais*. São Paulo/Rio de Janeiro: Editora da Unesp/Paz e Terra, 1996.

HEATH, Shirley Brice. Protean shapes in literacy events: ever-shifting oral and literate traditions. In: TANNEN, D. (org.). *Spoken and written language: exploring orality and literacy*. New Jersey: Ablex Publishing Corporation, 1982.

LAHIRE, Bernard. *O homem plural: os determinantes da ação*. Petrópolis: Vozes, 2002.

______. *Retratos sociológicos: disposições e variações individuais*. Porto Alegre: Artmed, 2004a.

______. *Sucesso escolar nos meios populares*. São Paulo: Ática, 2004b.

______. *A cultura dos indivíduos*. Porto Alegre: Artmed, 2006.

LEVI, Giovanni. Sobre a micro-história. In: BURKE, Peter (org.). *A escrita da história: novas perspectivas*. São Paulo: Editora da Unesp, 1992.

LÉVY, Pierre. *Cibercultura*. São Paulo: 34, 1999.

LIPOVETSKY, Gilles. *Os tempos hipermodernos*. São Paulo: Editora Barcarolla, 2004.

O'DONNELL, James J. *Avatars of the word: from papyrus to cyberspace*. Cambridge, Massachusetts: Harvard University Press, 2000.

OLSON, D. R. & TORRANCE, N. *Cultura escrita e oralidade*. São Paulo: Ática, 1995 (coleção Múltiplas Escritas).

OLSON, D. R. *O mundo no papel: as implicações conceituais e cognitivas da leitura e da escrita*. São Paulo: Ática, 1997 (coleção Múltiplas Escritas).

ONG, Walter. *Oralidade e cultura escrita*. Campinas: Papirus, 1998.

REVEL, Jacques. *Jogos de escala: a experiência da microanálise*. Rio de Janeiro: Fundação Getúlio Vargas, 1998.

SOARES, Magda. Novas práticas de leitura e escrita: letramento na cibercultura. *Educação e Sociedade: Revista de Ciência e Educação*, Campinas, v. 23, pp. 143-160, dez. 2002.

SOUZA, Valeska Virgínia Soares. Letramento digital e formação de professores. *Língua Escrita*, Belo Horizonte, n. 2, pp. 56-70, dez. 2007. Disponível em: <http://www.ceale.fae.ufmg.br/nomade/midia/docs/168/phpEJkjzP.pdf>. Acesso em: 12 jul. 2009.

STREET, Brian. *Literacy in theory and practice*. Cambridge: University Press, 1984.

10. Letramento digital e desempenho acadêmico em cursos de EaD via internet: uma relação de interferência?

Regina Cláudia Pinheiro
Ana Cristina Lobo-Sousa (UFC)

Considerações iniciais

Indagar se há correlação entre o letramento digital e o desempenho acadêmico implica em buscar identificar o letramento digital no contexto da educação a distância (EaD), notadamente no ambiente virtual de aprendizagem (AVA). Essa tarefa pode parecer um tanto audaciosa, se considerarmos que a maioria dos trabalhos dedicados ao tema do letramento no meio digital enfoca um momento ainda de inclusão das novas tecnologias. No entanto, parece-nos razoável desde já refletir sobre práticas letradas em EaD, no sentido de conferir se já ultrapassamos o estágio da inclusão, do uso quantitativo para um uso mais qualitativo, bem como verificar se esse uso mantém com a avaliação uma relação direta.

Nesse sentido, este artigo se propõe a um estudo da relação entre o nível do letramento digital em situação de ensino/aprendizagem a distância no Solar (Ambiente Virtual de Aprendizagem da Universidade Federal do Ceará) e o desempenho acadêmico dos alunos do referido curso. Mais especificamente, analisa um questionário respondido por estudantes de graduação da disciplina "Texto e Discurso" do curso de Letras da Universidade Federal do Ceará, na tentativa de capturar parâmetros pelos quais se possam avaliar o nível de letramento digital e a relação deste com a nota final de avaliação da disciplina.

Assim, nosso pressuposto é o de que ser letrado digital, entre outras ações, significa realizar não apenas práticas de leitura e escrita, mas interagir, segundo o propósito comunicativo de determinado gênero, com os demais interlocutores em diversos ambientes on-line.

Consideramos que, se as políticas educacionais têm-se voltado para a promoção do ensino superior via internet, cabe-nos perguntar se estamos na direção de práticas de linguagem mais críticas ou apenas representando papéis e somando dados estatísticos. Portanto, cumpre verificar como os sujeitos estão atuando com as novas tecnologias de escrita, se o nível de letramento digital do aluno reflete seu desempenho acadêmico em um contexto de educação a distância on-line.

Este artigo, portanto, tem por objetivo analisar se há uma relação direta entre o nível de letramento digital de alunos de educação a distância via internet e o desempenho acadêmico desses discentes.

Para tanto, faremos, inicialmente, breves considerações sobre letramento, letramento digital e ambiente virtual de aprendizagem, a fim de contextualizar o leitor na análise que ora pretendemos realizar. Na sequência, esclareceremos os procedimentos metodológicos adotados e a análise dos dados obtidos.

Letramento, letramento digital e ambiente virtual de aprendizagem

Abordaremos, nesta seção, reflexões sobre letramentos, letramento digital e ambiente virtual de aprendizagem, a fim de os inter-relacionarmos e mostrar como precisamos de parâmetros mais objetivos para se falar de letramento digital em EaD.

O termo letramento surgiu no Brasil há pouco mais de vinte anos, em trabalho de Kato, e tem sido tema de interesse de muitos autores, entre os quais podemos citar Tfouni (1988), Kleiman (1995; 1998) e Soares (2000; 2002; 2005). Esses pesquisadores têm se dedicado ao estudo do conceito entendendo-o como práticas sociais de leitura e escrita engajadas e realizadas por sujeitos que exercem plenamente sua cidadania.

O surgimento do termo, entretanto, se liga a um contexto histórico vivido pelo país no qual a preocupação era incluir uma grande massa de pessoas na escola a fim de que fossem alfabetizadas. Com o tempo, o conceito de alfabetização se tornou insuficiente frente a um momento em que se verificava um número significativo de analfabetos funcionais, ou seja, pessoas que sabiam ler e escrever em contextos bastante limitados, sendo incapazes de interagir em situações comunicativas mais complexas. Nessa perspectiva, tinha-se atendido ao critério quantitativo, porém faltava atender ao critério qualitativo, ou seja, levar aqueles aprendizes a interagir com a escrita em situações de práticas letradas. Pode-se dizer, assim, que, com os estudos sobre o seu impacto social, criou-se o termo letramento.

Para Kleiman (1995), letramento pode ser definido como um conjunto de práticas sociais que usam a escrita como sistema simbólico e como tecnologia, em contextos específicos e para objetivos específicos. Em obra posterior, a mesma autora entendia-o como sendo um conjunto de práticas e eventos relacionados com uso, função e impacto social da escrita (Kleiman, 1998, p. 181).

Numa perspectiva mais ampla, Soares (2002, p. 145) definiu letramento como sendo "o *estado* ou *condição* de indivíduos ou de grupos sociais de sociedades letradas que exercem efetivamente as práticas sociais de leitura e de escrita, participam competentemente de eventos de letramento". A autora acrescenta que o termo surgiu a partir da necessidade de se observar o estado de quem sabe ler e escrever, em contraposição a uma preocupação anterior que se voltava apenas para o estado ou condição de analfabetismo.

Em síntese, o letramento veio como consequência da compreensão de que é preciso não apenas saber ler e escrever, mas fazer uso efetivo da escrita, respondendo às demandas sociais. Essa definição abre caminho para que pensemos no uso da escrita independentemente da escola, que não é a única agência de letramento. Há, portanto, em sociedades letradas, pessoas não alfabetizadas e letradas.

Seguindo o percurso das transformações sociais, esse termo passou a apresentar vários significados, dependendo das mudanças pelas quais as sociedades vão passando. Assim, sociedades mais tecnologizadas exigem de alguns grupos sociais ou indivíduos um certo nível de letramento digital, ou seja, o uso da escrita para além do impresso.

Soares (2002) e Buzato (2007) têm diferenciado o letramento digital do tradicional, considerando, sobretudo, a mudança da tecnologia de escrita. De acordo com Soares (2002, p. 151), letramento digital é "um certo estado ou condição que adquirem os que se apropriam da nova tecnologia digital e exercem práticas de leitura e de escrita na tela, diferente do estado ou condição – do letramento – dos que exercem práticas de leitura e de escrita no papel". A mesma autora entende que não existe um conceito único de letramento adequado a qualquer contexto cultural ou político.

Diferentemente das definições que enfatizam ora a mudança do espaço de escrita, ora as mudanças ocorridas nos processos de produção, reprodução e difusão dos textos, Buzato (2007, p. 168) propõe uma visão dos letramentos digitais como "redes complexas de letramentos (práticas sociais) que se apoiam, se entrelaçam, se contestam e se modificam mútua e continuamente por meio, em virtude e/ou por influência das TIC". Daí muitos autores, entre os quais podemos citar Ribeiro (2008), defenderem que existem letramentos, no plural.

Atendo-nos ao letramento digital, acreditamos, com Buzato, que trata-se de "um conjunto de códigos, modalidades e tecnologias que se entrelaçam e se modificam mutuamente". Porém, não pretendendo problematizar o conceito, manteremos a designação no singular.

Segundo Ribeiro (2008), o adjetivo *digital* admite, com facilidade, qualquer dispositivo que empregue tecnologia digital. O problema é considerar que, no computador, diferentes serão os usos, se ele está conectado ou não à internet; se afirmativo, qual o ambiente de navegação, ou seja, qual o hipertexto e a esfera de comunicação etc.

Com o surgimento dos avanços tecnológicos da comunicação e da informação, além do potencial técnico, que torna possível o acesso ao ambiente computacional e virtual, alguns educadores e alunos têm enfrentado situações que estão bem distantes de suas próprias competências e habilidades de letramento virtual. Assim, muitas modificações ocorrem no processo, embora ainda seja habitual a simples transferência da cultura do impresso para a da tela, ou a transferência da cultura da tela para o papel. Portanto, se hoje o momento é de acesso e inclusão de novas tecnologias de escrita, cumpre investigar como se dá efetivamente o letramento digital, se estaríamos apenas nos apropriando do computador como ferramenta de escrita, como antes se sabia assinar o nome, ou sabendo usar criticamente as inúmeras demandas que nos apresenta uma tela, sobretudo on-line.

Como defende Buzato, letramentos digitais não são apenas letramentos convencionais em novas condições técnicas de mediação, pois há que se considerar ainda os diferentes contextos culturais e situacionais.

Com efeito, no século XXI, a construção de nossos mundos é cada vez mais influenciada pela virtualidade, que contribui para determinar os sentidos que podemos construir. Logo, no mundo virtual da internet, temos acesso simultâneo a várias comunidades interpretativas, a inúmeras leituras, a infinitos especialistas que interagem com nossas maneiras particulares de ver o mundo e que o fazem a partir de procedimentos interpretativos diferenciados. A linguagem verbal, especialmente a escrita, na cultura digital não constitui o principal recurso para construirmos sentidos; podemos utilizar uma variedade de linguagens, que incluem a linguagem escrita, mas não se limitam a ela.

Como as pessoas fazem os usos mais diversos possíveis, conforme suas necessidades e o lugar que assumem diante da tela, é necessário delimitar a ação do escritor/leitor diante da navegação; daí nos inserirmos no ambiente virtual de aprendizagem (AVA). Esses ambientes são criados com o objetivo de proporcionar ensino/aprendizagem às pessoas que, por algum motivo, não podem ou não querem estudar em ambientes presenciais.

No AVA, o espaço e o tempo são ressignificados para atender a uma demanda da sociedade que precisa adquirir autonomia e responsabilidade para concluir com êxito o objetivo pretendido. Por isso, esses ambientes requerem dos usuários um certo nível de letramento digital que outrora não era exigido em ambientes presenciais, como o manuseio da informática para abrir e salvar documentos, digitar, pesquisar na internet etc. O não domínio das tecnologias dificulta a aprendizagem, já que o conteúdo é transposto para um ambiente virtual com o uso das TIC. Mas será possível não dominar as TIC e conseguir êxito em um curso de graduação a distância? Será que alunos mais letrados digitalmente têm mais garantia de sucesso em tais cursos? Como correlacionar o que os alunos de graduação a distância sabem quanto ao uso das novas tecnologias em AVA e seu desempenho acadêmico? É em busca dessas respostas que apresentamos as seções a seguir.

Metodologia

A pesquisa foi motivada pela tentativa de mapear o nível de letramento digital de alunos de graduação em cursos semipresenciais de Letras/Português da Universidade Federal do Ceará (UFC). Tal motivação deveu-se ao fato de constatarmos que muitos alunos, no início do curso, pouco ou nada sabiam sobre o manuseio das novas tecnologias, e no entanto compunham o quadro de discentes cujo perfil se enquadrava no que se espera de um aluno de EaD (autonomia, capacidade de gerenciar o próprio conhecimento, capacidade para manusear as tecnologias de informação e comunicação nesses cursos, especificamente).

Nesse sentido, convidamos duas turmas, de municípios das regiões Norte e Sertão Central do estado do Ceará, a participar desta pesquisa quando cursavam a disciplina Texto e Discurso, no AVA Solar, desenvolvido pela própria UFC. Participaram 24 sujeitos, que se mostraram desejosos de contribuir de alguma forma para uma possível melhoria nessa modalidade de estudo, por meio de um questionário.

A aplicação do questionário deu-se no segundo encontro presencial da disciplina, no mês de maio de 2009, ocasião em que os tutores aplicam a prova final. Os alunos foram solicitados a preencher um questionário contendo dez perguntas, das quais analisaremos quatro neste artigo, entre questões de múltipla escolha e questões subjetivas, que tinham como parâmetro habilidades requeridas pelo uso do computador e por hipertextos mais e menos interativos.

Nesse sentido, optamos por uma abordagem de cunho quantitativo, na medida em que analisaremos os resultados relativos aos questionários preenchidos pelos sujeitos. Este trabalho é, então, orientado por uma metodologia que, a partir das informações coletadas, busca indícios para se mensurar o letramento digital e sua relação com a avaliação dos alunos. A pesquisa será complementada com uma análise qualitativa para interpretação dos dados.

Com o objetivo de perceber como os alunos avaliam o próprio nível de letramento digital, indagamos, inicialmente, que julgamento eles faziam acerca disso, o que nos permitiu comparar o estágio inicial e o atual, já que cursavam o quinto semestre e, portanto, teriam condições de perceber se houve ou não mudanças. Para isso, elaboramos duas perguntas. A primeira delas consistia em fazer os cursistas identificarem qual o seu nível de manuseio das tecnologias de informática no início do curso, e a segunda pretendia verificar se os alunos percebiam mudança em relação ao nível inicial e, caso a resposta fosse afirmativa, qual seria esse nível atual, de regular a excelente.

Também interessava-nos saber a que os alunos atribuíam tais mudanças e qual o local de acesso à internet, pois, dependendo desse local, poderíamos presumir se teriam mais ou menos dificuldades no cumprimento das atividades de seu curso.

Quanto aos usos da tecnologia de informática, tentamos estabelecer três níveis de habilidades, conforme o uso mais geral da máquina até um uso mais específico de softwares e da internet.

Essas questões foram importantes porque nos permitiram perceber, de algum modo, como os alunos reconhecem seu nível de letramento digital, e que relação pode ser estabelecida entre isso e o resultado mensurável em notas das variadas avaliações exigidas na disciplina em curso.

Análise dos dados

Para detectarmos o nível de letramento digital dos alunos da UFC Virtual, analisaremos suas respostas ao questionário apresentado às turmas citadas. Assim, no início do curso, a maior parte dos discentes afirmou possuir nível *bom* ou *regular*, e uma minoria considerava-se com nível *ruim* ou *ótimo*, como se pode conferir no gráfico abaixo:

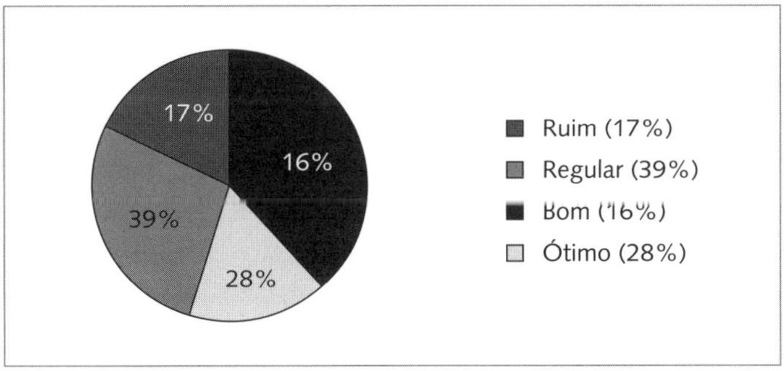

Gráfico 10.1 – Nível de letramento digital no início do curso de Letras – UFC Virtual.

Percebemos, ao verificar os dados, que tutores e professores das disciplinas têm um desafio muito grande ao deparar-se com turmas tão heterogêneas, pois, conforme Araújo (2007, p. 83), pode-se abrir "uma cratera entre os que sabem e os que não sabem utilizar as práticas de escrita digital com proficiência para resolver situações corriqueiras, como escrever e-mails, fazer transferências bancárias, recadastrar o CPF ou mesmo namorar no chat aberto e manter um profile no Orkut". Desse modo, como as atividades do curso são, na sua maioria, virtuais, alguns alunos poderão sentir-se intimidados por não dominar as tecnologias, bem como o registro adequado da língua para cada gênero, pois, diferentemente do que muitos pensam, a internet não é apenas um lugar para o uso do "internetês".

Posteriormente, indagamos aos alunos sobre seu nível de letramento digital atualmente, visto que estes estão no quarto semestre e já cursaram muitas disciplinas na modalidade a distância, utilizando as tecnologias de informação e comunicação. Os resultados mostram que, entre os que afirmaram que seu nível de letramento digital mudou desde o início do curso, a maioria (54% dos alunos) passou do nível bom para o ótimo, e uma margem pequena (23%) saiu do nível *regular* para *bom*.

Comprovamos, com isso, um avanço no nível dos alunos quando se compara com o nível inicial, no qual 44% dos discentes possuíam nível *ruim* ou *regular*. Observando o gráfico abaixo, verificamos que todos os estudantes possuíam, no segundo momento, nível bom. Esse aspecto é importante, porém concordamos com Snyder (2009, p. 33) quando afirma que "precisamos assegurar que nossos alunos adquiram competência crítica para que compreendam o panorama do letramento contemporâneo e então possam participar efetivamente na vida após a escola e no trabalho como cidadãos informados e ativos".

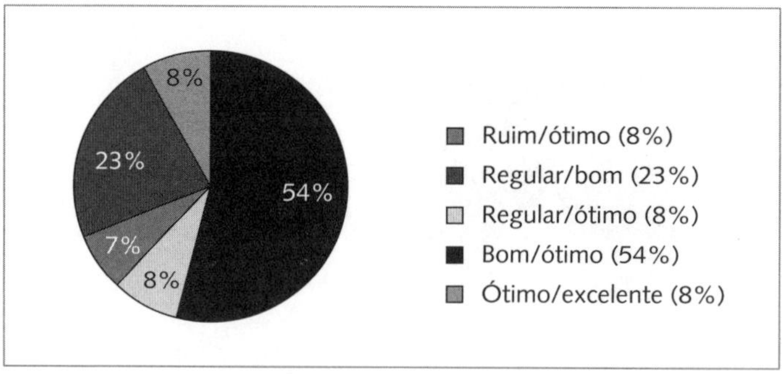

Gráfico 10.2 – Mudança de nível de letramento digital dos alunos a partir do início do curso.

Na questão seguinte, interessava saber a que os alunos atribuíam a mudança de nível do letramento digital. Como resultados, descobrimos que essa mudança ocorreu, principalmente, devido aos usos que os participantes fazem das tecnologias nas disciplinas ou para outros objetivos. Constatamos também que a disciplina introdutória, na qual os alunos se familiarizam com as tecnologias de informação e comunicação e com o ambiente virtual de aprendizagem do curso, não surtiu muito efeito para os alunos, conforme podemos verificar no gráfico abaixo:

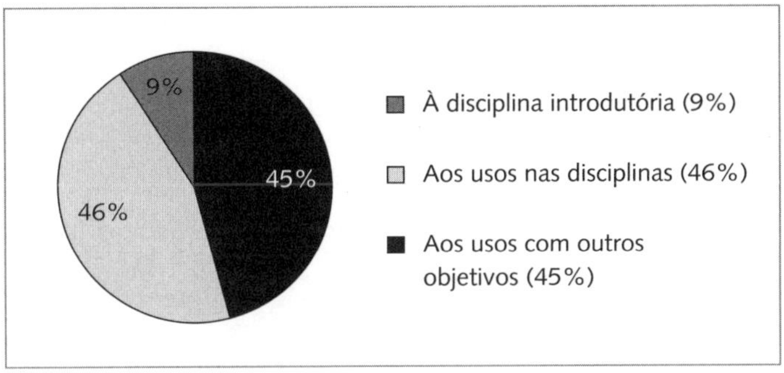

Gráfico 10.3 – A que se atribui a mudança do nível de letramento digital.

Ao indagar onde os alunos acessam a internet, verificamos que 38% dos participantes da pesquisa acessam em casa e 23% no trabalho. Somando esses dois valores, vemos que mais da metade dos alunos provavelmente não têm grandes dificuldades de acesso. Porém, observamos que somente 13% fazem suas atividades no laboratório utilizado pelo curso, o que corrobora a afirmação de Snyder (2009, p. 39,) para quem "pesquisadores têm questionado a hipótese de que quanto mais as escolas dependerem da tecnologia, melhores serão seus resultados". Visualizemos o gráfico abaixo com as respostas dos alunos:

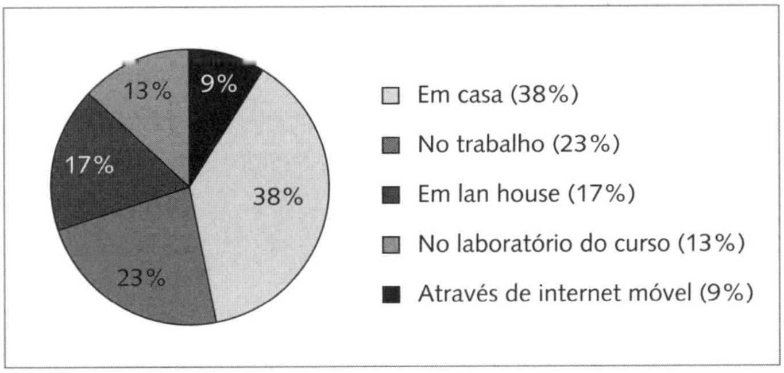

Gráfico 10.4 – Local onde os alunos acessam a internet.

A seguir, solicitamos aos participantes que informassem os usos que faziam das tecnologias de informática, a fim de detectarmos as habilidades específicas dos discentes. Nesse sentido, dividimos essas habilidades em três estágios, a saber:

- Lidar com o computador e sistema operacional.
- Usar programas específicos.
- Usar a internet e os gêneros digitais e suas respectivas finalidades.

No primeiro estágio, apresentamos habilidades básicas, tais como ligar e desligar o computador, manusear mouse e teclado, salvar arquivos etc. No segundo estágio, as opções diziam respeito ao uso básico ou avançado de programas como Word, PowerPoint, Excel, Photoshop etc. Por fim, na terceira etapa, buscávamos verificar quais atividades os alunos realizavam na internet, bem como os gêneros digitais pelos quais os discentes interagiam.

É interessante observar que, ao contrário do que se poderia pensar, essas etapas, com os alunos pesquisados, não se dão numa sequência, tampouco uma é pré-requisito da outra. Diferentemente do que previamos inicialmente, não é possível estabelecer uma gradação, considerando que haja uma etapa inicial cujas habilidades são mais básicas, tais como ligar e acessar o computador, e uma etapa mais avançada, que consistiria em navegar e interagir por meio de gêneros digitais. Na verdade, se há níveis de letramento digital, estes mesclam habilidades de um estágio e outro.

Saber quais usos os participantes dominavam nos interessava para ter noção de seu letramento digital. Assim, estabelecemos que quanto maior fosse a variedade de usos, melhor seria o nível desse letramento para cada um. Nessa perspectiva, dividimos as habilidades em três níveis, levando em consideração os 25 usos estabelecidos no questionário: aqueles que utilizavam até nove usos foram considerados com nível regular de letramento digital; os que dominavam de dez a dezessete habilidades convencionamos que teriam nível bom, e aqueles que utilizavam acima de dezessete habilidades foram classificados com nível alto[1].

Determinados esses três estágios de letramento dos alunos, procedemos a um entrelaçamento com o seu desempenho acadêmico, relacionando as duas variáveis. Convém ressaltar que a forma pela qual decidimos mensurar o desempenho acadêmico dos discentes foi a mesma estabelecida na disciplina em curso, que se vale de notas numéricas. Dessa forma, os alunos foram divididos em três grupos: os que tiraram até 4,0 como média final nas avaliações, os que obtiveram

---

1 Sabemos que essa convenção que atribuímos para averiguar o nível de letramento digital dos alunos é falha. Porém, por desconhecermos outros procedimentos, optamos por utilizá-la mesmo assim.

entre 4,1 e 7,0, e os que obtiveram notas acima de 7,0. Ao relacionarmos as duas variáveis, verificamos que os alunos com maior nível de letramento digital não obtêm, necessariamente, melhor desempenho acadêmico. O gráfico abaixo ajuda--nos a visualizar mais nitidamente essa relação:

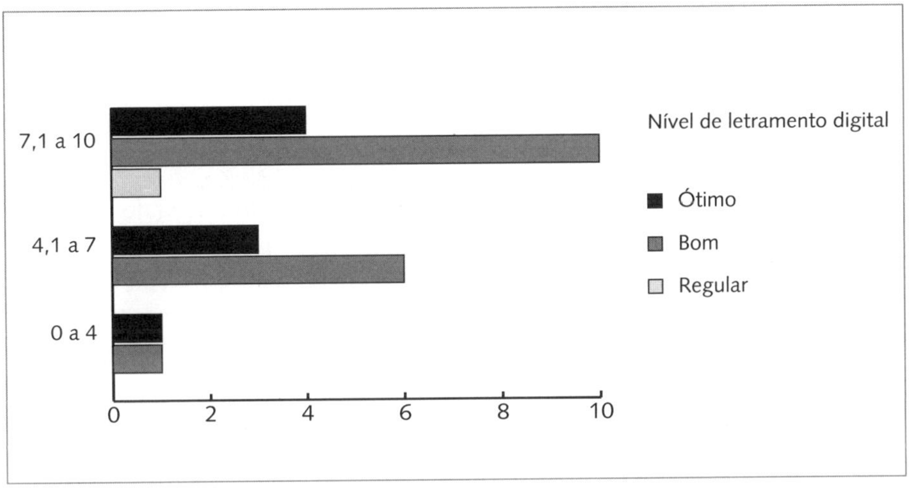

Gráfico 10.5 – Relação entre nível de letramento digital e desempenho acadêmico.

Os resultados demonstram que a educação a distância via internet possibilita aos alunos uma nova experiência de aprendizagem, requerendo dos participantes outras habilidades que, no ensino presencial, não são exigidas. Desse modo, Buzato (2004) afirma que, na era do informacionalismo[2], os indivíduos devem se tornar interagentes, a fim de terem maior capacitação para lidar com as exigências dessa nova sociedade. Para o autor, nesse contexto, "demanda-se de professores e aprendizes que ponham a língua-alvo em uso em eventos de comunicação significativos, nos quais, entretanto, a mediação tecnológica impõe certas particularidades, assim como abre novas possibilidades".

Com isso, constatamos, com o autor, que o letramento digital é uma capacidade que deve ser adquirida por todos aqueles que se inserem em determinados contextos, considerando objetivos específicos de suas atividades. O modo como tais atividades são mensuradas nem sempre reflete o processo e o percurso dessa

---

2 O autor compreende o informacionalismo como "um novo modo de desenvolvimento que privilegia o uso da tecnologia no processamento da informação e no suporte à comunicação simbólica como a principal fonte de produtividade social".

capacitação. Muitas vezes não mantém com ela nenhuma relação, pois, como detectamos nos cursos de educação a distância por nós analisados, o desempenho acadêmico dos discentes não sofre interferência do seu nível de letramento digital.

Caber-nos-ia propor, com Buzato (2007), que se investigasse mais como os alunos inseridos em contextos de aprendizagem virtual mediada pela internet se apropriam dos letramentos, digitais ou não.

Referências Bibliográficas

ARAÚJO, J. C. Os gêneros digitais e os desafios de alfabetizar letrando. *Trabalhos em linguística aplicada*, Campinas, n. 1, pp. 79-92, jan.-jun. 2007.

BUZATO, Marcelo E. K. As (outras) quatro habilidades. *Revista Digital de Tecnologia Educacional e Educação a Distância*, vol. 1, n. 1, nov. 2004. Disponível em: <http://www.pucsp.br/tead/n1a/artigos%20pdf/artigo4.pdf>. Acesso em: 31 out. 2008.

______. *Entre a fronteira e a periferia: linguagem e letramento na inclusão digital*. Campinas: IEL/Unicamp, 2007 (tese de doutorado).

KATO, Mary A. *No mundo da escrita: uma perspectiva psicolinguística*. São Paulo: Ática, 2000.

KLEIMAN, Ângela. Modelos de letramento e as práticas de alfabetização na escola. In: KLEIMAN, Ângela (org.). *Os significados do letramento: uma perspectiva sobre a prática social da escrita*. Campinas: Mercado de Letras, 1995, pp. 15-61.

______. Ação e mudança na sala de aula: uma pesquisa sobre letramento e interação. In: ROJO, R. (org.). *Alfabetização e letramento: perspectivas linguísticas*. Campinas: Mercado de Letras, 1998, pp. 173-203.

RIBEIRO, Ana Elisa. *Navegar lendo, ler navegando: aspectos do letramento digital e da leitura de jornal*. Belo Horizonte: Fale/UFMG, 2008 (tese de doutorado).

SNYDER, Ilana. Ame-os ou deixe-os: navegando no panorama de letramentos em tempos digitais. In: ARAÚJO, J. C. & DIEB, M. (orgs.). *Letramentos na Web: gêneros, interação e ensino*. Fortaleza: Edições UFC, 2009, pp. 23-46.

SOARES, Magda. *Letramento: um tema em três gêneros*. 2ª ed. Belo Horizonte: Autêntica, 2000.

______. Novas práticas de leitura e escrita: letramento na cibercultura. *Educação & Sociedade*, Campinas, vol. 23, n. 81, pp. 143-160, dez. 2002. Disponível em: <http://www.cedes.unicamp.br>. Acesso em: 31 out. 2008.

______. *Alfabetização e letramento*. 3ª ed. São Paulo: Contexto: 2005.

TFOUNI, L. V. Letramento e alfabetização. São Paulo: Cortez, 1995.

11. Preconceito e identidade linguística: crenças de estudantes de um curso de educação a distância

Geórgia Maria Feitosa e Paiva
Maria Elias Soares (UFC)

Identidade: um processo de inclusão e exclusão social

Usualmente, as pessoas tendem a avaliar umas às outras pela forma como falam, se vestem, em parte pela tentativa de compreender o outro e a si mesmo. Esta prática, apesar de natural do ser humano, trabalha com uma avaliação baseada em conceitos que nada mais são do que uma simplificação do sujeito fundamentada em um ou mais encontros.

Para Goffman (1967), essa avaliação realizada pelos participantes de uma interação é algo natural, pertencente à *linha* discursiva adotada pelo sujeito. De acordo com ele, essa noção de linha compreende um conjunto de atos verbais, formas de agir padronizadas em determinadas situações comunicativas, que se transformam em comportamentos previsíveis dentro da interação social.

Nesse contexto, surge a apropriação da identidade pelo indivíduo, situada em um espaço simbólico-temporal (Hall, 2006) ao qual ele deve estar inserido. Contudo, não basta estar situado em um espaço e tempo determinados para ter uma identidade; é preciso que o indivíduo pertença a um determinado grupo social, assuma características que são próprias deste grupo, para então atuar como membro.

De acordo com Ciampa (1987), é através da estrutura social mais ampla que se oferecem padrões de identidade. Assim, os indivíduos buscariam encontrar qual padrão mais se assemelha à sua personalidade, como uma espécie de escolha consciente do que se quer ser naquele momento e naquele espaço específico.

Goffman acredita que, ao escolher um ou outro padrão, o indivíduo está, na verdade, escolhendo um papel social; tal como em uma peça teatral, ele espera que as pessoas acreditem nesse personagem e joguem com ele.

Quando um indivíduo desempenha um papel, implicitamente solicita de seus observadores que levem a sério a impressão sustentada perante eles. Pede-lhes para acreditarem que o personagem que veem no momento possui os atributos que aparenta possuir, que o papel que representa terá as consequências implicitamente pretendidas por ele e que, de um modo geral, as coisas são o que parecem ser.

Concordando com isso, há um ponto de vista popular de que o indivíduo faz sua representação e dá seu espetáculo "para benefício de outros" (Goffman, 1987, p. 25).

Esse benefício, mencionado pelo autor, é uma orientação do comportamento individual para a aceitação social, que pode ser, muitas vezes, encarado como uma espécie de simulação para suprir as exigências de um padrão apreciado pela sociedade.

Sendo assim, aquilo que é avaliado como adequado ou não, dentro de um determinado contexto, é definido pelos membros do grupo social por diferentes meios simbólicos (ideológicos e/ou repressivos), que buscam evidenciar ora a aceitação, ora a marginalização.

Um ato pode ser apropriado ou inapropriado somente de acordo com o julgamento social de um determinado grupo social, e mesmo dentro dos confins do menor e mais caloroso grupo existe algo contraditório ou duvidoso. O nível de desacordo e consenso dentro de um grupo no que se refere à aprovação de um ato demonstra os próprios limites do grupo (Goffman, 1983, p. 5).

Diante dessas considerações, é possível destacar que, independentemente de a qual grupo o indivíduo pertença, é necessário que se façam concessões para se adequar ao que é esperado pela sociedade, para se encaixar nos diversos padrões que ela dispõe. Dentre as formas de concessão, podemos citar as normas de conduta e comportamento, que, ao mesmo tempo em que integram o indivíduo à comunidade, escolhem seus membros, excluindo aqueles que não se enquadram.

Nesse sentido, enquadrar as pessoas em diferentes estratos e papéis sociais seria uma forma de regulação social. Para Goffman (1982, pp. 11-12):

> [...] a sociedade estabelece os meios de categorizar as pessoas e o total de atributos considerados como comuns e naturais para os membros de cada uma dessas categorias. Os ambientes sociais estabelecem as categorias de pessoas que têm probabilidade de serem neles encontrados.

Quando as pessoas são inadequadas para assumirem determinados papéis, ou mesmo pertencerem a uma camada social, sofrem um processo de exclusão de uma categoria particular e inclusão em outra categoria. Esse processo paradoxal de inclusão e exclusão do indivíduo pelo ato de identificação poderia ser neutro, caso houvesse uma equivalência entre os diferentes grupos sociais, e por conseguinte entre as culturas que abrigam esses grupos. Contudo, assistimos a uma discrepância de valorização de algumas culturas, gerando assim uma estigmatização de certos grupos sociais.

Sendo assim, o processo de avaliação do outro, seja em ambientes formais ou informais de interação, passa de um processo de compreensão natural do indivíduo para um instrumento de poder, que pode levar tanto à supervalorização como à marginalização de determinados grupos.

Dentre os instrumentos de poder mais importantes, destaca-se a língua, que ao mesmo tempo em que diferencia seus falantes, os integra pelo idioma. Os diversos falares que estão presentes em uma nação marcam o contraste do seu percurso histórico, social e até mesmo identitário.

No caso do Brasil, o nome do próprio idioma (português) já marca a presença do colonizador e a influência deste nos processos de identificação dos indivíduos, desde a época da colonização até os dias atuais.

Ao se impor a língua portuguesa para os índios, estava-se impondo também uma língua com uma memória outra: a do português cristão. O silenciamento das línguas indígenas é o silenciamento da memória de outros povos. Há, dessa forma, um efeito homogeneizador resultante desse processo de colonização linguística que repercute ainda hoje no modo como se concebe a língua nacional no Brasil (Mariani, 2008, p. 6).

A forma violenta como o processo de aculturação foi desenvolvido pelo povo português em relação aos povos indígenas do Brasil também fundamenta as crenças que até hoje pairam sobre os diversos contextos sociais, crenças que mostram a negação ou a repugnação pelo que é diferente do padrão apreciado.

Assim, avaliar o outro ou a si mesmo como falando certo ou errado é mais que algo natural da própria estrutura social, é também um reflexo das crenças que estão imersas na cultura, que fundamentam toda uma estratificação social, ao passo em que evidenciam onde está o poder naquele momento histórico.

Preconceito social, estigma linguístico: uma crença

O ato de repudiar aquilo que se desconhece, ou que se apresenta como diferente do padrão, é, muitas vezes, considerado como uma forma de preconceito. Entretanto, acreditamos que é, antes de tudo, uma crença gerada a partir de uma simplificação sobre algo que não se adéqua ao que normalmente se acredita. De acordo com Marcondes e Japiassu (1996, p. 219), o preconceito consiste em uma

> [...] opinião ou crença admitida sem ser discutida ou examinada, internalizada pelos indivíduos sem se darem conta disso, e influenciando seu modo de agir e de considerar as coisas. O termo possui um

sentido eminentemente pejorativo, designando o caráter irrefletido e frequentemente dogmático dessas crenças.

Nesse sentido, o parecer dogmático sobre o modo de falar de uma pessoa que pertence a uma determinada camada social pode estar vinculado a uma subestimação da cultura do outro, revelando, assim, a intolerância não apenas linguística, mas principalmente social.

Essa intolerância manifestada no discurso aparece sob o nome de crença, que, ao contrário de um conhecimento fundamentado cientificamente, exprime um caráter ao mesmo tempo pessoal e institucional, na medida em que invoca as vozes da sociedade para dividir a responsabilidade do que é dito.

Conforme Dewey (1933) *apud* Madeira (2005, p. 3), a crença é um conceito que abrange "todas as questões sobre as quais não temos um conhecimento certo, as [...] aceitamos como verdade, como conhecimento, mas que mesmo assim podem vir a ser questionadas no futuro". Diante dessa definição, podemos inferir que as crenças são conhecimentos relativamente estáveis, pois podem ser modificadas conforme o aprendizado científico e as experiências dos indivíduos.

Aguilera (2008) lança um olhar mais abrangente sobre o tema, o que explicaria a intervenção social e pessoal na composição das crenças. Para a autora, as crenças fazem parte da atitude do indivíduo, que é composta, além delas, por um elemento valorativo e um conativo: "a atitude linguística de um indivíduo é o resultado da soma de suas crenças, conhecimentos, afetos e tendências a comportar-se de uma forma determinada diante de uma língua ou de uma situação sociolinguística".

Desse modo, ao olhar para sua própria língua, o indivíduo observará variedades que lhe despertam um conhecimento, a crença em si, que por sua vez pode estar modalizada por um elemento valorativo, tal como identificação ou repugnação, gerando assim um comportamento mais ou menos preconceituoso, dependendo da soma dos outros elementos.

Atualmente, alguns estudos linguísticos, tais como os realizados por Bagno (2001; 2003; 2007), evidenciam cada vez mais a ligação estreita entre o preconceito social e o preconceito linguístico, especialmente sobre a valorização do português padrão. De acordo com o autor (2003, p. 28), os falantes urbanos que passaram por um processo de letramento detectam menos erros no discurso de pessoas que tenham origem semelhante, ou seja, de pessoas que pertencem à sua classe social.

Assim, o *falar* diferente que não obedecer às regras da gramática normativa enunciado por indivíduos que tiveram pouca escolarização ou que pertencem às classes sociais menos favorecidas está fadado ao preconceito social; por conseguinte, à estigmatização linguística.

De acordo com Goffman (1982), a palavra estigma é considerada como uma marca que sinaliza na própria pessoa um estado de poluição, pela qual deveria ser evitada pela sociedade, principalmente em lugares públicos. Este conceito sustentado pelo sociólogo fundamenta-se na concepção de que a simples presença de pessoas que não se encaixam nos padrões de comportamento apreciados socialmente pode corromper a ordem, gerando, assim, marginalização social.

Apesar de seus estudos centrarem-se sobre a problemática da deficiência e da loucura na história da sociedade, a poluição a que o autor se refere pode estar presente também no código linguístico, uma vez este não esteja em conformidade com as normas prescritas pelas camadas privilegiadas.

De acordo com Aguilera (2008), a variedade linguística consiste em um traço definidor da identidade do grupo (etnia, povo). Desse modo, qualquer atitude em relação aos grupos com determinada identidade pode ser uma reação às variedades usadas por esse grupo ou aos indivíduos usuários dessa variedade, uma vez que normas e marcas culturais dos falantes se transmitem ou se sedimentam por meio da língua, atualizada na fala de cada indivíduo.

Dessa forma, a língua assume a função de segregar aquilo que é esperado daquilo que não é previsível ou é inadequado em relação às normas prescritas pela gramática normativa, utilizadas por uma comunidade prestigiada socialmente.

Para Calvet (2002), a variação linguística está distribuída em três tipos: variações diatópicas, diastráticas e diafásicas. As variações que mais sofrem com o preconceito linguístico são as diatópicas e diastráticas; as primeiras contemplam o falar regional, que, dependendo do status socioeconômico do lugar, pode ou não ser apreciado, como é o caso do falar nordestino, trabalhado na mídia como uma caricatura do sujeito que não possui formação escolar, estranho à urbanização, e portanto não apreciado. Com relação às variações diastráticas, há uma estreita relação entre o nível de escolarização e a camada social a qual o indivíduo pertence; nesse caso, quanto maior for a escolaridade do sujeito, assim como maior a classe social a que pertence, maior é a apreciação da variante que ele utiliza.

Assim, é possível dizer que o preconceito linguístico nada mais é do que uma crença de conotação negativa, em relação ao falar do outro, fundada em um preconceito social prévio disseminado pelos grupos sociais e pelos meios de comunicação de massa.

Conforme Aguilera (2008), a crença fundada no preconceito tem origem na atitude do indivíduo em relação à sua comunidade, à sua nação. Para a autora, a "atitude linguística assumida pelo falante implica a noção de identidade, concebida como o conjunto de características que permitem diferenciar um grupo de outro, uma etnia de outra, um povo de outro". Nesse sentido, a crença de um indivíduo ou grupo social reflete a intenção de preservar a identidade de si mesmo, em detrimento da identidade do outro, como se ambas não pudessem conviver em harmonia.

Metodologia

Para conhecer e compreender as crenças dos estudantes de um curso de graduação em Química, ministrado no sistema semipresencial, acerca do tema preconceito linguístico, foi necessário fazer uso de uma metodologia que buscasse identificar as crenças no discurso dos estudantes. Para tanto, a pesquisa etnográfica figurou como uma ferramenta adequada de coleta e análise de dados.

Utilizamos como base teórica em etnografia o trabalho de Geertz (1989), para o qual a etnografia consiste em um estudo sistemático da cultura, entendida como estruturas de significados socialmente estabelecidos.

Apesar da pesquisa etnográfica exigir do pesquisador uma presença *in loco* para conhecer a cultura da comunidade pesquisada, nossa pesquisa, por referir-se a um ambiente virtual de interação, não teve como princípio esse acompanhamento, restringindo-se às interações realizadas no fórum com o tema proposto e à coleta de dados pessoais e socioeconômicos por meio de um questionário desenvolvido pela pesquisadora.

Desse modo, a pesquisa teve três fases: 1) a primeira consistiu na participação dos estudantes no fórum disposto no ambiente virtual da universidade sobre o tema preconceito linguístico, no qual cada aluno deveria comentar sobre o tema, expondo tanto seu conhecimento científico, proporcionado por meio de aulas presenciais e virtuais, como seu conhecimento de mundo, ou mesmo opinião; 2) em seguida, na segunda aula presencial, os alunos responderam ao questionário socioeconômico e a questões sobre o tema preconceito e preconceito linguístico, desta vez contemplando aspectos mais pessoais; 3) foi realizada uma análise dos comentários dos estudantes presentes no fórum, assim como de suas respostas ao questionário, buscando assim conhecer e compreender suas crenças[1].

Dos doze alunos matriculados na disciplina, cinco figuram na pesquisa, pois participaram do fórum "preconceito linguístico" e responderam ao questionário, fazendo com que obtivéssemos mais dados para compreender e confrontar as crenças expostas pelos dois instrumentos de coleta.

---

1 Todos os alunos selecionados para a pesquisa assinaram um termo de consentimento livre e esclarecido, permitindo a exploração dos dados para fins científicos.

As crenças dos estudantes

Ao analisar o discurso de cinco estudantes do curso de graduação em Química, observamos que as crenças sobre o preconceito linguístico e o próprio preconceito social assumem dimensões diferentes, que podem estar estritamente relacionadas à origem (formação dos pais) desses sujeitos, assim como à sua formação (educacional/profissional) e classe social (status econômico) a que pertencem.

Desse modo, preferimos agrupar as crenças em três categorias distintas, para que a análise contemple também a fundamentação dessas crenças em seu contexto de origem.

Crenças relacionadas à correção da língua

Três dos cinco sujeitos da pesquisa acreditam que "a correção aprimora o aprendizado", e dois deles põem em prática o que acreditam, afirmando que costumam corrigir as pessoas mais íntimas, pois esta é uma forma de aprender a falar melhor o português. Tais sujeitos são dois homens que ocupam cargos de liderança em seus ambientes de trabalho, ganham até cinco salários mínimos e convivem com uma diversidade de grupos sociais, e uma mulher que não ocupa cargo de liderança e ganha menos de um salário mínimo.

Um dos homens, G. (28 anos), assegura, ainda, que não sabe falar "o português correto", e que assim como ele "existem pessoas que não sabem falar o português corretamente". Foi categórico ao responder que não costuma corrigir as outras pessoas por não gostar de ser corrigido, por sentir vergonha. No seu caso, essa crença pode estar fundamentada em sua origem, pois seus pais não chegaram a iniciar o ensino médio, e ambos trabalhavam com a agricultura, atividade comum na região[2]. Assim, o componente afetivo de sua relação e identificação com os pais certamente faz com que o estudante evite chegar a ter uma atitude corretiva, apesar de achar que as correções podem ajudar no aprendizado.

Apesar de não ocupar nenhum cargo de liderança e ganhar menos de um salário mínimo, o que em certas circunstâncias poderia lhe negar suporte para exercer a autoridade ao corrigir alguém, a estudante J., de 34 anos, afirma que, além de corrigir os mais íntimos, não se importa em ser corrigida, e que tenta, inclusive, "copiar" o modo de falar daqueles que sabem se comunicar. Nesse caso, notamos que a estudante procura se identificar com o falar do outro, que aspira

2 Os sujeitos de pesquisa moram nas proximidades e/ou no próprio município de Russas (CE).

por meio da linguagem integrar um grupo de pessoas que sabem se expressar de uma forma correta.

No fórum, a mesma estudante fez dois comentários contraditórios. Em princípio, ela expressa a crença de que "é preciso dominar a gramática e todas as suas regras". Depois de questionada pela professora, ela afirma que "saber falar português não é necessariamente seguir a gramática ao pé da letra. Seria importante empregar corretamente, mas o mais importante é que a comunicação seja compreendida". Isso demonstra mais uma vez uma busca da estudante em ser aceita, em pertencer a um grupo social que ela acredita ser o mais adequado para a identidade que quer construir, no caso o posicionamento mantido pela professora e expresso na aula.

Outras crenças que se relacionam à correção surgiram nos discursos de outros sujeitos e parecem fundamentadas como decorrentes da baixa formação escolar e condição financeira, como nos mostram as respostas da estudante M., de 38 anos, dona de casa, cuja renda familiar chega a cinco salários mínimos. A estudante acredita que "falar e escrever o português formal é difícil", e que ao "ao falar diferente do que se escreve assassinamos a gramática". As duas crenças que a aluna trouxe em seu discurso são bastante comuns, e permeiam, segundo Bagno (2006), o discurso partilhado nas escolas e na mídia.

Crenças ligadas à formação

A formação escolar, segundo dois sujeitos, é um dos fatores que pode desencadear o preconceito linguístico, especialmente quando se trata da comparação entre escola particular e escola pública. De acordo com o estudante G., de 28 anos, o "ensino básico público está muito aquém de escolas preparatórias particulares onde o aprendizado é prioridade. As classes menos abastadas são prejudicadas pela falta de maiores oportunidades de educação qualitativa, e esta deficiência fica visível especialmente nos momentos de comunicação entre os indivíduos deste grupo".

Nesse comentário publicado em fórum, a crença de que a escola particular prepara melhor o aluno para o aprendizado fica bastante evidente, demonstrando que G., de certo modo, acredita que o ensino da escola pública é deficiente, tornando também deficiente a comunicação das pessoas que estudam nessas escolas. Em parte tal crença se complementa com outras, também publicadas no fórum, dizendo que: "a norma culta está mais acessível às classes mais favorecidas" e que a mesma "exclui o cidadão que não a utiliza". A partir dessas crenças, podemos inferir que o estudante G., como foi comentado, acredita não saber falar o português, talvez por ter pais com pouca formação escolar, o que pode tê-lo levado a estudar em escola pública. Apesar de não fazer menção a tal no questionário, seu discurso nos mostra que o estudante pode ter sofrido algum tipo de preconceito linguístico, especialmente em um momento de correção.

As crenças da estudante M., de 38 anos, com relação à formação educacional, são mais abrangentes que as anteriores. Para a aluna, "as pessoas pobres não conhecem a linguagem formal e culta sem acesso à escola". Essa crença é categórica e condicional, demonstrando que a aluna acredita que só há uma forma de as pessoas pobres terem acesso à linguagem formal e culta. Leva-nos assim a concluir que, para ela, a escola tem um papel decisivo para a modalidade de língua que as pessoas falam.

Tal conclusão fica mais evidente quando a estudante nos apresenta outra crença sobre a formação escolar: "as séries iniciais deixaram a desejar no ensino da norma culta". Essa opinião deve estar fundada na formação de seus pais, em que apenas um deles conseguiu concluir o ensino fundamental. Certamente em seu discurso há inadequações linguísticas relacionadas à norma culta.

Crenças sobre a sociedade e o preconceito

Quatro dos cinco sujeitos apresentaram no fórum ou no questionário alguma crença sobre os valores da sociedade e o preconceito, seja ele social ou linguístico. Neste tópico, é importante ressaltar que houve bastante influência do conteúdo ministrado em aula no discurso dos estudantes, levando-nos a observar a repetição do discurso da professora em sala de aula, assim como a apreensão do conteúdo por parte dos estudantes. Entretanto, observamos que algumas crenças partilhadas apresentaram algum indício de posicionamento pessoal, como é o caso do estudante J., de 27 anos.

Para o aluno, "a sociedade não sabe distinguir diferenças de preconceitos". Essa opinião apresenta um posicionamento abrangente, que pode ser subdividido em duas classes: em certa medida demonstra um distanciamento do locutor em relação àquilo que é enunciado, quando o estudante atribui à sociedade uma determinada ação que não é apreciada pelo mesmo; ao mesmo tempo, compartilha dessa ação, já que ele também pertence à sociedade de que fala. Esse tipo de crença nos mostra uma posição defensiva do locutor, que pretende não se comprometer diretamente com o que é dito, mas não consegue se distanciar por completo.

Tal posicionamento se repete no discurso da aluna M., de 36 anos, a qual acredita que "o preconceito linguístico está ligado ao fator social e financeiro".

Contudo, ao observar suas respostas ao questionário, identificamos que, além da influência do conteúdo visto em aula, há uma forte influência de sua formação, levando-nos a concluir que para a aluna as condições econômicas definem tanto a formação escolar como o modo de falar dos indivíduos, sendo a linguagem um fator claro de identificação de sua origem, uma espécie de elemento delator.

Nessa mesma perspectiva, entretanto aderindo a um posicionamento mais pessoal, a estudante J., de 34 anos, acredita que "o preconceito inibe as camadas que não têm acesso à educação", assim como "intimida as pessoas que têm vergonha de pronunciar o linguajar de sua origem". A partir de suas crenças, observamos que para a estudante o preconceito sujeita a uma negação da identidade dos indivíduos, especialmente aqueles que não tiveram acesso à educação, ou que tiveram uma origem mais humilde. Essa negação pode ser compreendida também como resultado de uma opressão cultural, ressaltada pelos verbos inibir e intimidar, que a aluna utiliza para exprimir as suas ideias.

Considerações finais

Este estudo não buscou avaliar se uma crença é certa ou errada, mas fundamentá-la, de modo que se possa compreender como ela pode influenciar um determinado conceito em relação a outro, ou até mesmo uma atitude frente a um tema.

Nossa pesquisa mostrou que o preconceito linguístico e social é um tema bastante polêmico, que, no presente contexto, ao mesmo tempo em que provoca um posicionamento alheio ou de distanciamento, pode acentuar informações de caráter pessoal, seja pela escolha das palavras, seja pela relação com o que foi respondido ao questionário.

Identificamos, também, que algumas crenças podem ultrapassar os limites do que se acredita, assumindo caráter atitudinal, tal como a correção daquilo que se julga não estar certo, mesmo quando se acredita que se deve haver respeito pelas diferenças.

A partir das crenças dos sujeitos, observamos que os temas preconceito linguístico e preconceito social suscitam uma discussão maior, que tem origem na formação da identidade do indivíduo, intimamente relacionada com os fatores sociais e econômicos que permeiam as relações entre os grupos sociais, marcada pela linguagem que utilizam.

Referências Bibliográficas

AGUILERA, V. A. Crenças e atitudes linguísticas: o que dizem os falantes das capitais brasileiras. *Estudos Linguísticos*, São Paulo, v. 2, p. 105-112, 2008. Disponível em: <http://www.gel.org.br/estudoslinguisticos/volumes/37/EL_V37N2_11.pdf>. Acesso em: 12 jun. 2009.

BAGNO, Marcos. *Preconceito linguístico: o que é, como se faz*. São Paulo: Loyola, 2001.

______. *A norma oculta: língua e poder na sociedade brasileira*. São Paulo: Parábola Editorial, 2003.

______. *Nada na língua é por acaso: por uma pedagogia da variação linguística*. São Paulo: Parábola Editorial, 2007.

BARCELOS, A. M. F. Crenças sobre aprendizagem de línguas, linguística aplicada e ensino de línguas. *Linguagem & Ensino*, vol. 7, n. 1, pp. 123-156, 2004. Disponível em: <http://rle.ucpel.tche.br/php/edicoes/v7n1/G_Ana_Maria_Barcelos2.pdf>.Acesso em: 10 jun. 2009.

CALVET, Jean-Louis. *Sociolinguística: uma introdução crítica*. São Paulo: Parábola Editorial, 2002.

GEERTZ C. *A interpretação das culturas*. Rio de Janeiro: LTC Editora; 1989.

GOFFMAN, E. *Behavior in public places: notes on the social organization of gatherings*. New York: Free Press, 1963.

______. *Interaction ritual: essays on face-to-face behavior*. Garden City: Anchor/Doubleday, 1967.

______. *Estigma: notas sobre a manipulação da identidade deteriorada*. 4ª ed. Rio de Janeiro: Zahar, 1982.

______. *A representação do eu na vida cotidiana*. Petrópolis: Vozes, 2004.

HALL, S. *A identidade cultural na pós-modernidade*. Rio de Janeiro: DP&A Editora, 2006.

MADEIRA, Fabio. Crenças de professores de Português sobre o papel da gramática no ensino de Língua Portuguesa. *Linguagem & Ensino*, Pelotas, v. 8, n. 2, pp. 17-38, jul.-dez. 2005. Disponível em: <http://rle.ucpel.tche.br/php/edicoes/v8n2/fabio_madeira.pdf>. Acesso em: 12 jun. 2009.

MARCONDES, D. & JAPIASSU, H. *Dicionário básico de filosofia*. 3ª ed. rev. e ampl. Rio de Janeiro: Jorge Zahar, 1996.

MARIANI, B. S. C. Entre a evidência e o absurdo: sobre o preconceito linguístico. *Cadernos de Letras da UFF – Dossiê: Preconceito linguístico e cânone literário*, n. 36, pp. 27-44, 2008. Disponível em: <http://www.uff.br/cadernosdeletrasuff/36/artigo1.pdf>. Acesso em: 12 jun. 2009.

12. Letramento digital e suas contribuições à formação acadêmica e profissional

João Wandemberg Gonçalves Maciel (UFPB)
Joselito Elias Cipriano de Lima (UEPB)

Introdução

O constante avanço tecnológico e o crescente uso das novas ferramentas tecnológicas (computador, internet, celular, caixa eletrônico, cartão magnético etc.) na vida social demandam que os cidadãos aprendam a lidar com esses novos procedimentos, comportamentos e raciocínios específicos.

Assim, o objetivo principal da presente pesquisa é investigar o nível de letramento digital do aluno matriculado no curso de Relações Internacionais, ministrado pela UEPB, e quais as contribuições decorrentes dessa nova ferramenta de alto potencial educacional para o meio acadêmico.

Do propósito central ramificam-se outros pontos de estudo, tais como:

- Investigar as formas pelas quais o aluno está se apropriando das tecnologias digitais de leitura/escrita no ciberespaço e os eventuais benefícios e dificuldades criados para sua formação acadêmica.
- Averiguar se o letramento na cibercultura confere um estado ou uma condição diferente da que as práticas de leitura/escrita conduzem na cultura do papel.
- Verificar se o aluno precisa dominar um conjunto de informações e habilidades mentais específicas para essa nova realidade, que devam ser trabalhadas pela Academia.
- Investigar se as ferramentas tecnológicas (*home pages* na internet, e-mail, blogs, chats, CD-ROMs etc.) atendem às necessidades de interatividade do aluno com as temáticas de estudo.

A proposta da realização de um estudo a respeito do grau de letramento digital do estudante do curso de Relações Internacionais tem por escopo maior investigar a importância desse tipo de letramento e apurar quais os seus benefícios para a comunidade acadêmica, além preparação de um banco de dados sobre a temática.

A produção dos textos acadêmicos, com base nos estudos realizados, poderá servir como instrumento divulgador da temática em questão, sendo, também, um suporte para que o público interessado (gestores da educação, educadores, pesquisadores do tema etc.) compreenda, com mais profundidade, o funcionamento do avanço tecnológico no processo ensino/aprendizagem, podendo mesmo ampliar a formação do estudante do curso superior em questão.

Esse tipo de proposta poderá, ainda, desenvolver os horizontes da linguística textual, no âmbito do curso de Relações Internacionais da Universidade Estadual da Paraíba, *campus* V, indo ao encontro dos objetivos dessa instituição, de envolver professores e alunos na pesquisa científica sobre o letramento digital, porquanto se pretende, por meio deste estudo, incutir no aluno do curso de Relações Internacionais o perfil de pesquisador desde os primeiros contatos com o universo acadêmico.

Fundamentação teórica

Nas décadas finais do século XX, assistiu-se a uma revolução digital provocada pela disseminação da internet na sociedade. O crescimento da rede alterou, assim, o modo como os indivíduos a utilizavam, a ponto de alguns pesquisadores afirmarem que a internet foi uma criação cultural. Nesse sentido, o uso dessa rede por segmentos da contracultura – que se desenvolvia na mesma época –, por seus aspectos de ruptura com os padrões vigentes, forneceu a base para a criação do computador pessoal e o desenvolvimento de tecnologias de interatividade instantânea, fornecendo ferramentas necessárias a uma nova geração.

A disseminação da internet e suas implicações para a vida social, com a formação de novas formas de interação, organização e atividades sociais, tem sido foco de vários estudos. Pierre Lévy chamou de "ciberespaço" o espaço de interação humana nessa interconexão mundial de computadores.

O termo especifica não apenas a infraestrutura material da comunicação digital, mas também o universo oceânico de informações que ela abriga, assim como os seres humanos que navegam e alimentam esse universo. Quanto ao neologismo "cibercultura", especifica aqui o conjunto de técnicas (materiais e intelectuais), de práticas, de atitudes, de modos de pensamento e de valores que se desenvolvem juntamente com o crescimento do ciberespaço (Lévy, 1999, p. 17).

O domínio crescente de conhecimento científico, matemático e técnico tem permitido a criação e o aprimoramento de diversas tecnologias, sobretudo as digitais e as de informação e comunicação, que têm condicionado hábitos do cotidiano dos indivíduos. Na sociedade contemporânea, é preciso ter conhecimento mínimo de certos recursos para interagir com as novas ferramentas disponibilizadas para facilitar a vida social. Vivemos hoje em uma cibercultura. Em muitas cidades brasileiras, como João Pessoa, utiliza-se um cartão eletrônico para ter acesso ao transporte público, uma espécie de cartão de débito para ônibus, em que o cidadão compra os "créditos" de transporte, créditos virtuais, on-line, que são debitados no ato do uso. No Brasil, o sistema de uso majoritário das eleições é eletrônico. Para exercer seu direito político, o cidadão deve ter um conhecimento mínimo de como operar sozinho uma urna-computador, internet banking, cartão de crédito e débito, imposto de renda, e até mesmo a inscrição em concursos e no vestibular pela internet, que comprovam a disseminação de uma cibercultura cotidiana, bem mais próxima da realidade do que tão somente nas carteiras da sala de aula da Academia. Essas práticas e usos demandam uma nova forma de interagir, em detrimento de uma cultura totalizante instaurada pela cultura escrita e impressa.

As relações autor-leitor sofrem transformações no on-line pelas características hipertextuais. Sobre essa relação no hipertexto, Cipriano, Holanda e Maciel (2007) afirmam que "sua 'navegação' permite novas formas para o ato da escrita e da leitura: o escrever-ler não linear das páginas hipertextuais". O hipertexto, linguagem característica do ciberespaço, tem dado contribuições fundamentais para a cibercultura.

As implicações e características da sociedade da informação atingem também o processo educativo. O aluno/cidadão precisa ser educado no sentido de adquirir o conhecimento necessário para sua ação na sociedade.

Na vivência de uma era do conhecimento, os educadores se preocupam em preparar pessoas capazes de lidar com os desafios que se impõem à vida da sociedade contemporânea, e com as mudanças geradas no processo de ensino/aprendizagem decorrente das novas práticas sociais que acompanham o avanço tecnológico. A por vezes mencionada "inclusão digital" refere-se não apenas ao ensino e ao aprendizado da informática – que não deixa de ter sua valia –, mas, sobretudo, ao uso mais eficiente pelos cidadãos das tecnologias disponíveis.

Depreende-se tal consideração dos pesquisadores quando Pereira (2007, p. 17) afirma que

> Precisamos dominar a tecnologia da informação; estou me referindo aos computadores, softwares, internet, correio eletrônico, serviços etc., que vão muito além de aprender a digitar, conhecer o significado de cada tecla do teclado ou usar o mouse. Precisamos dominar a tecno-

logia para que, além de buscarmos a informação, sejamos capazes de extrair conhecimento.

Outros pesquisadores apontam a importância das transformações do modo de apropriação do conhecimento, que incorporou um processo também digital. Mesquita (2008) apresenta assim esse tópico:

> A linguagem digital rompe com a narrativa contínua e sequenciada dos textos escritos e se apresenta como um fenômeno descontínuo, revolucionário na maneira de pensar e de compreender do homem. Seu tempo e espaço expressos em imagens e textos nas telas relacionam-se diretamente com o momento de sua exposição. O processo digital de apropriação do conhecimento, apesar de ser, ainda, incipiente, prolifera-se de maneira acelerada através do mundo da comunicação. [...] Esse novo cenário nos obriga a não ignorá-lo e a reconhecer sua importância no contexto educacional atual, exigindo de nós uma profunda reflexão sobre as concepções do que é o conhecimento, como construí-lo e estruturá-lo, como ensinar e aprender dentro de uma abordagem construcionista inovadora, pluralizada e multidisciplinar.

Dessa passagem do autor já se depreende a contribuição do novo *status quo* educacional induzido pela sociedade da informação nas práticas pedagógicas. A educação a distância é um exemplo desses novos modelos de apropriação do conhecimento.

Nesse sentido, a noção de letramento cai melhor do que a simples "alfabetização digital", visto que, feitas as aplicações ao nosso estudo, é imprescindível ao estudante do ensino superior desenvolver a habilidade de compreender e empreender as possibilidades de uso e opinar sobre as ferramentas tecnológicas que mais lhe sejam proveitosas, para que, como consequência, aumente sua capacidade investigativa e seu potencial como cientista e pesquisador, levando a efeito, desse modo, a missão do ambiente universitário, da luz fornecida pela Academia e por seus saberes.

Façamos uma explanação sobre letramento e alfabetização, posto que são processos distintos. Tfouni (1998) discorre sobre os aspectos dos dois termos: "Enquanto a alfabetização ocupa-se da aquisição da escrita por um indivíduo, ou grupo de indivíduos, o letramento focaliza os aspectos sócio-históricos da aquisição de um sistema escrito por uma sociedade."

Acrescem-se aqui os postulados de Xavier (2002), quando afirma que o letramento digital "implica realizar práticas de leitura e escrita diferentes das formas tradicionais de letramento e alfabetização". E segue afirmando que

> Ser letrado digital pressupõe assumir mudanças nos modos de ler e escrever não verbais, como imagens e desenhos, se compararmos tais formas de leitura e escrita feitas no livro, até porque o suporte sobre o qual estão os textos digitais é a tela, também digital.

Essa nova forma de prática da leitura e da escrita cria possibilidades de pleno acesso à informação e aos meios de criação cultural e de compartilhamento e produção de conhecimentos. O letrado digital é também um incluído social, e o iletrado, nesse sentido, pode ser um excluído, um analfabeto digital.

A implantação do letramento digital nas redes de ensino de todo o país seria de grande ajuda para o desenvolvimento da nossa educação. É importante sempre ter em mente que a tecnologia não é um meio que veio para substituir a figura do professor ou revolucionar a educação, e sim para ampliá-la. A adoção dessas novas tecnologias pelas escolas e pela sociedade em geral irá possibilitar uma aprendizagem muito mais efetiva, pois os alunos não estarão vinculados só à realização de exercícios mecânicos já construídos, tendo acesso ao livro digital, que é o computador.

O computador, juntamente com a internet, vinculará o estudante a um mundo diferente, em que as oportunidades aparecerão com mais frequência, e o acesso a qualquer tipo de informação será bem mais fácil, devido à expansão do acervo. O letramento digital vai dar um novo sentido ao estudo, inserindo a região onde foi implantado no mapa-múndi comunicacional.

É importante salientar que o letramento digital não deve ser uma forma de substituição do professor, mas uma maneira de auxiliá-lo, posto que, dotado de conhecimento, poderá auxiliar o aluno no seu desenvolvimento, como cidadão em um mundo digitalizado. Assim, as possibilidades de ensino serão multiplicadas.

Sobre as dificuldades dos novos tempos digitais e da necessidade de ação das instituições, Xavier (2002, p. 1) assevera que os indivíduos precisam dominar:

> [...] um conjunto de informações e habilidades mentais que devem ser trabalhados com urgência pelas instituições de ensino, a fim de capacitar o mais rápido possível os alunos a viverem como verdadeiros cidadãos neste novo milênio cada vez mais cercado por máquinas eletrônicas e digitais.

Coscarelli (2007, p. 31), em acréscimo, questiona o que as universidades e os centros de formação de docentes têm realizado nessa intenção, o que se tem feito na preparação dos profissionais para uma nova realidade.

Discutir "o papel da educação e dos profissionais de educação, nas sociedades contemporâneas, marcadas pela revolução e pelas desigualdades sociais" (Ribeiro, 2004, p. 41), é fundamental para se compreender que

> [...] o uso das novas tecnologias no âmbito educacional como instrumento da aprendizagem, por exemplo, se fez presente, não só como conteúdo, mas também como ferramenta de trabalho, o que facilitou as trocas, pesquisas e elaboração de textos. Indo ao encontro do pensamento de Paulo Freire, o indivíduo é construtor do conhecimento, e não um ser passivo (p. 42).

Pensar em letramento digital sem pensar no papel do educador qualificado é inviável, visto que a implementação de um novo processo de ensino/aprendizagem requer professores adequadamente preparados. Sabemos que a maioria ainda não está "capacitada digitalmente". Porém, embora não estejam, ainda, aptos a preparar e ministrar uma aula nesse novo contexto conhecido como mundo midiático, isso não significa que não consigam ler, escrever e compreender textos digitais.

Nesse sentido, pretendendo resolver o problema do analfabetismo digital e midiático, as universidades brasileiras vêm trabalhando com a educação a distância, com o objetivo de reconstruir a atividade e função do professor a partir da perspectiva proposta pelos Parâmetros Curriculares Nacionais – PCNs (1999), que estabelecem que o educador deve ser um mediador do conhecimento, mas para tal precisa estar instrumentalizado, o que inclui o domínio do computador e seus inúmeros recursos, entre eles a internet. É uma forma de recriar a prática docente e formar cidadãos mais dinâmicos socialmente.

Usar a internet como instrumento de interação no processo educativo amplia a comunicação entre aluno e professor, bem como o tráfego de informação educacional e cultural. O estudante tem acesso a outras realidades, a instrumentos educativos on-line, a uma infinidade de recursos que podem e devem auxiliar seu aprendizado. Dessa forma, a educação mediada pelas tecnologias digitais proporciona a quebra de barreiras entre professor e aluno, por promover maior interação, favorecendo a autonomia dos estudantes, que aprendem em seu próprio ritmo. Assim, a educação pode assumir um caráter coletivo e construtivo, embora existam desfavorecimentos para certos grupos, entre eles o analfabetismo tecnológico.

Ora, se é fim da universidade formar profissionais nas mais diversas áreas para o mercado de trabalho, ela deve capacitar esse profissional a atender todos os requisitos que um mercado cada vez mais exigente requer, incluindo-se, nessas habilidades, a capacidade de dominar as tecnologias de informação e comunicação. Verificaremos, portanto, como o caso dos estudantes de Relações Internacionais encaixa-se em nossa discussão.

Metodologia

Na primeira etapa do projeto, realizou-se um levantamento bibliográfico da produção literária científica e acadêmica sobre os temas relacionados à pesquisa, como cibercultura, letramento digital, hipertexto, leitura e escrita. Para se compreender os temas e conceitos de cibercultura – suas características, sua essência –, a obra de Pierre Lévy (1999) contribuiu com boa base de conhecimento. Os pressupostos das teorias e os apontamentos tecidos por Magda Soares (2006), Carla Coscarelli (2007) e Ana Elisa Ribeiro (2007) foram uma luz sobre os temas de letramento, letramento digital e alfabetização digital, aliados aos pressupostos teóricos de Isabel Cristina A. da Silva Frade (2007), Cecília Goulart (2007) e Otacílio José Ribeiro (2008), que forneceram visões sobre aspectos das relações entre o uso das novas tecnologias e as práticas de ensino. Outros pesquisadores também contribuíram com seus trabalhos e estudos, sobretudo os integrantes do Grupo de Estudos de Hipertexto, Arquivos Eletrônicos e Tecnologias Educacionais da Universidade Estadual da Paraíba (Gehaete), coordenado pelo professor João Wandemberg Gonçalves Maciel.

A composição do referencial literário possibilitou o preparo para a fundamentação teórica da pesquisa, parte indispensável do *corpus* inicial do projeto. Com isso, pôde-se verificar o volume de material teórico, científico e de pesquisa produzido acerca da temática e quais os questionamentos levantados, discutidos e respondidos ou não.

Os resultados de nosso estudo foram obtidos por meio de pesquisas qualitativas e quantitativas realizadas com o público de estudo do projeto em tela. No segundo semestre de realização do projeto, foram aplicados questionários para a formação do *corpus* objeto das análises científicas, com o fito de delinear o perfil do leitor virtual da comunidade acadêmica estudada, verificar a apropriação das ferramentas tecnológicas e o grau de letramento digital do aluno.

Com objetivo de examinar o nível de letramento digital em que se encontra o estudante de Relações Internacionais da UEPB, foi realizada pesquisa no *campus* em que funciona o curso, com amostra de sessenta alunos. Das cinco turmas existentes, foram escolhidos aleatoriamente doze alunos de cada uma delas, formando uma amostra de 30% da população estimada de duzentos alunos do curso em maio de 2009. Na seleção da amostra, intentamos manter a representatividade da população em foco, com a participação de alunos de todas as turmas existentes. O tamanho da amostragem permite-nos traçar um perfil do estudante de Relações Internacionais, quanto a seu nível de letramento digital, com uma alta representatividade.

Foi aplicado um questionário com 34 questões (31 fechadas e três abertas), para o aluno responder como emprega as tecnologias digitais, como as utiliza para atividades de leitura e pesquisa em ambiente digital, quais as dificuldades apresentadas nessas atividades, qual o delineamento do perfil do leitor virtual, quais as estratégias de leitura e as contribuições da universidade para o desenvolvimento dessas habilidades e o uso dessas tecnologias para o aprendizado. Formou-se, com isso, o *corpus* principal da pesquisa.

Discussão

Os dados obtidos com a aplicação do questionário permitiram-nos conhecer melhor o uso das tecnologias digitais pelo público estudado, as estratégias adotadas para as atividades de leitura e pesquisa, nos ambientes digitais, e o papel da universidade e do educador na capacitação digital desse aluno. O trabalho de Vieira (2007) forneceu auxílio e embasamento de método para sua realização.

A maioria da amostra (90%) possui computador, e um pouco a mais da metade dos donos de computadores possuem laptops (46,66%). Dentre o público que possui computador, a maioria das máquinas são conectadas à internet em casa (66,7%), e 26,6% acessam através da tecnologia 3G. A possibilidade de ter acesso com a própria infraestrutura tecnológica em, praticamente, qualquer lugar atrai o universitário, que pode realizar suas pesquisas no ambiente de uma biblioteca já coletando todas as informações e processando-as em seu computador.

No quesito de tempo de uso da internet, percebe-se que a maioria tem acesso há mais de três anos. Há um grande grupo que utiliza a internet há mais de quatro e menos de dez anos, que somam 67%. Apenas 10% da amostra acessam há mais de dez anos. Quanto aos outros locais em que o estudante tem acesso à internet, a universidade ocupa a primeira posição (60%), seguida de locais públicos e *lan houses* (56,7%) e casas de amigos e parentes (53,3%). Lugares diferentes têm a baixa porcentagem de 13,3%. Extensa maioria acessa a internet diariamente, sendo 46,6% de acessos múltiplos em um mesmo dia.

A amostra não apresenta quem acesse a rede raramente ou menos de uma vez por semana. As opiniões formadas sobre a internet também são favoráveis: 60% a consideram um grande meio de informação e comunicação, e 43,4% a classificaram como "essencial" em suas vidas. Percebe-se aqui a importância dada à rede, pois 40% consideram que ela seja prática e facilitadora. No dado seguinte, a melhoria do desempenho na universidade (36,7%), do nível de informação (30%) e o fato de encontrar tudo o que se precisa na rede (18%) são apontados como suas principais contribuições para a vida dos usuários.

Os leitores que gostam de ler na internet somam 67%. Quanto ao suporte para leitura, 36,7% dão preferência à leitura em papel. Mas temos que considerar também a soma dos que indicam haver textos melhores de ler em cada suporte e dos que indicam que são indiferentes ao suporte, o que atinge uma soma de aproximadamente 17%. Essa taxa de preferência de leitura no papel coincide com a dificuldade de leitura na internet apresentada por 65% da amostra, que declaram que cansam em ler rolando a tela ou ficando na mesma posição.

O estudante de Relações Internacionais tem o hábito de pesquisar na internet (87%), delimitando o assunto da busca (60%). Ao encontrar a informação, ele copia e cola em outros ambientes (50%) ou imprime para guardar ou ler depois (27%). Ao copiar e colar, infere-se que ele utilize um editor de texto para selecionar e editar as informações de que necessita, mais comumente imprimindo o produto dessa triagem, como vimos na preferência de suporte para leitura. O leitor adota duas principais atitudes, isoladas ou simultaneamente, para garantir a confiabilidade das informações coletadas na internet: checam a autoria e a atualidade do material (56,66%) e/ou analisam criticamente todos os conteúdos lidos.

Para definirmos o perfil de leitura na internet de nosso público, referenciamos a pesquisa de Vieira (2007), que apresenta três perfis de leitor, a saber:

1. Leitor-usuário (73,33% da amostra) – busca informações para aplicá-las de forma prática, selecionando os assuntos de seu interesse, seguindo um ritmo próprio.
2. Leitor-telespectador (16,66% da amostra) – procura entretenimento audiovisual, sensível a efeitos especiais, cores, sons e toda a gama de semioses possíveis, usando o texto como direção apenas.
3. Leitor-leitor (10% da amostra) – não se afeta com efeitos especiais, lê de forma tradicional, gosta de arquivos, lê "rolando" textos na tela ou imprimindo para ler no papel.

Nesse sentido, nosso leitor lê fazendo "triagens" das informações que precisa. Por ter um perfil de "usuário", ele prefere layouts mais leves (65%) com textos compactos, títulos-guia, imagens e gráficos (o que facilita sua busca), com links organizados em listas (46,66%) ou inseridos no corpo do hipertexto (51,66%), apresentando certa preferência e constante uso de ferramentas hipertextuais. 70% consideram o hipertexto como um meio de pesquisar e aprofundar o conhecimento. Já 32% indicaram serem indiferentes à disposição e a organização gráfica dos sites (se o leitor seleciona o que lhe interessa, a organização gráfica de um site ou outro pode não influir na sua pesquisa).

O leitor universitário interage mais com as possibilidades da tecnologia digital, adota uma postura mais consciente do que procura na internet. Contudo, mesmo sem indicação em nossa coleta de dados, estimamos que, a exemplo da pesquisa de Vieira (2007, p. 245), há "estilos preferenciais para ler, e estes estilos não são excludentes - um mesmo leitor adota diferentes posturas conforme as necessidades de uso".

Esse leitor acredita que não tem dificuldades para ler na internet (75%). Contudo, em toda a amostra foram identificadas dificuldades genéricas de leitura na internet, sendo mais frequentes a movimentação no site (20%) e o controle e monitoramento da própria leitura (16,66%). O leitor da amostra tem dificuldade de controlar e monitorar a leitura; 43,33% sofrem dispersão e perda de foco; outros 30% indicam que têm dificuldades de parar de buscar a informação, seguidos de 20% que não conseguem relacionar as informações e chegar a uma conclusão. Como resposta a essa estatística, pode ser considerado o dado de que 41,66% atribuem a perda de foco ou sofrerem stress cognitivo ao excesso de informação e à dispersão das informações (20%). Percebe-se que o leitor da amostra ainda não domina plenamente alguma técnica de busca de informação ou não tem a orientação adequada para isso.

Nesse tópico, 81% afirmam que desenvolvem atividades de ensino/aprendizagem mediadas ou facilitadas pelo computador, seja para digitação ou elaboração de trabalhos (85%), pesquisa (85%), comunicação (86%) ou outras atividades, como "videoaula" ou "baixar material" de sistemas educacionais (5%). Além disso, segundo 71,66% da amostra, a universidade estimula à leitura no computador; 78% indicam que há atividades acadêmicas de busca de informação, das quais predominam as pesquisas acadêmicas (80%), a leitura de notícias (53,33%), atividades de lazer (50%) e leitura e escrita de blogs (41,66%). Para 72% da amostra, os docentes orientam na atividade de busca de informação na internet, mas, predominantemente, apenas pela indicação de sites (53,33%).

Conclusões

O projeto nos proporcionou a oportunidade de verificar se o estudante de Relações Internacionais da UEPB detém uma postura de digitalmente letrado e se conhece o uso de práticas de letramento digital. Verificou-se que o uso de tecnologias digitais tem contribuído para sua formação acadêmica, seja na capacitação profissional ou na atividade de pesquisador, por dotá-lo de recursos específicos para agregar conhecimento e permitir a formação de um ambiente de educação mais colaborativo.

O estudante sabe da importância da internet, que, para ele, é "essencial" e principal fonte de pesquisa e de informação. Adota a postura de leitor crítico do conteúdo a que tem acesso, escolhe e "pinça" a informação mais adequada, pesquisa amplamente na rede, sobre os mais diversos assuntos, mas, predominantemente, faz pesquisa acadêmica. Em relação a esse aspecto, ainda adota práticas do leitor de papel, porque copia e cola informações para imprimir, guardando ou lendo depois, o que demonstra franca preferência pelo papel. Gosta do hipertexto, que para ele é um meio de pesquisa e de aprofundar seus conhecimentos sobre o objeto da busca, estimulando sua curiosidade. Esse mesmo leitor indica que não tem dificuldades gerais de ler na internet.

Ele apresenta, contudo, inúmeras dificuldades específicas nesse quesito, particularmente relacionadas ao autocontrole em monitorar sua leitura e à localização ou à seleção da informação. Por falta de critério na pesquisa ou de escolha adequada de palavras-chave para a busca, o estudante usualmente perde o foco da pesquisa pelo excesso e pela dispersão das informações, e tem dificuldade em retornar ao objetivo inicial. Devido a isso, sofre stress cognitivo, não consegue relacionar as informações que encontra e retarda o alcance de uma conclusão. Por isso mesmo, sente a necessidade de "*layouts* mais leves, com textos mais compactos", e, podemos dizer, "mais objetivos". Tal análise nos indica que, a despeito de a atividade de pesquisa na internet ser largamente utilizada pelo estudante, ela usualmente não tem o objetivo alcançado.

A orientação docente dos estudantes analisados para o uso das tecnologias de informação, no processo de aprendizagem, pode ser considerada defeituosa. A simples indicação de sites apontada pela maioria da amostra não contempla as necessidades demandadas pelos alunos no manejo das ferramentas digitais incorporadas no processo educativo. A orientação adequada por parte dos docentes e o estímulo constante da instituição de ensino pela adoção de uma política clara de promoção do letramento digital poderia sanar as dificuldades apresentadas pelo público do estudo na leitura e na pesquisa na internet.

Com isso, afirmamos que o estudante de Relações Internacionais da UEPB ainda precisa desenvolver uma postura mais consciente e orientada no domínio das novas tecnologias de informação e de comunicação, a fim de que possa assimilar, de forma mais eficiente, as possibilidades e facilidades à sua formação acadêmica, profissional e pessoal. Para isso, precisa de suporte da Academia, especificamente de seus professores, como responsáveis pela formação acadêmica, para desenvolver técnicas adequadas de domínio das novas TIC inseridas no contexto de construção da educação, para que possa utilizar esse novo conhecimento em suas demais atividades.

O estudante ainda precisa aumentar sua capacidade de uso das ferramentas digitais, para que possa se tornar um pleno cidadão da sociedade da informação na atual era do conhecimento. Nesse sentido, a universidade, o corpo de educadores da instituição e o próprio estudante precisam adotar estratégias para corrigir as deficiências e dificuldades apresentadas, com o objetivo de desenvolver plenamente o letramento digital.

Referências Bibliográficas

BRASIL, Ministério da Educação. *Parâmetros Curriculares Nacionais (PCN)*. Brasília: MEC, 1999.

CIPRIANO, Joselito Elias; HOLANDA, Virgínia Milanesi & MACIEL, João Wandemberg Gonçalves. *Eu e a opinião alheia: influência dos juízos de valor sobre blogueiros*. 2007. Disponível em: <http://gehaete.uepb.edu.br/trabalhos.html>. Acesso em: 4 fev. 2009.

COSCARELLI, Carla Viana & RIBEIRO, Ana Elisa. Alfabetização e letramento digital. In: COSCARELLI, Carla & RIBEIRO, Ana Elisa (orgs.). *Letramento digital: aspectos sociais e possibilidades pedagógicas*. 2ª ed. Belo Horizonte: Ceale/Autêntica, 2007.

FRADE, Isabel Cristina A. da Silva. Alfabetização digital: problematização do conceito e possíveis relações com a pedagogia e com a aprendizagem inicial do sistema de escrita. In: COSCARELLI, Carla & RIBEIRO, Ana Elisa (orgs.). *Letramento digital: aspectos sociais e possibilidades pedagógicas*. 2ª ed. Belo Horizonte: Ceale/ Autêntica, 2007.

GOULART, Cecília. Letramento e novas tecnologias: questões para a prática pedagógica. In: COSCARELLI, Carla & RIBEIRO, Ana Elisa (orgs.). *Letramento digital: aspectos sociais e possibilidades pedagógicas*. 2ª ed. Belo Horizonte: Ceale/ Autêntica, 2007.

LÉVY, Pierre. *Cibercultura*. Trad. Carlos Irineu da Costa. São Paulo: 34, 1999.

MESQUITA, Maria Suely de Andrade. *Letramento digital e educação a distância*. 2008. Disponível em <http://gehaete.uepb.edu.br/trabalhos/2008/mai/6.pdf>. Acesso em: 2 fev. 2009.

PEREIRA, João Thomaz. Educação e sociedade da informação. In: COSCARELLI, Carla & RIBEIRO, Ana Elisa (orgs.). *Letramento digital: aspectos sociais e possibilidades pedagógicas*. 2ª ed. Belo Horizonte: Ceale/Autêntica, 2007.

RIBEIRO, Ana Elisa. Ler na tela – letramento e novos suportes de leitura e escrita. 2005. In: COSCARELLI, Carla & RIBEIRO, Ana Elisa (orgs.). *Letramento digital: aspectos sociais e possibilidades pedagógicas*. 2ª ed. Belo Horizonte: Ceale/Autêntica, 2007.

RIBEIRO, Otacílio José. Educação e novas tecnologias: um olhar para além da técnica. In: COSCARELLI, Carla & RIBEIRO, Ana Elisa (orgs.). *Letramento digital: aspectos sociais e possibilidades pedagógicas*. 2ª ed. Belo Horizonte: Ceale/Autêntica, 2007.

RIBEIRO, Paula Modenesi. *Formação docente: novas tecnologias e cidadania*. 2004. Disponível em: <http://www.mackenzie.br/fileadmin/Pos_Graduacao/Mestrado/ Educacao_Arte_e_Historia_da_Cultura/ Publicacoes/Volume4/Formacao_docente_novas_tecnologias_e_cidadania.pdf>. Acesso em: 14 jul. 2008.

SOARES, M. *Letramento: um tema em três gêneros*. Belo Horizonte: Autêntica, 2006.

TFOUNI, L.V. Adultos não alfabetizados: o avesso do avesso. In: SOARES, Magda. *Novas práticas de leitura e escrita: letramento na cibercultura*. 1988. Disponível em: <http://www.scielo.br/pdf/es/v23n81/13935.pdf>. Acesso em: 22 fev. 2009.

VIEIRA, Iúta Lerche. Leitura na internet: mudanças no perfil do leitor e desafios escolares. In: ARAÚJO, Júlio César (org.). *Internet & ensino: novos gêneros e desafios*. Rio de Janeiro: Lucerna, 2007.

XAVIER, Antônio Carlos dos Santos. *Letramento digital e ensino*. 2002. Disponível em: <http://www.ufpe.br/nehte/artigos.htm>. Acesso em: 11 fev. 2009.

Parte 2

Texto, gênero textual e tecnologia

13. Teoria e prática dos gêneros digitais nos documentos oficiais da área de Letras[1]

Ana Maria Nápoles Villela (CEFET-MG)

Introdução

Os Parâmetros Curriculares Nacionais da área de linguagens, códigos e suas tecnologias cumprem um duplo papel: difundir os princípios de reforma curricular e orientar o professor na busca de novas abordagens e metodologias, o que inclui tratamento pedagógico para as Tecnologias Digitais de Informação e Comunicação (TDIC)[2] com o objetivo de inserir o aluno no ambiente digital. Considerando a importância da orientação curricular na formação dos futuros professores, especificamente para a área de linguagens, códigos e suas tecnologias, com esta pesquisa pretendo responder às seguintes questões: qual a relação entre o que apregoam os documentos oficiais e a formação do profissional? Qual o tratamento dado ao letramento digital nas grades curriculares dos cursos de Letras? Em que os currículos têm contribuído para melhorar a qualificação do graduando em termos de tecnologia?

Para esta comunicação, propus-me avaliar de que modo as propostas curriculares dos cursos de Letras das Instituições Federais de Ensino fornecem subsídios teórico-práticos para que o futuro profissional de Letras compreenda os gêneros do discurso veiculados em ambientes digitais como objeto de estudo para posterior objeto de ensino e de aprendizagem.

Sabemos que o currículo deve refletir os princípios, os objetivos e as intenções de um projeto educativo. Além do mais, atua, nas instituições escolares, como mediador do ato pedagógico. Tomar esse documento como objeto de pesquisa implica reconhecê-lo como um componente de fundamental importância na concretização das ações pedagógicas que se desenvolvem no contexto da estrutura e funcionamento de um sistema educacional.

---

1 Trabalho apresentado no grupo de discussão "09 – Atividades hipertextuais: o que nos diz a prática", Centro Federal de Educação Tecnológica, Belo Horizonte, 2009.

2 Seguindo Manovich, 2001, considero mais apropriado falar de Tecnologias Digitais de Informação e Comunicação quando se trata das novas formas culturais que dependem dos computadores: CD-ROMs, DVD-ROMs, sites web, jogos de computador, aplicações de hipertexto e hipermídia, uma vez que o termo digital adiciona a possibilidade de formação de redes, que implica todos por todos.

Snyder (2008, p. 183) mostra que "o currículo envolve ideologias e que a visão de educação afeta a visão de currículo. Concepções afetam os objetos de ensino a serem abordados". Desenvolver a consciência crítica nos currículos passa pela cooperação entre sujeitos e reflexão sobre linguagem e poder. As questões de currículo para o ensino virtual se impõem à medida que essa modalidade de formação de professor precisa dar conta da área específica, mas também das questões pedagógicas. Eis um grande desafio para esse novo modelo de ensino/aprendizagem/formação.

Assim, considero importante pesquisar o que está sendo ensinado ao futuro professor para que se torne um letrado digital capaz de inserir seu aluno no ambiente digital.

Ainda segundo Snyder (2009, p. 43), "por ora, como professores, nós ainda estamos encarregados com a responsabilidade de encontrar maneiras inovadoras para incorporar os novos letramentos na prática da sala de aula". Para a autora, as habilidades e os conhecimentos de letramento impresso são essenciais, mas não suficientes para dar assistência aos alunos de hoje, pertencentes a uma sociedade de informação e de rede. Considera também que noções de letramento como um conjunto de habilidades básicas prescritas por um mundo baseado no impresso parecem cada vez mais limitadas, "quando o letramento é visto como um repertório de habilidades linguísticas e intelectuais que os alunos necessitam para atuar nos níveis mais elevados em um mundo multimídia".

Concebendo-se a linguagem como uma atividade interativa por intermédio da qual nos constituímos como sujeitos sociais, preparar o profissional de Letras para o mercado de trabalho significa formar locutores/autores e interlocutores capazes de usar a língua materna para compreender o que ouvem e leem e para se expressar em variedades e registros de linguagem pertinentes e adequados a diferentes situações comunicativas. Tal concepção pressupõe assumir a posição defendida pela maioria dos autores que tratam a língua em seus aspectos discursivos e enunciativos (Bakhtin, 1997, Bronckart, 1999, e Marcuschi, 2005), de que é possível comunicar-se verbalmente somente por meio de textos. Segundo Marcuschi (2005, pp. 32-33), "tendo em vista que todos os textos se manifestam sempre num ou noutro gênero de textual, um maior conhecimento de funcionamento dos gêneros textuais é importante tanto para a produção como para a compreensão". Ainda de acordo com esse autor, gêneros textuais são realizações linguísticas concretas definidas por propriedades sociocomunicativas. Ressalta que essa é a ideia básica que norteia os PCN, "quando sugerem que o trabalho com o texto dever ser feito na base dos gêneros, sejam eles orais ou escritos".

Marcuschi (2005, pp. 25-32) afirma que os gêneros são, em última análise, o reflexo de estruturas sociais recorrentes e típicas de cada cultura. Considerando os gêneros que "surgem dentro de ambientes como locais que permitem 'culturas' variadas, como o ambiente virtual da internet", Marcuschi (2004, pp. 28-31) elenca os seguintes gêneros emergentes: e-mail; chat em aberto; chat reservado; chat ICQ (agendado); chat em salas privadas; entrevistas com convidado; e-mail educacional (aula por e-mail; aula chat; videoconferências interativas; lista de discussão; endereço eletrônico; blog. Esses gêneros trabalham com o discurso eletrônico, ou seja, são gêneros que apresentam estreita relação com seus correlatos já existentes em outros ambientes; reconfigurados, apresentam características particulares, próprias da mediação pela tecnologia computacional. O autor aponta, ainda, três aspectos que tornam relevante a análise dos gêneros digitais (Marcuschi, 2004, p. 14):

- seu franco desenvolvimento e um uso cada vez mais generalizado;
- suas peculiaridades formais e funcionais, não obstante terem eles contrapartes em gêneros prévios;
- a possibilidade que oferecem de se reverem conceitos tradicionais, permitindo repensar nossa relação com a oralidade e a escrita.

A todo momento, temos provas de que os atuais avanços tecnológicos provocam transformações nas formas de comunicação, nos processos produtivos, na organização do trabalho e na consequente formação de recursos humanos. As inovações tecnológicas e seus impactos nas práticas de leitura e de escrita atuais levam-nos a pensar que devemos trabalhar com gêneros digitais nas escolas. Portanto, é importante que sejam elaboradas, desenvolvidas e implementadas propostas para a integração dessas tecnologias no cotidiano escolar, a partir de conteúdos curriculares específicos.

Essa crença sustenta-se primeiramente, nas orientações dos PCNEM (Parâmetros Curriculares Nacionais para o Ensino Médio), segundo as quais:

> [...] as novas tecnologias da comunicação e da informação permeiam o cotidiano, independente do espaço físico, e criam necessidades de vida e convivência que precisam ser analisadas no espaço escolar.

> [...] Entender o impacto das tecnologias da comunicação e da informação na sua vida, nos processos de produção, no desenvolvimento do conhecimento e na vida social.

> [...] Aplicar as tecnologias da comunicação e da informação na escola, no trabalho e em outros contextos relevantes para a sua vida (PCNEM, 2000, pp. 11-13).

Vale notar que não há, nesses documentos, referência específica ao uso dos gêneros digitais, o que se explica pelo fato de os PCN terem sido publicados há onze anos, e os PCNEM há nove anos – nessa época, havia poucos estudos sobre gêneros digitais. Mas a importância dada ao uso das novas tecnologias no ensino justifica a inclusão do estudo dos gêneros digitais no contexto escolar.

Em segundo lugar, podemos nos valer do que apregoam as Diretrizes Curriculares Nacionais para os cursos de Letras (DCNL). O curso de Letras deve contribuir para o desenvolvimento das seguintes competências e habilidades, entre outras: 1) preparação profissional atualizada, de acordo com a dinâmica do mercado de trabalho; 2) percepção de diferentes contextos interculturais; 3) utilização dos recursos da informática. Quanto ao perfil do egresso, os formandos devem ser capazes de refletir teoricamente sobre a linguagem, de fazer uso de novas tecnologias e de compreender sua formação profissional como processo contínuo, autônomo e permanente.

Paiva (2004) destaca, entre os pontos centrais das diretrizes aprovadas pelo Conselho Nacional de Educação, o preparo para o uso de tecnologias da informação e da comunicação e de metodologias; e estratégias e materiais de apoio inovadores, com as escolas de formação garantindo, com qualidade e quantidade, recursos pedagógicos como biblioteca, laboratórios, videoteca, entre outros, além de recursos de tecnologias de informação e da comunicação.

Diante do que prescrevem esses documentos oficiais, pode-se imaginar que as matrizes curriculares dos cursos de Letras das Ifes, responsáveis pelo ensino público no país, estejam formando profissionais capazes de dominar, eficaz e criticamente, os gêneros textuais, os digitais em particular. Como nos sugere Snyder (2009, p. 33),

> [...] em tempos digitais em que textos que assumem posições extremas sobre as novas tecnologias representam um aspecto dominante do nosso panorama cultural, temos um conjunto de responsabilidades adicional. Precisamos nos assegurar que nossos alunos adquiram competência crítica para que compreendam o panorama de letramento contemporâneo e então possam participar efetivamente na vida após a escola e no trabalho como cidadãos informados e ativos. Proporcionar oportunidades cuidadosamente estruturadas para os alunos desenvolverem as

> habilidades de letramento e um forte senso de ceticismo instruído é mais importante do que nunca.

Ribeiro (2008, pp. 96-100) discute "a pertinência de se defender a escola como agência primeira de letramentos digitais", alegando que a escola parece não impedir nem promover a inserção ou o desenvolvimento de habilidades desse tipo de letramento para grande parte dos jovens e mesmo dos adultos, em especial os professores. Na perspectiva da autora, "os letramentos digitais são desenvolvidos contingencialmente, em práticas sociais inescapáveis, à revelia da escola, que parece ainda não ter conseguido se organizar para se tornar agência desse tipo de letramento". Ribeiro levanta algumas questões que merecem uma reflexão: "Aprender a utilizar uma conta de e-mail na escola é qualitativamente diferente de aprender a mesma coisa em outro espaço? Que outros 'gêneros emergentes' de comunicação (ou de texto mesmo) poderiam ser 'didatizados'?" Continuando seu raciocínio, a autora diz que "Xavier [...], citando vários pesquisadores, afirma que 'o uso do hipertexto e da internet na escola afetará o ensino, a aprendizagem e os programas de forma determinante". A autora reconhece que há razões para essa afirmativa, mas que "é preciso lembrar que afetar o ensino é bastante diverso de tornar-se objeto de ensino".

O que trago para essa discussão é exatamente a necessidade de a escola organizar-se a ponto de se tornar uma agência de letramento digital, principalmente do professor, tomando os gêneros digitais como objeto de ensino. Assim, corroboro as palavras de Buzato (2006, p. 9):

> [...] o que torna a formação do professor um desafio fantástico não é a ideia ingênua de que podemos/devemos recomeçar do zero, mas justamente a necessidade de integrar o novo com o que já temos/sabemos, a partir do que já temos/sabemos, transformando esse conjunto de práticas, habilidades e significados da mesma forma como novos letramentos transformam os seus precursores.

Reconhecendo que muitos docentes não têm, ainda, formação que lhes permita absorver a complexidade das TDIC, em virtude de sua implantação relativamente recente, o governo tem multiplicado oportunidades de atualização nessa área. As pesquisas têm mostrado, contudo, que a maioria dos professores ainda não é capaz de fazer uso pedagógico dessas tecnologias, e muitos resistem até em usá-las no seu dia a dia. Acredito que esse quadro pode ser revertido à medida que os jovens professores, oriundos de uma geração informatizada, já familiarizados com as especificidades das TDIC, forem assumindo as salas de aula. Para tanto, o currículo dos cursos de formação de professores tem que conter disciplinas que preparem os docentes para levarem seus alunos a usarem efetivamente as potencialidades dos recursos tecnológicos em suas aulas, a fim de buscar informações e produzir conhecimentos. Não basta, contudo, conhecer as especificidades do gênero, pois outro fator importante na formação do profissional é a aquisição de conhecimento sobre como estar preparado para: usar a informática com o aluno; observar suas dificuldades frente à máquina; e intervir e auxiliá-lo a superar suas dificuldades e diagnosticar seus potenciais e deficiências, a fim de promover os primeiros e superar as segundas. Por maior que seja o grau de letramento digital do aluno, um trabalho sistemático, seguido de uma análise crítica, é fundamental.

Análise dos dados

Das 53 Instituições de Ensino Superior, onze não oferecem curso de Letras. Das 42 instituições que ofertam esse curso, doze não apresentavam a grade curricular no portal do MEC no momento em que foi feita a coleta dos dados (dias 24 e 25 de maio de 2009). Assim sendo, o *corpus* analisado constituiu-se de trinta matrizes curriculares. Em treze delas constam, na graduação, disciplinas que têm como objeto de ensino os gêneros, mas sob diferentes enfoques. Infelizmente, nem todas apresentaram a ementa da disciplina.

A) estudo dos gêneros da perspectiva literária:

1. Universidade Federal de Pernambuco (UFPE).
   Disciplina: *Teoria dos gêneros literários.*
   Ementa: A evolução dos gêneros a partir da antiguidade clássica, o épico e o dramático, estudo dos gêneros narrativos.

2. Universidade Federal Tecnológica do Paraná (UFPR) – *campus* Pato Branco.
   Disciplina: *Laboratório de leitura e redação de textos literários.*
   Ementa: Leitura, produção e análise de diversos gêneros literários.

B) Estudo dos gêneros na perspectiva da linguística aplicada:

3. Universidade Federal de Uberaba (UFU): *Tipos e gêneros textuais.*

4. Universidade Federal do Pará (UFPA): *Oficina de didatização dos gêneros textuais.*

5. Universidade Federal de Pelotas (UFPE): *Análise do discurso e linguística textual.*

6. Universidade Federal Tecnológica do Paraná (UFPR) – *campus* Pato Branco.
   Disciplina: *Laboratório de leitura e redação de textos acadêmicos.*
   Ementa: Leitura, produção e análise de diversos gêneros acadêmicos.

7. Universidade Federal de Santa Maria.
   Disciplina: *Gênero e leitura.*
   Ementa: Ao término da disciplina o aluno deverá ser capaz de demonstrar domínio sobre a prática de leitura, revelando criticidade diante da relação entre linguagem e leitura do mundo e entre mecanismos da língua e a construção dos sentidos do texto.

C) Estudo teóricos e práticos dos gêneros:

8. Universidade Federal do Ceará.
   Disciplina: *Gêneros textuais e ensino.*
   Ementa: Tratamento de questões teórico-metodológicas relativas ao ensino de gêneros textuais na escola. Descrição do conteúdo: Objetivos do ensino dos gêneros textuais; concepções de gêneros textuais; processos cognitivos envolvidos na compreensão e produção dos gêneros textuais; aspectos pragmáticos dos gêneros textuais; estratégias pedagógicas para o trabalho com os gêneros textuais.
   (O nome da disciplina já revela a preocupação com a formação do discente. Embora não haja referência explícita ao estudo dos gêneros digitais, é possível que eles sejam contemplados, dado o propósito prático da disciplina.)

9. Universidade Federal de São Carlos (UFSCar).
   Disciplina 1: *Produção de textos I e II.*
   Ementa: Desenvolvimento de processos de escrita em função de interações socialmente relevantes, em gêneros textuais determinados, mobilizando recursos expressivos necessários para conseguir realizar a intenção co-

municativa. Gêneros textuais informativos e argumentativos. Discussão dos critérios envolvidos nos gêneros textuais particulares.
Disciplina 2: *Linguagem e oralidade.*
Ementa: A dimensão da linguagem oral e suas características. A dimensão da linguagem escrita e suas características. A escrita como notação e como linguagem. Diferenças e imbricações entre o oral e o escrito. Gêneros do discurso oral e do discurso escrito. Atividades de retextualização.
(Essas duas propostas privilegiam os gêneros textuais orais e impressos. A seguinte trata especificamente dos gêneros digitais.)
Disciplina 3: *Laboratório 8 – ênfase III – Texto e discurso.*
Ementa: as atividades laboratoriais objetivam a análise e produção de materiais do ponto de vista de sua constituição, formulação e circulação. Privilegiar-se-á a análise de coerções de gênero em diferentes tecnologias de comunicação.
(É interessante observar que, apesar de serem oferecidas três disciplinas sobre gênero na graduação, no curso de mestrado em Linguística, pelo nome das disciplinas ofertadas nesse semestre, não há estudos sobre esse assunto, ao contrário do que ocorre em várias instituições.)

D) Estudos teóricos e práticos dos gêneros na graduação e na pós-graduação:

10. Universidade Federal de Minas Gerais (UFMG). 1º semestre de 2009.
    Disciplina 1: *Tópicos em linguística aplicada: leitura na sala de aula.* Unidade III.
    Ementa: Ensino de leitura: A leitura na escola; o papel do professor em relação às práticas de leitura; gêneros textuais e ensino de leitura; avaliação em leitura.
    Disciplina 2: *Tecnologia para produção coletiva de textos (semipresencial).*
    Ementa: Produção textual em equipes: técnicas e tecnologias.
    Conteúdo programático (unidades e subunidades):
    i. Dinâmica de grupo: hierarquia *vs.* meritocracia.
    ii. O tema: como organizar a proposta inicial.
        a. Esquemas
        b. Resumo
    iii. Ferramentas.
        a. Editores de texto: vantagens e desvantagens da correção automática.
        b. Usando um gerenciador de projetos: WebCollab.
        c. Trabalhando no Wiki.

iv. Apresentação: texto multimidia na web.

v. Artigo a várias mãos: da teoria à prática.

Disciplina 3: *Linguística aplicada ao ensino: letramento digital.* 2º semestre de 2008

Ementa: Introdução ao letramento digital através do uso de ferramentas disponibilizadas pelo computador e pela internet no processo de ensino e aprendizagem de língua materna e línguas estrangeiras.

Conteúdo programático (unidades e subunidades):

i. Colaboração na rede: listas de discussão, fórum, chats

ii. Mecanismos de busca: estratégias de busca; busca de textos, sons e imagens.

iii. Produção de textos multimídia: processador de texto, hipertextos, inserção de imagens e sons, formatação, narrativas multimidiáticas.

iv. Publicação na rede: homepage, wikis, blogs.

v. Desenvolvimento de material: ferramentas de editor de textos, ferramentas de editor de apresentações, quebra-cabeças, webquests.

vi. Recursos da internet: dicionários e enciclopédias, *corpora* – concordanciadores, bots.

vii. Reflexões sobre a inserção do computador e da internet na sala de aula.

Vale lembrar que pode acontecer de haver oferta de uma disciplina em um semestre e não no seguinte, como é o caso dessa disciplina dada no semestre anterior, mas que não consta da grade do 1º semestre de 2009, o que significa que nem todos dos alunos terão, obrigatoriamente, que a frequentar.

Das disciplinas elencadas até o momento, apenas as duas últimas oferecidas pela UFMG e a disciplina Laboratório 8 – ênfase III – Texto e discurso, que consta da grade da UFSCar, parecem atender o perfil do profissional exigido pelo mercado de trabalho, pois o aluno é levado a discutir, manusear e implementar suas atividades profissionais com o auxílio das novas tecnologias. Abrem um espaço de reflexão e discussão sobre o avanço das tecnologias da informação, comunicação e imagem e seu impacto no cenário educacional.

Pelo conteúdo programático, elas possibilitam ao graduando a aquisição de conhecimento para usar a informática em suas atividades e com seus alunos, auxiliando-os a superar suas dificuldades, pois são essencialmente práticas. Antes de tudo, o aluno aprende a fazer.

A formação e a atuação de professores para o uso da informática em educação é um processo que inter-relaciona o domínio dos recursos tecnológicos com a ação pedagógica e com os conhecimentos teóricos necessários para refletir, compreender e transformar essa ação. Como exposto nesses três planos de curso, essas disciplinas contemplam tais exigências.

O ideal é que o graduando vivencie situações que usem a informática como recurso educacional, a fim de entender o que significa o aprendizado nesse meio, qual o seu papel educacional e qual metodologia é mais adequada ao seu estilo de trabalho. Somente com essa experiência o profissional terá condições de assumir uma nova postura como educador.

Vale notar que a preocupação com o estudo dos gêneros digitais e das interferências das novas tecnologias no processo de ensino e de aprendizagem que se observa na matriz curricular da UFMG está presente também na pós- graduação. Uma das três linhas de pesquisa de linguística aplicada denomina-se Linguagem e Tecnologia e contém cinco projetos:

- Práticas sociais da linguagem mediadas pela tecnologia.
- Da reflexão à prática: recursos de colaboração on-line no desenvolvimento da competência comunicativa do aluno no processo de compreensão e produção de textos escritos de diferentes gêneros textuais em diferentes contextos de ensino.
- Texto livre: suporte à documentação em software livre em aulas de oficina de texto.
- SetFon – algoritmo para produção e organização de semioetiquetas fonológicas.
- Tecnologia da informação e da comunicação na sala de aula de línguas.

E) Estudos teóricos e práticos sobre gêneros apenas na pós-graduação:

11. Universidade Federal de Juiz de Fora (UFJF).
    Linha de pesquisa: Linguística e ensino – 1) Letramento e alfabetização; 2) Letramento digital; 3) Teorias de gênero.
    Pelo nome das linhas de pesquisa, percebe-se a preocupação da instituição com os estudos sobre desenvolvimento e inclusão das novas tecnologias.

12. Universidade Federal Grandes Dourados (UFGD). Mestrado em Letras.
    Linha de pesquisa: Gêneros textuais e suas implicações para leitura crítica.
    Pesquisas contemporâneas sobre produção textual que utilizam abordagens de gêneros textuais, com enfoque principalmente para os trabalhos de estudiosos da vertente norte-americana e australiana, a qual compreende

o gênero como ação social, inserido em sistemas de atividades de uma dada esfera da atuação humana e definido por propósitos comunicativos.

13. Universidade Federal de Santa Catarina (UFSC)
Linha de pesquisa: *Corpora* e gênero: análise e aplicações.
A linha de pesquisa diz respeito ao estudo de princípios linguístico-enunciativos presentes na organização do texto. O fio condutor é a premissa de abordar a língua como fenômeno dinâmico inseparável da interação social. A descrição desses princípios é realizada a partir de dados autênticos de uso da língua em situações reais. A metodologia utilizada nas análises abrange enfoques baseados tanto no tratamento estatístico de *corpora* de grande porte como investigações aprofundadas de fenômenos textuais de natureza social e cultural, com variados graus de hibridismo. Nessas abordagens, a linha acolhe projetos que investiguem questões tais como o contraste entre língua falada e língua escrita, análise de gêneros e uso de novas tecnologias. Os estudos realizados podem concentrar-se no aspecto analítico e/ou articular-se com os diferentes campos de atuação da linguística aplicada.
Os dados levantados até o momento revelam que há uma distância muito grande entre o que apregoam os documentos oficiais e o que é oferecido ao aluno no período de formação profissional. Mesmo nas instituições que oferecem EaD, as demais disciplinas do currículo do curso continuam sua trajetória metodológica na forma tradicional, sem condições para desenvolver, destacar ou implementar metodologias que possibilitem aos alunos vivenciar experiências que possam oferecer oportunidade de realização de uma docência mais rica sobre o uso do computador na educação.

Conclusão

Segundo o Anuário Brasileiro Estatístico de Educação Aberta e a Distância (Abraead) 2006, um em cada 86 brasileiros fez um curso a distancia. Em 2007, a taxa aumentou para um em cada 73 brasileiros. Essa eclosão da EaD faz surgir um impasse: muitos professores não tiveram a oportunidade de assimilar as TDIC, ou não foram preparados para usar a tecnologia como instrumento pedagógico, e se veem diante de um novo desafio: ser um professor virtual. Esses dados nos fazem pensar que os cursos de graduação não podem mais ignorar a importância e a relevância da informática como conteúdo e forma na prática docente e profissional.

A tecnologia pode ser de grande valia para a escola, mas, para que o profissional de Letras comece a mudar suas práticas, é preciso que, primeiramente, saiba utilizar essa ferramenta, para não ser também um excluído das práticas digitais (Buzato, 2007). Assim, não basta inclusão digital se não houver, a *priori*, educação digital.

Faço minhas as palavras do professor José Armando Valente, conhecido de todos aqueles que se preocupam com o uso inteligente do computador na sala de aula, integrante do Núcleo de Informática Aplicada à Educação (Nied) da Unicamp, que constam de um artigo publicado em 1993, mas ainda atuais. Segundo ele, fica cada vez mais claro que sem o professor devidamente capacitado o potencial, tanto do aluno como do computador, certamente será subutilizado. A verdade é que a informática em educação não se disseminará se não houver profissionais formados e capazes de explorar o potencial educacional do computador. Ainda segundo Valente, sem trabalhar em rede não se sobrevive hoje no mundo empresarial e da informação, e sem a presença do educador letrado digital, não será possível pensar em TDIC na educação.

Snyder (2009, p. 39) pergunta "como os professores do letramento, bem como os professores de maneira geral, têm respondido ao uso das tecnologias computacionais na educação". Sua resposta está na página 40: "Em geral os professores de letramentos de todos os níveis de escolarização têm usado as novas tecnologias para continuar fazendo o que eles têm sempre feito". Segundo a autora, o processo de ensino e de aprendizagem nas escolas australianas e brasileiras não tem se transformado, apesar do imenso investimento dos dois governos nos sistemas elétricos das escolas, "reduzindo a proporção de alunos por computador e assegurando que os documentos curriculares considerem as novas tecnologias em todos os níveis da educação" (p. 41).

Investindo na "tecnologização da educação", esses governos têm como objetivo formar escolas mais eficientes e produtivas, mais conectadas à vida real, e preparar os jovens para o emprego após a escola.

É interessante trazer para esta reflexão um trecho da entrevista concedida à revista Veja (edição 2115; 03.06.2009; pp. 102-103) por Lee Sing Kong, diretor do Instituto Nacional de Educação em Cingapura, país que partiu de um patamar semelhante ao africano em 1960 para figurar hoje entre os melhores do mundo em educação escolar.

Quanto à ciência da educação, diz ensinarem apenas técnicas pedagógicas cuja eficácia já tenha sido comprovada cientificamente. Essas pesquisas são desenvolvidas em dois laboratórios: em um deles o foco é desenvolver novas metodologias de ensino; no outro, testam-se essas ideias na prática. Trata-se de estudos longos e sistemáticos que envolvem diferentes grupos de alunos. Ao final do processo, é possível identificar o que dá certo para transmitir cada conhecimento. Munidos dessa pesquisa, passam a orientar os aspirantes a professor a fazer uso de recursos tecnológicos de modo produtivo. Por exemplo, os professores criam situações em que os alunos têm de pesquisar juntos, em rede, na internet. Para despertar a atenção dos estudantes hoje, é crucial entender que eles já nasceram num mundo conectado e pensam de maneira menos linear. São capazes de realizar diversas tarefas ao mesmo tempo e gostam mais de interagir do que de assistir passivamente a uma aula. Por isso exercícios práticos e atividades em laboratório tornaram-se um dos esteios da nossa educação.

Trata-se de atividades desenvolvidas no ambiente digital, numa perspectiva sociointeracionista. Considerando a primeira pergunta de Snyder, podemos dizer que, da forma proposta, as tecnologias computacionais trazem de novo a possibilidade de resolver situações práticas, juntamente com o professor e demais colegas, ou seja, num ambiente que propicia a interação imediata.

Quanto ao avanço qualitativo, as situações são criadas por professores que passaram por um processo de aprendizagem de como utilizar os recursos tecnológicos de modo produtivo, ou seja, que tiveram a oportunidade de dominar os gêneros digitais, para, em seguida, explorá-los pedagogicamente. É o que esperamos que aconteça com todos os graduandos de Letras em um futuro muito próximo.

Referências Bibliográficas

BAKHTIN, M. *Estética da criação verbal.* 2ª ed. São Paulo: Martins Fontes, 2003.

BRONCKART, J-P. *Atividades de linguagem, textos e discursos.* São Paulo: Educ, 2006.

BUZATO, Marcelo. *Letramentos digitais e formação de professores.* 2006, pp. 1-11. Disponível em: <http://www.educarede.org.br/educa/img_conteudo/MarceloBuzato.pdf>. Acesso em: 10 jul. 2007.

COSCARELLI, C. V. Alfabetização e letramento digital. In: COSCARELLI, C. V. & RIBEIRO, A. E.(orgs.). *Letramento digital: aspectos sociais e possibilidades pedagógicas.* Belo Horizonte: Ceale/Autêntica, 2005.

Diretrizes Curriculares Nacionais para os Cursos de Letras. Disponível em: <http://portal.mec.gov.br/cne/arquivos/pdf/CES0492.pdf>. Acesso em: 24 out. 2008.

MANOVICH, L. *La vanguardia como software*. 2002. Disponível em: <http://www.uoc.edu/artnodes/esp/art/manovich1002/manovich1002.html>. Acesso em: 8 set. 2009.

MARCUSCHI, L. A. Gêneros textuais emergentes no contexto da tecnologia digital. In: MARCUSCHI, L. A. & Xavier, A. C. *Hipertexto e gêneros digitais*. Rio de Janeiro: Lucerna, 2004.

______. Gêneros textuais: definição e funcionalidade. In: DIONÍSIO, A. P; MACHADO A. R. M. & BEZERRA, M. A. (orgs.). *Gêneros textuais e ensino*. 3ª ed. Rio de Janeiro: Lucerna, 2005.

MOTTA-ROTH, D.; REIS, S. C & MARSCHALL, D. O gênero página pessoal e o ensino de produção textual em inglês. In: ARAÚJO J. C. (org.). *Internet & ensino*. Rio de Janeiro: Lucerna, 2004, pp. 126-141.

PAIVA, V. L. M. O. Avaliação dos cursos de Letras e a formação do professor. *Revista do Gelne*, João Pessoa, v. 5, n. 1 e 2, pp. 193-200, 2004.

BRASIL, Ministério da Educação. *Parâmetros Curriculares Nacionais para o Ensino Fundamental (PCN)*. Brasília: Ministério da Educação e do Desporto, Conselho Nacional de Educação, 1998.

______. *Parâmetros Curriculares Nacionais para o Ensino Médio: linguagens, códigos e suas tecnologias (PCNEM)*. Brasília, Ministério da Educação e do Desporto, Conselho Nacional de Educação, 2000.

RIBEIRO, A. E. *Navegar lendo, ler navegando: aspectos do letramento digital e da leitura de jornais*. Belo Horizonte: Faculdade de Letras, UFMG, 2008 (tese de doutorado).

______. Notas sobre as razões pelas quais a escola parece coadjuvante entre as agências de letramento digital. *Fonte*, Belo Horizonte, ano 5, n. 8, pp. 96-100, dez. 2008.

SNYDER, I. *The literacy wars*. Austrália: Allen & Undwin, 2008.

______. Ame-os ou deixe-os: navegando no panorama de letramentos em tempos digitais. In: ARAÚJO, J. C. & DIEB, M. (orgs.). *Letramentos na web. Gêneros, interação e ensino*. Fortaleza: Edições UFC, 2009, pp. 23-46.

VALENTE, J. *A formação de profissionais na área de informática em educação*. S. d. Disponível em: <http://nied.unicamp.br/publicacoes/separatas/Sep7.pdf>. Acesso em: out. 2008.

XAVIER, A. C. S. *Letramento digital e ensino*. S. d. Disponível em: <www.ufpe.br/nehte>. Acesso em: jan. 2007.

14. Ler e escrever no Orkut: práticas discursivas dos alunos na visão dos professores

Benedito Gomes Bezerra (UPE)

Considerações iniciais

A pesquisa sobre as práticas discursivas mediadas por computador, em especial aquelas desenvolvidas via internet, tem movimentado o cenário acadêmico brasileiro e gerado diversos trabalhos em diferentes áreas disciplinares. Na linguística, especificamente, muito tem sido discutido e publicado a partir de variadas perspectivas teórico-metodológicas.

Nesse sentido, é possível afirmar que Marcuschi e Xavier (2004) foi e continua sendo uma das obras mais influentes em divulgar conceitos largamente utilizados na pesquisa de gêneros digitais (ou virtuais, ou hipertextuais), do hipertexto e das práticas de leitura e escrita relacionadas com o ambiente digital. Nessa mesma direção, enfocando ora a leitura e escrita em hipertexto, ora a investigação em gêneros específicos como o chat, os blogs ou os gêneros relacionados com o Orkut, diversas outras publicações têm vindo à luz. Algumas destas estão consignadas em obras coletivas como Araújo e Biasi-Rodrigues (2005) e Araújo (2007). Caberia mencionar, ainda, para uma discussão ampla e específica do hipertexto, a monografia de Xavier (2009). Deixo de me referir aqui ao expressivo número de dissertações de mestrado e teses de doutorado concluídas e em andamento em diversos programas de pós-graduação pelo Brasil afora.

Apesar dos esclarecimentos trazidos pela pesquisa, percebe-se um grande descompasso entre o discurso acadêmico e o discurso do senso comum, este reforçado muitas vezes por olhares prescritivistas sobre as práticas discursivas, no tocante à natureza da interação que se dá no ambiente da internet. O discurso que alcança e impressiona o senso comum é o discurso alarmista que chama a atenção para o pretenso dano que certos usos da linguagem na internet acarretariam sobre a escrita de adolescentes e jovens em contextos formais. O discurso acadêmico, mesmo com todas as pesquisas realizadas, não consegue alterar essa realidade, alimentada, aliás, até por muitos professores de língua portuguesa.

O referido discurso alarmista, visibilizado pelas diferentes formas de mídia, gerou um termo específico para designar as práticas de linguagem em voga em chats, blogs e fóruns de discussão[1], entre outros: o *internetês.*

Neste artigo, enfoco um dos produtos mais estigmatizados dentre os ambientes de interação verbal propiciados pela internet: o site de relacionamentos Orkut. O trabalho se orienta por uma constatação e uma pergunta óbvias. A constatação: não é possível utilizar o Orkut (como, em última instância, a internet) sem ler e escrever. Marcuschi (2004; 2007) aponta que, a despeito dos recursos hipermidiáticos e multissemióticos, a internet se configura antes de tudo como espaço privilegiado para práticas de escrita e leitura. A pergunta: se os alunos, ao usarem o Orkut, escrevem e leem na maior parte do tempo, a escola está certa em manter uma postura de desprezo, ignorância ou condenação diante dessas práticas? Indagando mais especificamente: o professor de língua portuguesa não tem nada a dizer sobre o assunto?

Em vista disso, meu objetivo é discutir a percepção de professores de língua portuguesa sobre as práticas de leitura e escrita desenvolvidas por seus alunos no ambiente digital, particularmente no Orkut. Interessa-me em especial a possibilidade de relacionar produtivamente essas práticas de leitura e escrita extraescolares com os hábitos de leitura e escrita que a escola tanto deseja incentivar.

Para chegar a esse objetivo, seguirei o seguinte percurso: primeiro, farei uma breve indicação de meu referencial teórico; em seguida, tecerei considerações mais específicas sobre a leitura e a escrita no âmbito do Orkut; a terceira parte do trabalho apresentará os dados referentes à visão dos professores sobre a leitura e a escrita dos alunos nesse site; o trabalho será finalizado com algumas considerações gerais a partir de toda a discussão.

Situando teoricamente a pesquisa

Para os fins da presente discussão, considero, à luz da linguística textual, leitura e escrita como práticas sociointeracionais em que necessariamente entra em cena, para a produção de sentidos, a tríade autor, texto e leitor, não havendo sentido pronto a não ser nessa inter-relação (cf. Marcuschi, 2008; Koch e Elias, 2006; 2009). Leitura

---

1 É certo que há variedades de chats, bem como de blogs e fóruns, destinados a públicos diferenciados e dotados de diferentes propósitos comunicativos, e nem todos utilizam o internetês, ou não o utilizam com a mesma intensidade. Sobre a diversidade de gêneros chat, por exemplo, ver Araújo (2004). Para as variedades de "gêneros emergentes" no contexto digital, consultar Marcuschi (2004).

e escrita, como práticas sociais desenvolvidas em variados contextos de interação, claramente não se limitam aos modelos e preceitos da instituição escolar, nem se dão em uma única variedade de uso da língua portuguesa. No caso da interação pela internet, nem mesmo se pautam necessariamente pela convenção oficial da escrita.

Coerentemente com essa visão, Marcuschi (2004, p. 17) se perguntava se a escola poderia continuar ignorando, ou não considerando como possível objeto de ensino, a produção dos diversos gêneros digitais, e seguir ocupando-se na melhor das hipóteses com a produção de cartas e bilhetes – em nome, diria eu, de um ensino baseado na "diversidade de gêneros textuais" tomada apenas como chavão ou modismo.

Em breve, mas provocativo artigo, Araújo (2006) indaga, tentando representar a voz dos professores em geral: "O que meu aluno faz nesse tal de Orkut?" O autor oferece uma resposta bastante direta: "o que o seu aluno faz no Orkut é ler e escrever muito" (p. 31). A meu ver, "impõe-se [para a escola] a necessidade de reflexão a respeito do fascínio que esses recursos comunicativos e interacionais [do Orkut] exercem sobre os jovens", uma vez que os estudantes, que de acordo com o senso comum não gostam nem têm o hábito de ler e de escrever, "de fato escrevem e leem bastante quando se trata dos gêneros do Orkut" (Bezerra, 2009, p. 116).

Do ponto de vista das práticas discursivas a que fornece suporte, o Orkut tem sido objeto de pesquisa sob diversos enfoques. É frequentemente descrito como "software social"[2], conceito que ressalta o aspecto coletivo e colaborativo das práticas de escrita ali desenvolvidas. Conforme Primo e Brambilla, o conceito pode ser aplicado a "blogs, listas de discussão, fóruns, *instant messengers*, [e] os chamados sites de relacionamento – Orkut, Friendster, LinkedIn etc. – chats, programas de e-mail e outros dispositivos de interação síncrona ou assíncrona" (2005, p. 400). Quando se considera, pois, o Orkut como um software social, o que se destaca é possibilidade de encetar "uma gama maior de recursos de mediação de interações" (Primo e Brambilla, 2005, p. 400) quando comparado a ferramentas anteriores de trabalho coletivo denominadas *groupware*.

A pesquisa de gêneros tem enxergado no Orkut um ambiente propício à realização de uma considerável variedade de artefatos textuais. Conforme indiquei em trabalho anterior (Bezerra, 2009), aí se realiza um leque de gêneros que ultrapassa em muito a sugestão apresentada pelos rótulos "oficiais" do site. Por trás de denominações como recados, depoimentos e posts em fóruns de comunidades, encontram-se gêneros como correntes, cartões de aniversário, chats, anúncio de eventos, clipes musicais e outros.

2 A Wikipédia informa que o termo foi popularizado pelo jornalista e pesquisador norte-americano Clay Shirky, cujo interesse central são as novas formas de interação possibilitadas pela tecnologia da informação (Shirky, 2008).

Particularmente relevante, nesse aspecto, é a percepção de como no Orkut se realiza o que Bhatia (2004) chama de colônia de gêneros, dada a íntima relação, do ponto de vista sociorretórico (Swales, 1990), entre os gêneros que se apresentam no site, "colonizados" predominantemente pelo gênero recado (scraps), como demonstrado por Bezerra (2009)[3]. Por esse caminho, diversos gêneros apresentam uma tendência a incorporar movimentos retóricos característicos do recado. É o que acontece com depoimentos e comentários de fotos (Peixoto e Lêdo, 2009), entre outros.

Por uma perspectiva diferente, Bisognin (2009) empreende uma análise quantitativa do emprego do internetês em *corpora* de depoimentos e recados do Orkut, comparados com *corpora* de escrita formal, incluindo a escrita escolar. Entre os resultados, constata o pesquisador: "Surpreendentemente, foram poucos os itens do vocabulário típico do internetês presentes nas redações escolares do nosso *corpus* [...]. O que vimos é que a influência do internetês é quase zero no nosso *corpus* de redações" (pp. 144-145). Parece claro que esse tipo de constatação deveria acarretar um outro olhar da escola e da sociedade sobre a escrita (e a leitura) na internet.

Nessa breve amostra dos muitos trabalhos que se debruçam sobre o Orkut e sobre as práticas discursivas que acontecem em torno dele, ainda é possível destacar a pesquisa de Cláudia Martins, que empreende uma análise sociorretórica dos recados do site, os quais rotula como "bilhetes digitais" (Martins, 2007), identificando neles uma estrutura composicional que consiste em quatro movimentos retóricos.

Os estudos que tomam como objeto o Orkut, sob variadas perspectivas, vêm crescendo aceleradamente, até considerando-se a popularidade do site no Brasil, quando comparado aos similares, tais como o Facebook nos Estados Unidos, por exemplo. Nesta seção, quis comentar apenas alguns estudos, selecionados muito mais por sua pertinência em relação ao presente trabalho.

Leitura e escrita no Orkut: considerações

A leitura praticada por adolescentes e jovens no Orkut não tem chamado tanto a atenção, quer dos pesquisadores, quer dos curiosos e normativistas de plantão, quando contraposta à escrita no mesmo ambiente. Se a escrita é altamente estigmatizada e desaconselhada, e seus usuários considerados pessoas de baixo QI, a leitura parece ser completamente ignorada, encoberta por um manto de invisibilidade à moda de Harry Potter.

3 Para mais detalhes sobre o fenômeno da "colonização" entre os gêneros, ver também Bezerra (2006).

Entretanto, o estudante, ao navegar com naturalidade pelas páginas virtuais do Orkut, manifesta, do ponto de vista dos múltiplos letramentos necessários para a vida na sociedade da informação, mais destreza do que os seus professores poderiam demonstrar em ambiente similar, até porque estes eventualmente alimentam uma irrefreável rejeição às práticas discursivas digitais.

A leitura em ambiente hipertextual implica a formação de um novo leitor, o que já seria motivo suficiente para que a escola volte sua atenção para essa prática. Para Santaella (1998), há três tipos diferentes de leitor: o leitor contemplativo, meditativo, associado à era do livro; o leitor fragmentado, movente, relacionado com o advento do jornal e com leituras breves e fugazes; e um novo tipo de leitor, o leitor virtual, característico de uma época em que as máquinas transformam variadas espécies de semiose em uma linguagem integrada, que a autora chama de "esperanto das máquinas".

Esse novo tipo de leitor, "revolucionariamente distinto dos anteriores", não é mais "um leitor que tropeça, esbarra em signos físicos [...], mas um leitor que navega numa tela, programando leituras, num universo de signos evanescentes, mas eternamente disponíveis, contanto que não se perca a rota que leva a eles" (Santaella, 1998, p. 1). Esse leitor pode estar bem diante do professor, frequentando suas aulas, mas é duvidoso que profissionais do ensino e instituições escolares tenham olhos para ver isso, pois as amarras da tradição normativa impedem de valorizar indistintamente todas as formas de uso da linguagem.

O mundo em que os internautas e usuários do Orkut vivem é, segundo a autora, o mundo de um leitor que não se limita a seguir o texto em sua linearidade, "virando páginas, manuseando volumes, percorrendo com seus passos a biblioteca, mas um leitor em estado de prontidão, conectando-se entre nós e nexos, num roteiro multilinear, multissequencial e labiríntico que ele próprio ajudou a construir" (Santaella, 1998, p. 1).

O aluno, ao utilizar o Orkut como espaço de leitura, inscreve-se nesse universo complexo e multifacetado, mas o faz com a naturalidade de quem aprende a andar de bicicleta e jamais esquece. Para isso, emprega estratégias de leitura cognitivamente complexas, que contraditoriamente são ignoradas pela escola, e consequentemente pelos professores.

No que diz respeito à escrita, Bisognin (2009) lembra o fato de que até os mais raivosos adversários do chamado internetês admitem que "nunca as pessoas escreveram tanto" (Silva, 2005), ainda que achem que os jovens estão pondo "o carro na frente dos bois", ao criarem uma "língua deles" sem antes dominar a "língua escrita". Na excêntrica teoria linguística de Silva (2005), portanto, a "língua escrita" (a norma padrão?) e a "língua deles" são dois idiomas distintos. Subjacente a esse juízo está uma confusão recorrente entre a língua e suas formas de representação escrita. A língua portuguesa é sem mais confundida com sua própria escrita oficial. Uma vez que o internetês, vale dizer, o padrão de escrita usado no Orkut, apresenta-se como um sistema ortográfico divergente da norma oficial, logo seus usuários são tidos como praticantes de algo que não é língua. Ou ainda, como usuários de outra língua, uma língua inferior, inaceitável e estranha.

Embora constate, em sua pesquisa, que a influência do internetês é "quase zero" em redações escolares, Bisognin (2009) acredita que "se um estudante, porém, raramente é solicitado a escrever textos em aula, escrevendo muito mais na internet, on-line, do que na escola, seus hábitos de escrita fatalmente aparecerão no que escrever para os seus professores, seja em que matéria for" (p. 144). O autor não informa em que baseia essa assertiva, uma vez que seus dados indicam o contrário. Analisando seu próprio *corpus*, Bisognin afirma, um tanto contraditoriamente: "Acreditamos que, também por serem escritas por alunos que semanalmente produzem textos, as redações do nosso *corpus* não exibem itens do vocabulário típico do internetês" (p. 145).

Seguindo esse raciocínio, o autor conclui que a escrita do Orkut não vai "assassinar" a língua e que "ninguém precisa ter medo dele" (Bisognin, 2009, p. 146). O internetês seria "apenas mais uma faceta da versatilidade da língua", com a particularidade de reunir aspectos da fala e da escrita convencional numa forma de expressão da língua que tem de diferente o fato de grafar 20% do seu léxico em desacordo com a norma ortográfica oficial.

Embora questionável e eventualmente fragilizado pelo emprego de um embasamento teórico limitado por uma perspectiva estruturalista, bem como pela forma de aplicação de aportes da sociolinguística, o trabalho de Bisognin tem o mérito de apresentar algumas constatações úteis para uma visão não preconceituosa do uso que os alunos fazem do Orkut. Entre estas, destacam-se, conforme referido anteriormente, as seguintes: (1) o internetês usado no Orkut diverge da grafia oficial em apenas 20% do seu léxico; (2) a influência do internetês sobre a escrita escolar é mínima, bem menor do que as pessoas pensam.

Leitura e escrita no Orkut: percepção dos professores

O universo desta pesquisa foi constituído por 36 professores de língua portuguesa, alunos de um curso de especialização em ensino da língua no ano de 2009, no interior do estado de Pernambuco, a quem foi aplicado um questionário contendo dez questões que inquiriam tanto sobre a experiência pessoal dos professores com a internet, incluindo o Orkut, MSN Messenger e outros, como sobre sua visão a respeito da experiência e práticas dos alunos. O perfil dos professores é diversificado quanto a faixa etária e tempo de graduação em Letras, por exemplo, porém essas variáveis não foram levadas em conta na pesquisa, visto tratar-se de um trabalho exploratório, inicial. Pode-se apenas informar que muitos são professores jovens e uma boa parte é recém-formada, embora alguns sejam mais veteranos e já tenham deixado a faculdade há um certo tempo. Os dados discutidos a seguir estarão divididos entre informações dos professores sobre si mesmos e informações dos professores sobre seus alunos.

Os professores no mundo digital

Os dados revelam que nove dentre os 36 professores pesquisados não possuem computador pessoal ou laptop, o que equivale a 25% da amostra. Isso, porém, não implica que não estejam familiarizados com o computador, e consequentemente com a internet. Respondendo a uma questão em que era possível marcar mais de uma opção, oito desses professores declararam ter contato com o computador através de parentes, amigos, escolas ou *lan houses*. Apenas um informou não ter contato algum com computador.

Entretanto, fundamental para que os professores possam adotar um posicionamento bem fundamentado sobre a relação de seus alunos com o mundo digital é a própria relação dos mestres com a internet e seus produtos mais interativos. Nesse sentido, 75% dos pesquisados avaliaram sua experiência com a internet como regular ou intensa, o que equivale, nos parâmetros adotados pela pesquisa, a uma frequência de acesso que varia de no mínimo três vezes por semana (50% do universo da pesquisa) até acessos diários (25%).

Entre os que acessam a internet todos os dias, curiosa foi a ressalva espontaneamente feita por um deles: "acesso todos os dias, mas só o necessário". A observação denota a opinião comum de que muito tempo na internet pode significar desperdício de tempo que podia ser usado em atividades mais produtivas. O professor parece desejar se prevenir de tal avaliação.

Indagados se possuem conta de e-mail, oito professores (22,22%) informaram não possuir. Dos 28 restantes, 21 possuem pelo menos um endereço de e-mail, o que corresponde a um percentual de 58,33%. Um professor declara possuir e usar regularmente duas contas de e-mail, e outros seis dizem que possuem mais de duas contas de e-mail. O índice de professores que usam correio eletrônico, perfazendo o total de 77,77%, é bastante significativo se levarmos em conta indicadores nacionais, segundo os quais 59,6% dos professores brasileiros *não usam* e-mail[4].

---

4 Dados a esse respeito estão divulgados no site Educadores, ligado ao portal UOL (<http://www2.uol.com.br/aprendiz/guiadeempregos/educadores/noticias/ge020804.htm#1>), acessado em 26 out. 2009. Ainda conforme esses dados, a maioria dos professores brasileiros não navega na internet (58,4%) nem se diverte com seu computador (53,9%).

No que diz respeito às preferências de navegação, diante de uma questão que oferecia as opções sites educativos, sites de notícias, sites de variedades, sites de relacionamento e outros, a opção mais indicada pelos professores foram os sites educativos (32 indicações num universo de setenta), com um percentual de 45,71%. Em seguida vieram os sites de variedades, com dezoito indicações, equivalentes a 25,71%, e os sites de notícias, com quatorze indicações, que correspondem a 20% do total.

Nesse quesito, os sites de relacionamento obtiveram quatro indicações, correspondendo a apenas 5,71% do total. O fato aponta para a compreensível dificuldade que os professores poderão ter em aceitar a preferência de seus alunos exatamente por esse tipo de site.

Surpreendentemente, porém, 50% declaram ter "familiaridade normal" ou "muita familiaridade" com o Orkut. Se as respostas dadas são coerentes, então esses professores conscientemente utilizam o Orkut, embora não o tenham como um de seus sites preferidos.

Ainda a propósito de familiaridade com os produtos mais interativos da Internet, vinte professores (55,55%) informaram ter "muita familiaridade" ou "familiaridade normal" com o MSN Messenger, contra sete (19,44%) que declaram não ter nenhuma familiaridade. Com relação aos blogs, os professores que têm "pouca" ou "nenhuma familiaridade" chegam a 24 (66,66%). O Twitter, por sua vez, figura entre os mais desconhecidos atrativos da internet para os pesquisados: 33 mestres declaram ter "pouca" ou "nenhuma familiaridade" com o site. De fato, apenas uma pessoa declara ter "muita familiaridade" com o Twitter. Nenhuma informa ter "familiaridade normal" com o produto. Note-se que os professores são potencialmente desconhecedores daquilo que os seus alunos conhecem e dominam bem.

Como os professores veem seus alunos no mundo digital

Qual é, segundo os professores, o nível de envolvimento dos seus alunos com o Orkut e outras ferramentas de interação síncrona e assíncrona na internet? E, muito importante para esta pesquisa, qual é a sua visão acerca desse envolvimento? Eles se limitam a reproduzir as vozes alarmistas dos "comandos paragramaticais" (Bagno, 2000) ou percebem alguma possibilidade de valoração positiva das práticas discursivas dos alunos no ambiente digital, podendo, consequentemente, visualizar caminhos de inter-relação entre letramentos escolares e extraescolares? Foi com essas questões em mente que solicitei aos professores a resposta a algumas questões, cujos resultados exponho a seguir.

Primeiramente, vejamos o que declaram sobre a familiaridade dos alunos com algumas ferramentas de interação on-line. A Tabela 14.1 resume a visão dos professores sobre o contato dos seus alunos com Orkut, MSN Messenger, blogs, Twitter e outros:

Tópico predominante	Nenhuma familiaridade	Pouca familiaridade	Familiaridade normal	Muita familiaridade
a. Orkut	0%	16,66%	22,22%	52,77%
b. MSN Messenger	5,55%	13,88%	27,77%	44,44%
c. Blogs	30,55%	11,11%	19,44%	19,44%
d. Twitter	36,11%	11,11%	19,44%	13,88%
e. Outros	0%	0%	0%	5,55%

Tabela 14.1 – Grau de familiaridade dos alunos segundo os professores.

De acordo com a percepção dos professores, portanto, o conjunto dos alunos em sua totalidade mantém algum nível de familiaridade com o Orkut, o primeiro item avaliado. Os campos que indicam "muita familiaridade" e "familiaridade normal", somados, correspondem ao pensamento de um total de 75% do universo dos professores. Comparando-se esse dado com a visão dos professores sobre si mesmos, constata-se que estes admitem ter menos familiaridade com o Orkut do que os seus alunos (somatório de 50% nesses mesmos itens). No entanto, embora esse aspecto não tenha sido enfocado na pesquisa, é bastante provável que não considerem essa maior familiaridade dos alunos como uma vantagem.

Verificamos ainda que os professores veem seus alunos como pessoas bastante familiarizadas com o chat via MSN Messenger. Para 72,22% dos professores, os alunos têm uma familiaridade "normal" ou superior com essa forma de interação síncrona. O grau de familiaridade dos professores nesse mesmo nível é relativamente menor, chegando a 55,55% do universo pesquisado.

Quanto a blogs e Twitter, o próprio desconhecimento dos professores sobre a natureza dessas ferramentas talvez os leve a acreditar que os alunos têm pouco contato com elas. De toda forma, veem-se ainda mais distantes delas do que os estudantes.

Entretanto, comparando-se os blogs e o Twitter com Orkut e MSN, é razoável conceder que de fato os alunos não guardam com os primeiros a mesma intimidade que têm com os últimos. No caso dos blogs, por se tratar de uma ferramenta mais sofisticada, de interação provavelmente menos imediata e mais custosa de se manter, implicando a constante produção de textos menos espontâneos do que recados, depoimentos e bate-papos, por exemplo. E, no caso do Twitter, uma ferramenta ainda em processo de popularização na internet brasileira, talvez ainda um pouco fora da realidade para muitos usuários.

Implicações do uso do Orkut para a formação dos alunos

Indagados sobre as implicações do tempo que os alunos presumivelmente passam na internet, particularmente utilizando o Orkut, pouco mais do que 58% dos professores, surpreendentemente, declaram que se trata de "uma oportunidade para a escola", que seria a possibilidade de usar essa preferência dos alunos para fins pedagógicos. Alguns (16%), entretanto, acreditam que se trata de "um problema sério", pois os alunos, passando tanto tempo na internet, se desligam completamente dos estudos. Para esses professores, não há como relacionar o tempo na internet (leia-se, no Orkut) com o tempo de estudos. Registre-se ainda que, para cerca de 14% da amostra, o que os alunos fazem quando não estão na escola é irrelevante, pois "não interfere no rendimento", e eles "podem usar seu tempo fora da escola como quiserem".

Respondendo a uma questão específica a respeito das práticas de leitura e escrita dos alunos no Orkut, a opinião dos professores se divide da seguinte forma:

Práticas de leitura e escrita no Orkut	%
1. São prejudiciais, pois eles aprendem a escrever tudo errado.	27,77
2. São uma boa oportunidade para incentivar os alunos a ler e escrever cada vez mais.	38,88
3. Não fazem nenhum mal, pois eles sabem usar a escrita adequada de acordo com a situação.	13,88
4. Servem apenas para a diversão deles.	22,22

Tabela 14.2 – Leitura e escrita dos alunos no Orkut segundo os professores.

No primeiro caso, os professores apenas reproduzem a impressão do senso comum, numa perspectiva prescritivista, para quem o uso do internetês corresponde a um uso completamente "errado" da língua. A última linha manifesta a opinião segundo a qual a escrita e leitura no Orkut é irrelevante para o processo de letramento (escolar e extraescolar) do aluno, uma vez que serve apenas para sua diversão. Somando-se os que veem a leitura e a escrita no Orkut como "prejudiciais" com aqueles mais condescendentes, para quem o uso do internetês serve apenas para "diversão", temos um percentual de 50% dos professores.

A outra metade se divide entre os que não se preocupam com a leitura e a escrita dos alunos no Orkut por acreditarem em sua capacidade de adequação às diversas situações de interação e os que vão além, defendendo que as práticas discursivas no Orkut devem ser encaradas como "uma boa oportunidade" de incentivar a escrever e ler cada vez mais. Essa foi, isoladamente, a opinião mais frequente entre os professores, alcançando um percentual próximo dos 40% de todos os sujeitos da pesquisa.

Por último, apesar da divisão das opiniões no item acima, mais de 83% dos professores veem pelo menos alguma possibilidade de exploração pedagógica da leitura e escrita dos alunos no Orkut, sendo as opiniões divididas em graus que consistiam em "pouca" (25%), "razoável" (36%) e "excelente" (22%) possibilidade.

Considerações finais

A leitura e a escrita são tratadas de forma diferenciada pela escola. A primeira ou é reduzida a exercícios de decodificação oral ou é limitada, no que diz respeito ao conteúdo, preferencialmente a obras literárias. Segundo afirmação de Antunes (2007), pais de alunos e gestores da escola muitas vezes consideram atividades de leitura promovidas pelo professor, se realizadas no decorrer das aulas, como "perda de tempo" ou "enrolação". A leitura atenta, que requer tempo, seja para fruição, seja para estudo, parece não ter espaço em sala de aula. Espera-se que o aluno leia como parte de suas atividades individuais fora da escola. E diz-se que os alunos "não gostam de ler".

É evidente, entretanto, que os alunos gostam de ler, mas a escola não gosta do que eles leem. Uma vez que suas práticas preferenciais de leitura são demonizadas e eventualmente exorcizadas pela escola, é provável que nem mesmo os próprios alunos saibam que gostam de ler, ainda que não se trate do que a escola e até os pais esperariam. O desprezo pelo que os estudantes leem livremente, sem imposição escolar, conduz, neste caso, a uma espécie de invisibilização de suas práticas nesse campo.

Ao contrário do que acontece com a escrita, não se ouvem vozes alarmadas com a leitura dos alunos na internet, em relação ao uso que fazem da língua. No tópico leitura, as preocupações de pais e mestres serão direcionadas para os conteúdos do ponto de vista moral ou ético, por exemplo. No que diz respeito estritamente ao ensino de língua, os professores se preocupam com a escrita na internet, mas não com a leitura em si. A escrita é visível em todos os aspectos, neste caso; a leitura, não.

No que diz respeito especificamente à escrita, embora a pesquisa científica continuamente evidencie a pouca interferência do internetês sobre a escrita formal, persiste no imaginário dos professores uma expressiva preocupação com os "danos" que o uso da internet pode causar na formação de escritores "críticos e competentes", como diz o jargão das "capacitações pedagógicas".

A propósito de jargão, e retornando um pouco à leitura, diz-se frequentemente que esta deve ser uma "atividade prazerosa". No entanto, desencorajam-se no aluno exatamente as leituras nas quais eles mais têm prazer.

Os dados apresentados por este estudo apontam ainda para uma série de dificuldades dos professores em se inserir no mundo em que os seus alunos vivem, o mundo das novas tecnologias de informação e comunicação. São, por vezes, professores que mal podem lidar com um computador na qualidade de usuários básicos, diante de alunos que mantêm contato com a tecnologia desde a infância. Para isso, o aluno não precisa possuir um computador, pois estes estão disponíveis para uso a preço bastante acessível nas *lan houses* disseminadas. Nesse sentido, a exclusão digital praticamente não existe mesmo em cidades pequenas do interior do Nordeste brasileiro.

Contudo, por se tratar, neste estudo, de profissionais em boa parte ainda jovens e recém-formados em Letras, nota-se igualmente uma promissora abertura para lidar de uma forma não preconceituosa com os usos que seus alunos fazem da internet e, no nosso caso, do Orkut. É de se supor e esperar que escola e professores a cada dia se mostrem mais preparados para lidar com as práticas discursivas dos estudantes onde quer que estas se manifestem. E a continuidade das pesquisas sobre a linguagem desejavelmente terá um papel a desempenhar nesse processo.

Referências Bibliográficas

ANTUNES, Irandé. *Muito além da gramática: por um ensino de línguas sem pedras no caminho*. São Paulo: Parábola Editorial, 2007.

ARAÚJO, J. C. (org.). *Internet e ensino: novos horizontes*. Rio de Janeiro: Lucerna, 2007.

ARAÚJO, J. C. A organização constelar do gênero *chat*. *Anais da XX Jornada - Gelne, João Pessoa*, pp. 1279-1292, 2004.

______. O que meu aluno faz nesse tal de Orkut? *Vida Educação*, Fortaleza, v. 3. n. 9, pp. 29-32, 2006. Disponível em: <http://www.julioaraujo.com>. Acesso em: 26 out. 2009.

ARAÚJO, J. C. & BIASI-RODRIGUES, B. (orgs.). *Interação na Internet: novas formas de usar a linguagem*. Rio de Janeiro: Lucerna, 2005.

BAGNO, Marcos. *Dramática da língua portuguesa: tradição gramatical, mídia e exclusão social*. São Paulo: Loyola, 2000.

BEZERRA, B. G. *Gêneros introdutórios em livros acadêmicos*. Recife: Universidade Federal de Pernambuco, 2006 (tese de doutorado).

______. Gêneros textuais em suporte digital: os gêneros do Orkut. In: BEZERRA, Benedito G. & MEDEIROS, Mário (orgs.). *Educação, linguagem e ciência: práticas de pesquisa*. Recife: Edupe, 2009, pp. 115-130.

BHATIA, Vijay K. *Worlds of written discourse: a genre-based view*. London: Continuum, 2004.

BISOGNIN, Tadeu R. *Sem medo do internetês*. Porto Alegre: Age, 2009.

KOCH, I. G. V. & ELIAS, Vanda Maria. *Ler e compreender: os sentidos do texto*. São Paulo: Contexto, 2006.

_____. *Ler e escrever: estratégias de produção textual*. São Paulo: Contexto, 2009.

MARCUSCHI, L. A. Gêneros textuais emergentes no contexto da tecnologia digital. In: MARCUSCHI, L. A. & XAVIER, A. C. (orgs.). *Hipertexto e gêneros digitais: novas formas de construção do sentido*. Rio de Janeiro: Lucerna, 2004.

______. *Cognição, linguagem e práticas interacionais*. Rio de Janeiro: Lucerna, 2007.

_____. *Produção textual, análise de gêneros e compreensão*. São Paulo: Parábola Editorial, 2008.

MARCUSCHI, L. A. & XAVIER, A. C. (orgs.). *Hipertexto e gêneros digitais: novas formas de construção do sentido*. Rio de Janeiro: Lucerna, 2004.

MARTINS, Claudia C. L. *Gêneros textuais e a escrita no Orkut: reconfiguração do gênero bilhete*. Tubarão: Universidade do Sul de Santa Catarina, 2007 (dissertação de mestrado).

PEIXOTO, Thaís S. B. de Sá & LÊDO, Amanda C. de O. Gêneros textuais: possibilidades de interação no Orkut. *Anais do III Encontro Nacional sobre Hipertexto*, Belo Horizonte, 29 a 31 de outubro de 2009. Disponível em: <http://www.hipertexto2009.com.br/anais/g-l/generos-digitais.pdf>. Acesso em: 24 fev. 2010.

PRIMO, Alex & BRAMBILLA, Ana Maria. Social Software e construção do conhecimento. *Redes Com*, Espanha, n. 2, pp. 389-404, 2005. Disponível em: <http://www6.ufrgs.br/limc/PDFs/softconhecimento.pdf>. Acesso em: 26 out. 2009.

SANTAELLA, Lúcia. *A leitura fora do livro*. Trabalho apresentado na exposição "Poesia Intersignos: do impresso ao sonoro e ao digital", São Paulo, 1998. Disponível em: <http://www.pucsp.br/pos/cos/epe/mostra/santaell.htm>. Acesso em: 26 out. 2009.

SHIRKY, Clay. *Here comes everybody: the power of organizing without organizations*. New York: Penguin Press, 2008.

SILVA, Deonísio. *Novilíngua na mídia: português assassinado a tecladas*. Disponível em: <http://observatorio.ultimosegundo.ig.com.br/artigos.asp?cod=320JDB001>. Acesso em: 26 out. 2009.

SWALES, John. *Genre analysis: English in academic and research settings*. Cambridge: Cambridge University Press, 1990.

XAVIER, A. C. *A era do hipertexto: linguagem e tecnologia*. Recife: EDUFPE, 2009.

15. As práticas de escrita em scraps do Orkut: apenas a transmutação dos gêneros bilhetes e recados?[1]

Verena Santos Abreu (Uneb-BA)

Introdução

Dois objetivos destacam-se como ponto de partida para a produção deste texto: o primeiro, mais amplo, a discussão acerca da noção de gênero discursivo proposta por Bakhtin e discutida por diversos teóricos, inclusive no que se refere à transmutação dos gêneros. O segundo objetivo, de caráter mais específico, consiste em realizar uma análise comparativa, envolvendo a análise de scraps escritos no site de relacionamentos Orkut e alguns bilhetes escritos em avaliações escolares, utilizando o papel como suporte. A abordagem teórica de Bakhtin (2003), no que se refere ao conceito de gênero discursivo, transmutação e análise feita das marcas de transmutação, permitiu que o artigo atribuísse ao scrap o status de gênero emergente da mídia digital.

Considerações sobre gêneros discursivos em Bakhtin

O pensamento do filósofo russo Bakhtin atingiu importante repercussão na linguística do século XX, principalmente por contribuir com abordagens que caracterizam as ciências linguísticas na primeira metade do mesmo século. Ele considera o vínculo intrínseco existente entre a utilização da linguagem e as atividades humanas, considerando que os enunciados devem ser vistos na sua função no processo de interação. Dessa forma, eles são produzidos dentro das esferas de ação e determinados pelas condições específicas e pelas finalidades de cada esfera.

Na concepção de Bakhtin (2003) a língua é vista como um lugar de interação humana, e não como um sistema estável. Assim sendo, o uso da língua exige do falante, dentre outras coisas, a escolha do gênero discursivo mais adequado. Os gêneros, na perspectiva bakhtiniana, são tipos de enunciados relativamente

---

1 Trabalho apresentado ao grupo de discussão "Orkut e YouTube: a sala de aula x o cotidiano (ou tudo misturado)?", no III Encontro Nacional sobre Hipertexto, Centro Federal de Educação Tecnológica de Minas Gerais, Belo Horizonte, 2009.

regulares, caracterizados por um conteúdo temático, com uma construção composicional e um estilo. Também para Bakhtin:

> A vontade discursiva do falante se realiza antes de tudo na escolha de um certo gênero de discurso. Essa escolha é determinada pela especificidade de um dado campo da comunicação discursiva, por considerações semântico-objetais (temáticas), pela situação concreta de comunicação discursiva, pela composição pessoal dos seus participantes etc. A intenção discursiva do falante, com toda sua individualidade e subjetividade, em seguida aplicada e adaptada ao gênero escolhido, constitui-se e desenvolve-se em uma determinada forma de gênero (Bakhtin, 2003, p. 282).

Consoante a tal assertiva, a linguística textual postula que "O agente produtor escolhe no intertexto o gênero que lhe parece adequado. O intertexto é formado pelo conjunto de gêneros de textos elaborados por gerações anteriores e que podem ser utilizados numa situação específica, com eventuais transformações" (Koch, 2003, p. 55). Dessa forma, há a escolha do gênero discursivo adequado para a situação comunicativa almejada, e a competência sociocomunicativa dos falantes/ouvintes leva-os à detecção do que é adequado ou não em cada uma das práticas sociais.

Pode-se entender gêneros discursivos como fenômenos históricos, de cunho coletivo, profundamente ligados à vida cultural e social dos falantes. Essa expressão é usada geralmente "com uma noção propositalmente vaga para referir os *textos materializados* que encontramos em nossa vida diária e que apresentam *características sociocomunicativas* definidas por conteúdos, propriedades funcionais, estilo e composição característica" (Marcuschi, 2002, pp. 23-24). Os gêneros são práticas sociais oriundas de diversos campos de atividade que se apresentam de modo muito heterogêneo, tanto quanto os diferentes campos da atividade humana, emergindo em função das novas tecnologias de uma sociedade. Até na mais informal das conversas os gêneros nos são dados, afinal, conforme Bakhtin (2003, p. 82), "quase da mesma forma com que nos é dada a língua materna, a qual dominamos livremente até começarmos o estudo da gramática".

Também para esse autor, os gêneros são tipos relativamente estáveis de enunciados e típicos de construção do todo; dessa forma, o gênero une estabilidade e instabilidade, permanência e mudança. De acordo com Fiorin (2008), o termo "relativamente" deve ser destacado, pois indica que é preciso considerar a historicidade dos gêneros, isto é, sua mudança, o que quer dizer que não há nenhuma normatividade nesse conceito, implicando ainda numa imprecisão das características e das fronteiras dos gêneros. Nessa perspectiva, como afirma Fiorin, os gêneros são meios de apreender a realidade. A aprendizagem dos modos sociais de fazer leva, concomitantemente, ao aprendizado dos modos sociais de dizer os gêneros; assim:

> A riqueza e a diversidade dos gêneros do discurso são infinitas porque são inesgotáveis as possibilidades da multiforme atividade humana e porque em cada grupo dessa atividade é integral o repertório de gêneros do discurso, que cresce e se diferencia à medida que se desenvolve e se complexifica um determinado campo (Bakhtin, 2003, p. 262).

Nesse sentido, Brait (2001) chama a atenção que cessar de considerar a esfera em que se insere o gênero em estudo pode levar a uma ideia mecanicista do domínio discursivo. Tal observação é bastante consoante à perspectiva bakhtiniana, pois o filósofo russo mostra que as esferas de comunicação são formadas por um repertório de gêneros que lhe são próprios. Dependendo das esferas e por serem multiformes, eles se dividem em dois grupos: os primários (originários da comunicação verbal espontânea) e secundários (predominantemente centrados na escrita, surgem das condições de um convívio cultural mais complexo, mais desenvolvido e organizado). Todavia, o próprio Bakhtin (2003, p. 263) adverte:

> Não se deve, de modo algum, minimizar a extrema heterogeneidade dos gêneros discursivos e a dificuldade daí advinda de definir a natureza geral do enunciado. Aqui é de especial importância atentar para a diferença essencial entre os gêneros discursivos primários (simples) e secundários (complexos) – não se trata de uma diferença funcional.

Dessa forma, o que justifica a denominação de gênero primário ou secundário não é a modalidade da língua usada, mas a esfera a que se vincula um ou outro. Assim, "na medida em que tais esferas se complexificam, os gêneros também tenderão a reformatar-se, pois estes entram em um processo complexo de formação, para dar conta das novas necessidades que se instauram nas esferas" (Araújo, 2004, p. 93). Esse processo é designado por Bakhtin de transmutação, fenômeno que explica a formação dos gêneros complexos, os quais são originados dos gêneros primários que, ao se transmutarem de uma esfera para outra, geram novos gêneros com um estilo similar ao domínio discursivo que o absorveu.

> Não só cada gênero está em incessante alteração; também está em contínua mudança seu repertório, pois, à medida que as esferas de atividade se desenvolvem e ficam mais complexas, gêneros desaparecem ou aparecem, gêneros diferenciam-se, gêneros ganham um novo sentido. Com o aparecimento da internet, novos gêneros surgem: o chat, o blog, o mail etc. (Fiorin, 2008, p. 65).

Também segundo Bakhtin, existem gêneros mais flexíveis e outros mais estereotipados. Alguns novos se afastam mais dos já existentes, são mais criativos, como o que acontece com os gêneros emergentes, denominação dada por Marcuschi (2002), que surgem mediante uma necessidade sociocomunicativa e atratividades exercidas pela mídia eletrônica. Além dos aspectos sociocomunicativos e funcionais, o próprio suporte textual pode caracterizar o gênero. Um exemplo disso é o conjunto de gêneros textuais que estão emergindo com a internet, mesmo a maioria deles tendo outros similares em outros ambientes comunicativos, tanto orais como escritos. Nesse sentido, pode-se concordar com Marcuschi que "os ambientes virtuais são extremamente versáteis e hoje competem, em importância, entre as atividades comunicativas ao lado do papel e do som [...] a internet é uma espécie de protótipo de novas formas de comportamento comunicativo" (2002, p. 13).

Bakhtin exemplifica o caso da transmutação do diálogo cotidiano para a esfera literária, no qual aquele é absorvido e reinterpretado para o romance, passando a uma esfera mais complexa. Considerando a transmutação dos gêneros aliada ao avanço tecnológico, especialmente da internet, Araújo defende a ideia de que o chat é oriundo do que Bakhtin chama de diálogo cotidiano, pois marcas do diálogo face a face permanecem, mesmo em condições de produção e suportes físicos distintos, tornando-o um gênero emergente. "Assim, como ocorre com a inserção do diálogo cotidiano no romance, o diálogo eletrônico também se manifesta pela escrita, mudando consideravelmente seu estilo" (Araújo, 2004, p. 96).

Os textos que circundam na internet, especialmente em salas de bate-papo e nos scraps (recados) deixados no Orkut, são carregados de marcadores conversacionais que buscam traduzir, por meio da escrita, manifestações exclusivas da fala, tais como alongamentos vocálicos com funções paralinguísticas, bem como a presença de elementos semiológicos, imagens, fotos, vozes, sons, dentre outros.

> Quanto melhor dominamos os gêneros, tanto mais livremente o empregamos, tanto mais plena e nitidamente descobrimos neles a nossa individualidade (onde isso é possível e necessário) e refletimos de modo mais flexível e sutil a situação singular da comunicação; em suma, realizamos de modo mais acabado o nosso livre projeto de discurso (Bakhtin, 2003, p. 285).

Com relação à palavra, Bakhtin afirma que a escolha desta ocorre de acordo com as especificidades do gênero discursivo escolhido no momento. Sendo o gênero uma forma típica do enunciado, nele a palavra incorpora tal tipicidade.

O Orkut

Contemporaneamente, uma inovação no cenário digital merece realce: as chamadas redes sociais ou sites de relacionamentos, com grande destaque para o Orkut (apesar de existirem outras). Uma rede pode ser definida como um conjunto de nós conectados por algum tipo de relação, os nós podendo ser pessoas, grupos ou outras unidades. As redes sociais referem-se a um conjunto de pessoas em uma população e suas conexões ou relações. Segundo Melo (2005), a ocorrência de redes sociais na internet está ligada a uma série de objetivos, tais como: a construção de relacionamentos pessoais, a troca de informações entre pessoas que compartilham de interesses comuns (estudantes, pesquisadores), entre outros. Assim sendo, o Orkut é um sistema, hoje filiado ao Google, criado em 22 de janeiro de 2004. O objetivo do website, que é gratuito, é basicamente formar "comunidades" de vários participantes, que debatem e interagem uns com os outros em fóruns e troca de e-mails; tais comunidades são baseadas em temas e pessoas do universo real.

O Orkut apresenta muitas vezes linguagem digital por parte dos falantes que o utilizam, e a interlocução ocorre de maneira assíncrona, ou seja, os interlocutores não precisam estar todos sincronizados, conectados ao computador ao mesmo tempo. Também, cada perfil conta com uma página de comentários (recados) individual, como uma forma de interação entre os usuários. Quando o Orkut ainda não contava com uma versão em português, esta era chamada de *scrapbook*. Para facilitar na linguagem, os recados passaram a ser chamados de scraps. A versão do site para a língua portuguesa poderia ter optado por manter tais recados como scraps, tamanha a popularidade do termo, mas a tradução para recados foi adotada.

Pesquisas recentes apontam para a função do scrap, que vem perdendo a característica exclusiva de recado e já aponta para uma intergenericidade. É o que destaca, por exemplo, Lima-Neto (2006), ilustrando o propósito comunicativo dos scraps para outras esferas da comunicação humana, como carta-corrente digital, fotolog, chat, filme ou até mesmo e-mail informal. Todavia, este trabalho se voltará à análise do scrap apenas no que se refere à escrita digital.

Quanto ao modo de lidar com tais recados, cabe aos usuários, destinatário ou autor dos scraps, a sua eliminação, bloqueio ou manutenção. Nessa pesquisa serão analisados scraps que trazem alguma semelhança com os gêneros recado e bilhete, pois se acredita que estes poderiam ser a origem do scrap. Conforme Lima-Neto (2006), o recado não tem forma fixa, mas apresenta algumas regularidades, como mensagens breves que dizem respeito somente a um enunciador e a um coenunciador e ausência de necessidade de intimidade. Já no que se refere ao bilhete, considera-se como características fundamentais: uma forma predominantemente dialógica; presença de uma intimidade entre os interlocutores, daí o caráter de informalidade; forma relativamente fixa: corpo bem delimitado quanto ao tamanho e à temática.

A escrita digital e alguns dos seus traços presentes no Orkut

O Orkut possibilita que se trate em um só lugar de assuntos profissionais, acadêmicos, de lazer, de humor – enfim, o nome "rede social" é mais do que aplicável. Partindo para análise linguística, observa-se nesse espaço virtual uma predominância da linguagem digital, seja nos textos das comunidades e seus fóruns, scraps, depoimentos, definições de "quem sou" no perfil do usuário, ou nas legendas das fotos colocadas na página de cada pessoa cadastrada.

A seguir, a Fig. 15.1, de uma comunidade virtual do Orkut, apresenta uma série de ocorrências que, apesar de não seguirem um padrão, aparecem com frequência na internet. Dentre as características observadas na figura, pode-se citar o aparecimento de letra minúscula iniciando a frase, não sendo uma exigência iniciá-la com maiúscula, como dita a gramática tradicional. Além disso, merece destaque a liberdade da pontuação na escrita digital, inclusive o uso exagerado de reticências, conforme se observa na figura, não havendo registro do ponto final.

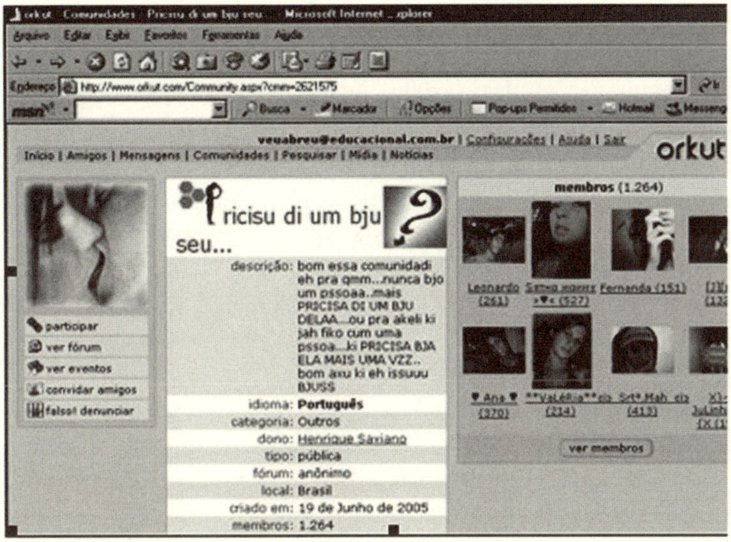

Fig. 15.1 – Presença de linguagem digital em textos das comunidades.

Os acentos gráficos também são dispensados ou substituídos pela letra "H", como acontece na figura ao se substituir "é" por "eh", ou "já" por "jah". É o que Caiado[2] (2005) chama de transgressão intencional, na qual não há um padrão para a escrita, desde que ocorra um afastamento da ortografia tradicional.

A redução de palavras gramaticais também é um traço comum a esse gênero emergente que se faz presente na figura, como, por exemplo, em "qmm", "bjo", "pssoaa", "bju", "bja", dentre outros. Em outros casos houve alongamentos tanto de vogais como de consoantes, não se podendo afirmar existir uma predominância ou preferência por parte dos usuários. Ilustrando alongamentos de vogais pode-se apontar: "pssoaa", "delaa", "issuuu", e de consoantes "qmm", "vzz", "bjuss".

As formas verbais também são escritas de forma diferente no espaço digital. Na figura, observa-se um processo fonológico de supressão da letra "U" do ditongo desinencial marcador do pretérito perfeito "ou", como no caso de "bjo", "fiko" e "vô", representando respectivamente "beijou", "ficou" e "vou".

Outra característica que pode ser detectada nesse gênero da escrita é a subtração da segunda vogal de uma palavra justificada, de acordo com a ortografia digital e sua funcionalidade, pelo som da letra inicial da sílaba, como acontece

2 Caiado apresenta um estudo de caso sobre a notação escrita digital e sua influência na notação escrita escolar, comparando a ortografia de atividades escolares com a dos blogs.

com "bjuss" e "qmm", indicando "beijos" e "quem". Os fonemas são levados em consideração na hora de substituir o dígrafo "qu" por "K" ou o "ch" por "X", como para grafar "akeli", "ki" , "fiko", "axu".

Os processos fonológicos são levados em conta também e adaptados quando os usuários do Orkut escrevem do modo como pronunciam. Assim, consideram o "E" como fonema /i/, daí a letra "I" ser utilizada; o ditongo nasal é substituído pelas letras "UM" ou "AUM"; troca da letra "O" por "U" representando o fonema, dentre outros processos fonológicos que poderiam ser apontados se fossem analisada toda a escrita presente na web. Tais trocas enunciativas podem ser ilustradas pelos seguintes exemplos: "pricisu", "di", "akeli", "ki", "bjuss", dentre outros.

A escrita digital em scraps

Para ilustrar a escrita em situações reais de interação no Orkut, foram selecionados cinco scraps, dos quais se retiraram exemplos de realização da escrita digital que é bastante semelhante àquela realizada nos bilhetes encontrados em sala de aula. Também levando em consideração que os falantes se comunicam por textos, os exemplos retirados tanto do Orkut como das atividades escolares serão listados e enumerados, denotando seu contexto. Abreviações, outra maneira de marcar acentuação, uma escrita semelhante à fala, utilização de símbolos matemáticos e a repetição de vogais ou consoantes para expressar uma ideia podem ser acompanhados nos exemplos a seguir.

Fig. 15.2 – Presença de linguagem digital em scrap.

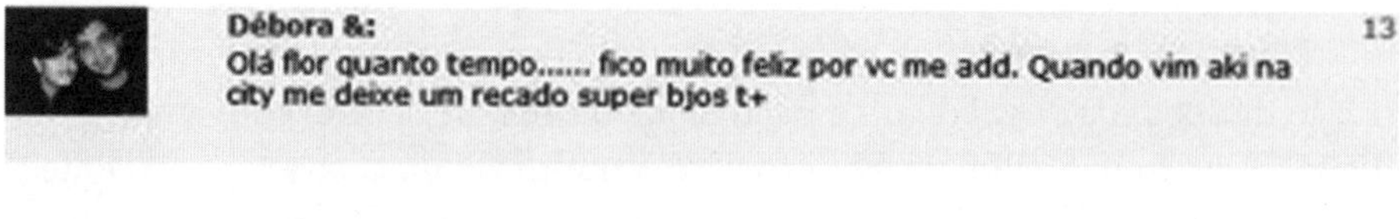

Fig. 15.3 – Presença de linguagem digital em scrap.

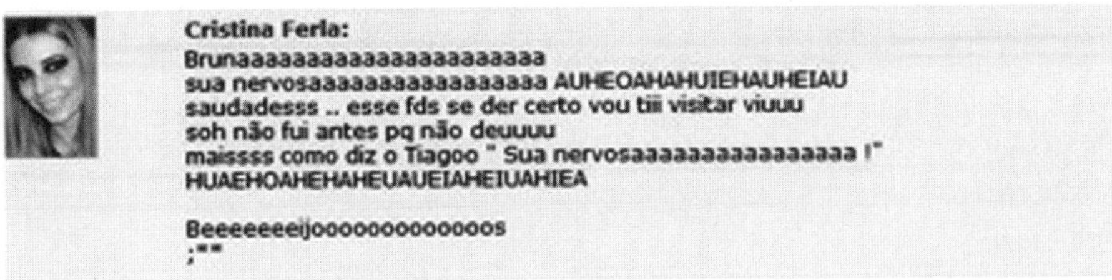

Fig. 15.4 – Presença de linguagem digital em scrap.

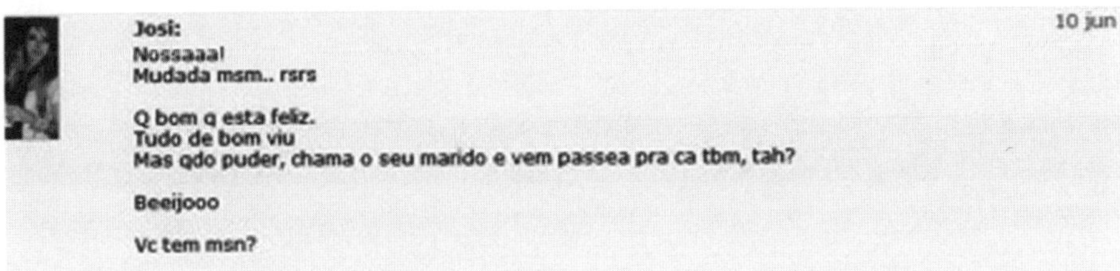

Fig. 15.5 – Presença de linguagem digital em scrap.

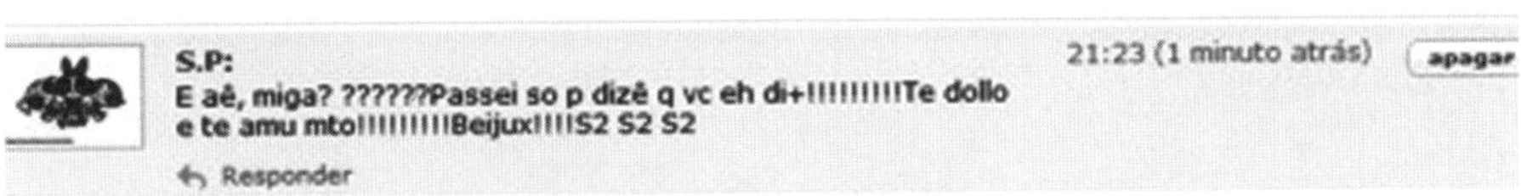

Fig. 15.6 – Presença de linguagem digital em scrap.

É importante destacar que numa mesma palavra pode haver mais de um traço da linguagem digital, ou nenhum deles, existindo uma liberdade para o usuário da língua, privilegiando-se apenas a comunicação. Segundo Xavier (2006), ainda se escreve bastante na internet em dialeto padrão, mas no caso de aplicativos como os do Orkut a linguagem é transformada pelos usuários, sobretudo os jovens, nascendo novos gêneros textuais "para atender a essa diversidade de condições físicas, emocionais e econômicas que pressionam o usuário da língua a utilizá-la de uma certa forma e não de outra" (p. 7).

A seguir, foram transcritos recados ou bilhetes registrados por quatro alunos da sexta série do Ensino Médio, em espaços em branco ou reservados para rascunho em uma avaliação de Língua Portuguesa. É interessante notar uma escrita, em algumas palavras, muito semelhante à exposta nos scraps anteriormente.

Quadro 15.1:
Vel, I love you! Me dá 10,0 por favor! Brincadeira Gosto de tu sem enterece, *hehehe*, mas se quizer me der 10,0 eu não me encomodo não *tah*? *BJU!!!*

Quadro 15.2:
TE *AMU!*

Quadro 15.3:
EU ME AMO *Di* boa.. Verena te *dollo di+..*

Quadro 15.4:
Verena Te adoro! *Bjux* Te *adooro!* Um *beijoooo* enorme, big...

No recado exposto no Quadro 15.1, chama a atenção a notação "hehehe", também presente no scrap indicado na Fig. 15.2. Trata-se de uma representação do riso, com caráter, assim, onomatopaico. Ainda no Quadro 15.1, outra escrita, mesmo tendo como suporte o papel, apresenta semelhança com a escrita digital:

"tah". Essa notação escrita aparece também na descrição da comunidade representada na Fig. 15.1 e no scrap exposto na Fig. 15.5. Por fim, no Quadro 15.1, destaca-se a palavra "bju", que indica redução de palavra e troca da letra "O" por "U" representando o fonema, assemelhando-se assim ao fenômeno que ocorre basicamente na fala. Também no Quadro 15.2 ocorre a troca da letra "O" por "U" representando o processo fonológico mencionado.

No Quadro 15.3, destaca-se o registro "di", mais uma vez apontando que os processos fonológicos são levados em conta e adaptados quando os usuários do Orkut escrevem de tal modo como pronunciam, aparecendo a mesma escrita na Fig. 15.6. Assim, consideram o "E" como fonema /i/, daí a letra "I" ser utilizada. No mesmo exemplo de recado/bilhete aparece a construção "di+", tornando-se interessante ressaltar o uso do símbolo matemático (ícone) "+" para emitir as mensagens e representar a palavra "mais", o que acontece também na Fig. 15.6.

Prosseguindo análise do Quadro 15.3, assim como da Fig. 15.6, chama a atenção a expressão "te dollo", registro também comum em scraps, que indicam afetividade, uma possível imitação da fala infantil, e representam semanticamente "te adoro".

Finalmente, no Quadro 15.4, um outro registro pode ser associado à migração da escrita digital para fora do ciberespaço: "Beijux". Nele, o grafema *x* é utilizado no lugar do *s*, representando a consoante fricativa palatal. Ainda no Quadro 15.4 tem-se a repetição de vogais para enfatizar uma ideia: "adooro" e "beijoooo". Caso semelhante ocorre na Fig. 15.4, não se podendo afirmar existir uma predominância por parte dos usuários do Orkut no critério repetição de vogais.

Considerações finais

Com base na fundamentação teórica adotada e a partir do *corpus* extraído de atividades avaliativas realizadas em âmbito escolar, o qual apresenta um material de análise propício à investigação e enfoque linguístico almejado, procurou-se fazer uma correlação entre o estudo de transmutação dos gêneros discursivos em Bakhtin (2003) e a escrita digital presente em scraps do Orkut. A partir daí, analisa-se a migração desta escrita para recados que utilizam como suporte o papel (gênero que supostamente deu origem ao scrap).

A análise dos recados/bilhetes encontrados em atividades escolares permitiu investigar se há algum indício de escrita digital em suportes diferentes do computador. Hipótese confirmada, uma vez que já aparece uma escrita que pode ser associada a construções da escrita digital em suportes como o papel.

Na concepção bakhtiniana, todas as esferas da atividade humana, por mais variadas que sejam, estão sempre relacionadas com a utilização da língua. Os gêneros representam a língua viva, a língua em uso. O contato com diversos gêneros discursivos exercita a competência linguística dos falantes. Tudo isso leva à reavaliação e ao reconhecimento das inovações oriundas dos gêneros textuais emergentes, que surgem mediante uma necessidade sociocomunicativa e ganham cada vez mais adeptos, sobretudo em idade escolar. Mas, mesmo se tratando de um gênero transmutado e sujeito a modificações, a linguagem digital apresenta condições de produção e suporte físico próprios, não sendo admitida até então em todos os espaços das atividades escolares, onde geralmente se é exigida a norma padrão da língua.

Devido à limitação do *corpus*, os resultados obtidos na análise dos dados não devem ser determinantes para afirmar que há sempre uma influência da escrita digital em todos os bilhetes escritos por jovens em suportes diferentes do computador. O que se pode registrar é que se observa uma tendência de uso da linguagem digital fora do ciberespaço em bilhetes/recados, sobretudo pelo seu teor de informalidade.

Referências Bibliográficas

ARAÚJO, Júlio César & RODRIGUES, Bernadete Biasi. *Interação na Internet: novas formas de usar a linguagem*. Rio de Janeiro: Lucerna, 2004.

BAKHTIN, Mikhail. *Estética da criação verbal*. 4ª ed. São Paulo: Martins Fontes, 2003.

BRAIT, B. O discurso sob o olhar de Bakhtin. In: GREGOLIN, M. do R. & BARONAS, R. (Orgs.). *Análise do discurso: as materialidades do sentido*. São Paulo: Claraluz, 2001.

CAIADO, Roberta. *A notação escrita produzida no gênero weblog e sua influência na notação escrita escolar*. Recife, UPE, 2005. Disponível em: <http://www.bdtd.ufpe.br/tedeSimplificado//tde_busca/arquivo.php?codArquivo=2934>. Acesso em: abr. 2008.

FIORIN, José Luiz. *Introdução ao pensamento de Bakhtin*. São Paulo: Ática, 2008.

KOCH, Ingedore Grunfeld. *Desvendando os segredos do texto*. 2ª ed. São Paulo: Cortez, 2003.

MARCUSCHI, Luiz Antônio. Gêneros textuais: definição e funcionalidade. In: DIONISIO, A. P.; MACHADO, A. R. & BEZERRA, M. A. *Gêneros textuais & ensino*. Rio de Janeiro: Lucerna, 2002.

______. Gêneros textuais emergentes no contexto da tecnologia digital. In: MARCUSCHI, Luiz Antônio & XAVIER, Antônio Carlos. *Hipertexto e gêneros digitais: novas formas de construção de sentido.* Rio de Janeiro: Lucerna, 2004.

MELO, Paulo Henrique da Fonseca. Software Social e interação humana: observações preliminares sobre o Orkut. *I Encontro Nacional sobre Hipertexto.* Recife, 2005. CD-ROM.

LIMA-NETO, Vicente de. Relações intergenéricas na construção do scrap do Orkut. *II Encontro Nacional sobre Hipertexto.* Ceará, 2007. CD-ROM.

XAVIER, A. C. *O hipertexto na sociedade da informação: a constituição do modo de enunciação digital.* Campinas: IEL-Unicamp, 2006 (tese de doutorado).

16. Uma proposta de classificação dos links hipertextuais a partir de critérios navegacionais e informacionais

Débora Hissa (UECE)

Introdução

O grande desafio deste trabalho é desenvolver um estudo sobre a organização da informação no ambiente virtual que revele como os links são os elementos-chave para acessar todos os segmentos informativos, e que, sem eles, a navegação, bem como a construção dos sentidos no hipertexto, não é possível. Embora todos os links sejam ativados da mesma maneira, envolvendo o mesmo ato de clicar em uma palavra ou em um ícone destacado que levam a uma nova tela, esses elos virtuais possuem distintas tipologias, assim como formas de apresentação, localização e comportamento que podem variar conforme a organização e estruturação de cada hipertexto. Por isso, em cada sequência associativa, os links exercem distintas funções e estabelecem tipos de relação que geram sentido e garantem a navegabilidade no hipertexto. Escolhemos para nossa análise os portais por se tratarem de ambientes de navegação on-line que abrangem diferentes tipos de usuários, com variados interesses e propósitos de navegação. Neles pudemos trabalhar com vários tipos de links e ver como se estabelece a estruturação da informação para a navegabilidade em uma rede hipertextual. Os dois portais selecionados foram o EducaRede (<www.educarede.org.br>) e o Centro Virtual Cervantes (<www.cvc.cervantes.es>). A escolha desses portais serviu para investigar como as informações são apresentadas em um contexto pedagógico e de que forma a organização dos links contribui para o acesso ao conteúdo, estimulando à navegação em hipertextos voltados para o ensino-aprendizagem.

Os links no hipertexto

Hoje, o conceito de hipertexto pode ser analisado a partir de várias perspectivas, uma vez que ele passou a ser estudado por especialistas de distintas áreas, como a literatura, a linguística, a filosofia, a pedagogia e a informática. Assim, novas características hipertextuais foram sendo elucidadas. Porém, embora haja diferentes pontos de vista, a maioria dos teóricos compartilha uma ideia básica acerca do hipertexto, concebendo-o como uma organização associativa da informação, que se fragmenta em blocos de conteúdo chamados de "nós". Cada nó se conecta com outros relacionados por meio de links que podem ser utilizados pelo usuário, cuja seleção provoca a imediata recuperação da informação de destino, gerando uma rede interativa. Nessa linha de pensamento, o hipertexto pode fazer ligação com qualquer objeto ou recurso disponível na web – documentos, textos, ícones, imagens, multimídia –, a fim de atuar diretamente na informação e desenvolver o conhecimento. Apesar de ser importante esse enfoque multidisciplinar, consideramos um estudo especializado necessário para acrescentar, ou solidificar, ideias e posições sobre o trabalho com hipertextos, tratando-o por exemplo como objeto de estudo da linguística, pois "o hipertexto nos faz ver coisas que antes não percebíamos e nos serve de pretexto para revermos e compreendermos melhor o que chamamos de texto" (Gomes, 2007, pp. 13-14).

Gomes fez um grande levantamento conceitual das mais diversas definições e pontos de vista acerca do hipertexto. Depois de comparadas as teorias dos principais autores sobre o tema, o autor concluiu que a diferença fundamental entre texto impresso e hipertexto está na presença dos links, pois essas ligações na tela vão além das expansões ou relações secundárias (como as notas de rodapé, por exemplo) e passam a ser centrais na estruturação do texto.

Sintetizando o processo de revolução digital que teve início na metade do século passado, desenvolveu-se e ainda está em constante mudança para outros patamares e formas de organização nos dias de hoje, e para analisar o hipertexto sob os preceitos linguísticos, concordamos com Braga (2005, p. 758):

> [...] o hipertexto surge como uma alternativa mais eficiente para a comunicação no meio digital, na medida em que minimiza os limites impostos para a leitura em tela e explora de forma funcional as possibilidades de construção dos sentidos viabilizadas pelo computador: o uso dos links e da integração de várias linguagens favorecidas pelos programas de edição de texto, de som e de imagem.

Em virtude de tudo o que foi estudado, concebemos que os links são o grande diferencial de uma estrutura em rede. Como Snyder (1997), admitimos que o hipertexto é um meio de informação que existe apenas on-line em um computador. Trata-se, portanto, de uma estrutura composta de blocos de textos conectados por ligações eletrônicas (links) que oferecem diferentes caminhos para os usuários. Essa premissa se tornou a base para desenvolvermos um estudo exploratório sobre a organização desses elos virtuais, com a intenção de descrevê-los e analisá-los, tanto do ponto de vista navegacional como informacional, dada a sua importância no contexto hipertextual.

Classificação dos links a partir de diferentes autores

Em nossa pesquisa[1], observamos que a classificação dos links não somente varia de um autor para o outro, como também se estabelecem tipologias que dependem do ponto de vista, ou do contexto que se esteja levando em consideração. Pesquisamos os principais autores que desenvolveram estudos sobre os tipos de links que podem ser encontrados no universo hipertextual. Verificamos que poucos deles utilizaram exemplos extraídos de websites específicos para suas categorias. Optamos por descrever, majoritariamente, tipologias de autores da informática, pois encontramos nos textos dessa área classificações tipológicas mais complexas, com exemplos, critérios e conceitos mais bem definidos, os quais compreendem tanto a organização estrutural dos links como a informacional. Mereceram também relevância alguns autores da área da retórica e da semântica que trataram da natureza dos links e de sua finalidade. Infelizmente, poucos foram os autores da linguística que se dedicaram ao desenvolvimento de tipologias dos links voltadas para essa área de conhecimento; por isso, nossa base de classificações está muito mais voltada para a informática e semântica do que propriamente para a linguística.

Mediante a extensa diversidade de classificação dos links feita por diferentes autores, não nos foi fácil decidir quais tipologias iríamos expor em nosso texto e quais iríamos privilegiar. Acreditamos que seria mais coerente com um trabalho sobre links fazer um percurso cronológico das classificações principais, desde Trigg em 1983 a Orihuela em 2008, pois, embora haja tipologias superficiais e resumidas, que não poderiam ser comparadas, por exemplo, aos 75 tipos diferentes de links descritos por Trigg ainda em 1983, muitas delas tomaram como base os postulados desse autor e, a partir dele, criaram outros critérios de análise.

Depois de estudados os principais tipos de links apresentados, selecionamos cinco autores que descreveram e apresentaram categorias que se encaixaram em nossos propósitos de estudo: 1. Parunak (1991), com a categoria dos links associativos, que indica o tipo de relação que pode ser estabelecida entre eles;

---

1 Esta pesquisa foi trabalhada em minha dissertação de mestrado, intitulada *A organização das informações em portais educacionais a partir de seus links: uma descrição comparativa dos portais Centro Virtual Cervantes e EducaRede*, defendida em junho de 2009, sob a orientação da professora dra. Iúta Vieira.

2. Baron (1994) e sua divisão tipológica entre links de conteúdo e organizacionais (semânticos, pragmáticos e retóricos); 3. Harrison (2002), através de categorias como realce, exemplo e referência; 4. Codina (2000) e seus critérios de Percurso, Lógica, Navegação e Permutação; e 5. Orihuela (2008), com os critérios de Destino, Navegação, Comportamento e Referência. Neste artigo, apresentamos dez critérios de análise dos links baseados nos estudos desses autores. Mesclamos as categorias e tipologias exploradas, resumindo-as, a fim de construir nosso quadro de critérios para analisar os links nos portais educacionais. Os critérios selecionados foram numerados e organizados em gráficos. Cada gráfico mostra os tipos de links e sua descrição. Os cinco primeiros trazem aspectos mais gerais sobre links, como *morfologia*, *lugar de conexão*, *percurso*, *localização* e *permutação*; os cinco últimos denotam aspectos mais específicos, como tipos de apresentação, comportamento, acréscimo de informação, função e relação.

1. Segundo a morfologia do link:	
Links textuais	Costumam ser sublinhados e vêm com uma cor e formatação diferentes da do resto do texto. Também pode variar o tipo e o formato da letra.
Links gráficos	São aqueles representados por outras semioses que não as formas nominais: ícones, gráficos, botões, imagens, mapas etc.

2. Segundo o lugar de conexão:	
Links internos	Conectam documentos ou parte deles a outros documentos que estão dentro de um mesmo hipertexto.
Links externos	Esses links conectam o texto a um documento que não faz parte do mesmo hipertexto, ou seja, que faz parte da rede.

3. Segundo o tipo de percurso que oferecem ao usuário:	
Lineares	São estabelecidos para uma leitura linear, formados a partir de hipertexto de estilo sequencial feito para o meio impresso e estruturado na web.
Não lineares	São aqueles estabelecidos para uma leitura não sequencial, formados a partir de hipertextos genuinamente feitos para a web.

4. Segundo a localização dos links no website:	
Links superpostos	Apresentam-se superpostos na página explorada, como os menus, os índices, os sumários e os mapas, e costumam ser explícitos.
Links implicados	Apresentam-se como parte do texto ou da imagem e estão embutidos na própria informação.

5. Segundo o modo de permutação de páginas ou documentos web:	
Links de substituição	O nó de destino ao qual o link leva substitui o nó de início.
Links de superposição	O nó de destino se abre em outra janela sem fechar a primeira, assim ambos os nós compartilham a mesma janela.

6. Segundo a apresentação dos links na tela:	
Links ativos	São links selecionados em um explorador web. Alguns indicam o link ativo com uma mudança de cor ou formatação perante o texto da página explorada.
Links visitados	São os links ativados quando visitados pelo navegador. Os exploradores web costumam indicar esses links com uma cor específica.
Links predeterminados	São links que levam para outro nó quando o navegador clica em uma parte de uma imagem onde não há nenhuma zona ativa que indique um link propriamente dito.
Links quebrados	Esses links sinalizam a direção de uma página incorreta ou um arquivo não encontrado.

7. Comportamento dos links[2]:	
Móveis	Flutuam no site, variando de acordo com a conveniência do autor. O conteúdo do nó é variável.
Fixos	Têm um espaço estável e constante no site. O conteúdo do nó é estável.

2 Usamos a terminologia "móveis e fixos", adotada por Xavier (2002), no lugar de "permanentes e dinâmicos" de Orihuela (2008).

8. Segundo o acréscimo de informação no website:	
Links de expansão	Apresenta-nos, tal como um sumário, um resumo que vai se expandindo de forma progressiva conforme formos ativando os links por meio dos sucessivos ícones ou botões.
Links de referência	Linkam nós que levam a uma outra página ou a uma outra seção da mesma página.
Links de nota informativa	Permitem a abertura de uma janela que nos proporciona a informação em um momento determinado e que se fecha assim que tiver cumprido o seu propósito informacional.
Links de comando	Permitem a execução de uma rotina da informática externa ao sistema do hipertexto. Costumam ativar programas computacionais.
Links de trajetória	São aqueles que estabelecem percursos pelo website.
Links de mapas	Apresentam o mapa do site para facilitar uma navegação rápida e eficiente.

9. Segundo o tipo de relação estabelecida entre os nós:
Links semânticos • Referenciais • Associativos
Links estruturais

10. Segundo a função que executam: navegacional, informacional e de realce:	
Navegacionais	Organizam a navegação por meios de links que orientam trajetos de leitura: mapas, sumários, índices, listas, visitas guiadas, logotipo, ícones etc.
Informacionais	Relacionam informações. Possuem três subfunções: 1) *Semântica* (relação de semelhança, contraste e parte/todo); 2) *Retórica* (definição, ilustração e síntese); e 3) *Pragmática* (links implicados que funcionam como avisos).
De realce	Fornecem as informações relativas ao conteúdo do website, oferecendo maior detalhamento sobre o seu panorama geral.

a. Links semânticos: conectam nós que têm uma relação eminentemente associativa. Baseiam-se no princípio de geração de sentido e geralmente são links do tipo associativo e horizontal. Podem ser divididos em dois grupos:

- Links referenciais: conectam nós com sua referência. Por exemplo: uma nota de rodapé, frases de autor, um documento-fonte, uma entrevista, uma bibliografia. No hipertexto, costumam aparecer mediante a relação autor → citação, exemplos, sumário, revisão; ou como "links de semelhança" do tipo "Saiba mais" e "Veja também".
- Links associativos: permitem "linkar" nós com conteúdo relacionado por qualquer motivo, constituindo um sustento da navegação implicada e gerando sentido. As principais relações associativas são causa e efeito; ideia geral e particular; conceito, definição e ilustração; equivalência e paráfrase; termo a ser definido e sua definição, semelhança entre as ideias etc.

b. Links estruturais: conectam nós que têm uma relação de composição e facilitam a navegação por meio de sumários, ícones, mapas, listas etc. Baseiam-se no princípio de geração de coesão e estrutura, permitindo a navegação em dois níveis: profundidade, ou navegação vertical, e amplitude, ou navegação horizontal.

Vimos a partir da análise dessas tipologias que os links semânticos, os de conteúdo, os referenciais e os associativos estão dentro da mesma classe, e que, na maioria das vezes, são descritos como sinônimos, uma vez que tratam da construção do sentido hipertextual; assim como os links estruturais são também conhecidos e referendados pelos autores como organizacionais, de orientação e hierárquicos, considerando-se nessa categoria a navegabilidade por eles proporcionada.

Nossa proposta de classificação foi pautada mediante dois eixos principais: organização estrutural e navegabilidade informacional. Com ela, podemos analisar como os links estruturam a informação e possibilitam que a navegação seja uma atividade de construção de sentidos, pela associação de blocos de textos conectados. Para isso, acreditamos que os dez critérios de análise são um instrumento eficaz, uma vez que tratam de variados aspectos e caracterizam os links a partir de pontos como localização, apresentação, comportamento, percurso, função, relação estabelecidas, entre outros.

Considerações finais

Ao final deste estudo, percebemos que existem muitos tipos possíveis de classificação dos links, os quais poderão atender a diferentes critérios. Uns levam em consideração aspectos e categorias mais informáticos de usabilidade, como direção, localização, apresentação, distribuição; outros observam critérios semânticos que produzem sentido e acrescentam significado ao texto pelo qual o usuário navega. Podemos aferir, então, que existe uma estrutura organizacional frequentemente observada em hipertextos. Porém, isso não quer dizer que todos apresentem os mesmo links – pelo contrário. Ao analisarmos as classificações destes, observamos que falta a muitas um estudo empírico de um hipertexto específico, caracterizado, construído e organizado para atender a um público-alvo, com um propósito enunciativo específico, já que essas questões certamente influenciam os tipos de elementos hipertextuais que encontraremos nos websites.

Compreendemos que cada hipertexto (website, portal, blog) tem características especiais e diversas formas de apresentação, e consequentemente disponibilizará ao usuário links igualmente diversos. Daí a importância de uma análise a partir de um contexto definido, dotado de objetivos e funções comunicativas específicas (para venda, para informação, para ensino, para busca, para notícia etc.), pois assim a abordagem dos links ficará mais clara e precisa, concorrendo para compreendermos a organização e a função desses elementos virtuais. Os dez critérios selecionados para a análise abrangeram satisfatoriamente todos os links em nosso estudo dos portais. Assim, podemos concluir que são passíveis de reutilização para a análise de outros meios hipertextuais.

Referências Bibliográficas

BARON, Lisa. *The effectiveness of labelled, typed links as cues in hypertext systems*. Ontário: The University of Western Ontario, 1994 (tese de doutorado). Disponível em <http://www.cs.brown.edu/memex/ACM_HypertextTestbed/papers/41.html>. Acesso em: 22 set. 2008.

BRAGA, D. B. Hipertexto: questões de produção e de leitura. *Estudos Linguísticos*, IEL-Unicamp, n. 34, pp. 756-761, 2005.

CODINA, L. H de. Hypertext, o la teoría de los hipertextos revisitada. *Multimedia y Documentación Informativa: Tendencias actuales*. Número especial 6-7, 1998. Disponível em: <http://www.ucm.es/info/multidoc/multidoc/revista/cuad6-7/codina.htm:. Acesso em: 1º jun. 2008.

______. *El libro digital y la WWW*. Madrid: Tauro Ediciones, 2000.

GOMES, L. F. *Hipertextos multimodais: o percurso de apropriação de uma modalidade com fins pedagógicos*. Campinas: IEL-Unicamp, 2007 (tese de doutorado).

HARRISON, Claire. *Hypertext Links: whither thou goest, and why*. 2002. Disponível em: <http://www.firstmonday.org/issues/issue7_10/harrison/index.html>. Acesso em: 30 set. 2008.

KOPAK. R. W. *Functional link typing in hypertext*. ACM Computing Surveys, 1999. Disponível em: <http://www.acm.org/survey/Formatting.html>. Acesso em: 22 set. 2008.

ORIHUELA, José Luis. *Tipología y formatos de enlaces de hipertexto*, 2008. Disponível em <http://www.unav.es/digilab/enl/enlaces.htm>. Acesso em: 27 out. 2008.

SNYDER, I. *Hypertext: the electronic labyrinth*. New York: New York University Press/Washington Square, 1997.

VIEIRA. Iúta L. *Relatório técnico do projeto "Inventário de fontes e recursos da internet para o letramento digital e o ensino da escrita"*. Fortaleza, PROPGpq – UECE, 2008.

XAVIER, A. C. *O hipertexto na sociedade da informação: a constituição do modo de enunciação*. Campinas: IEL-Unicamp, 2002 (tese de doutorado).

17. Explorações da linguagem na aula de comunicação: o chat educacional

Sandro Luis da Silva (UFLA-MG)

Considerações iniciais

Tem sido exigência constante aos educadores uma atualização e um olhar diferenciado para o cenário da inovação tecnológica que se configura dia a dia na sociedade. O ritmo da vida moderna determina uma nova dinâmica do ensino e aprendizagem, sobretudo nos instrumentos viabilizadores de um processo reflexivo diante das constantes transformações sociais que marcam o cotidiano do ser humano.

Com as novas tecnologias surgem questionamentos, diferentes formas de se comunicar, de ensinar, de aprender, enfim, de ler o mundo e de escrever sobre e para o mundo. É preciso saber como essa forma inovadora de organizar as informações pode incutir novos hábitos de pensamento nos receptores dessa informação – pela confluência de diversas mídias, pela conjunção de signos e, consequentemente, pela (re)construção de significados, assim como pela criação de interfaces mais amigáveis que valorizam o aspecto visual, representadas por ícones.

Schneuwly e Dolz (2004) consideram o gênero como um princípio mediador entre as práticas sociais e os objetos escolares. A partir dos gêneros é possível articular uma série de atividades que levem os alunos a ler um texto, partindo da verificação do conhecimento prévio, proporcionando o conhecimento da situação de produção, assim como da organização textual, dos elementos linguísticos e não linguísticos; promove-se neles não só a competência leitora, como também o desenvolvimento das capacidades da linguagem que lhes permitirão agir nas variadas situações de comunicação de que venham a participar.

O propósito deste trabalho é apresentar uma reflexão sobre o uso de tecnologia, mais especificamente do computador, no "bate-papo", por alunos do primeiro semestre de Administração de Empresas e de Relações Internacionais em uma Instituição de Ensino Superior (IES), a qual tem o computador como ferramenta primordial no processo de ensino e aprendizagem. Desde o primeiro semestre, os alunos utilizam o laptop para desenvolver as atividades em sala de aula.

Segundo a IES, a metodologia empregada no cotidiano de seu aluno não espera que ele inicie um estágio para tomar conhecimento do que vai enfrentar no mercado de trabalho. Ela traz o mundo das empresas para o dia a dia da universidade desde o começo do curso. Durante as aulas, é possibilitado o acesso à internet, tendo em vista que todas as salas de aula apresentam um ponto para cada aluno conectar-se à rede.

O corpo docente da IES é formado por acadêmicos e consultores, auditores e profissionais do mercado que associam sua experiência à teoria. As salas de aula são constituídas por mesas com um layout em U, levando o aluno a vivenciar o ambiente empresarial, visando a aumentar seu grau de segurança no momento em que iniciar sua carreira profissional. Os cursos de graduação dessa instituição utilizam os mais avançados recursos tecnológicos. A lousa digital e o sistema de intranet possibilitam a transferência da matéria apresentada pelo professor para o computador pessoal do aluno. Na intranet, são disponibilizados os conteúdos de cada aula dada, além de clippings atualizados de notícias sobre empreendedorismo, mercado de trabalho e outros assuntos relacionados.

As novas tecnologias e o processo de ensino e aprendizagem

Atualmente, a tecnologia constitui-se em uma das estratégias didáticas que torna a aula mais dinâmica, promovendo a interação entre os estudantes.

Para Tedesco (2004, p. 125),

> O avanço científico-tecnológico passou a ser a principal referência para definir tanto o que será necessário ensinar e aprender no futuro como que tipo de instituições, trabalho pedagógico e tecnologias os novos saberes serão encarregados de transmitir. Quais profissões irão desaparecer e quais surgirão? Que novos tipos de capacidades, competências e conhecimentos o trabalho exigirá nas próximas décadas?

A adaptação do ensino às transformações que acontecem a cada momento exige mudanças profundas nos saberes que o sistema educacional transmite. Não é possível prever os conteúdos concretos que deverão ser ensinados nas diferentes disciplinas. Porém, é preciso que seja possibilitada uma dinâmica que motive os sujeitos do processo a se interessarem pelo que se trabalha na sala de aula, desenvolvendo habilidades necessárias que tornem o aluno um profissional competente, de forma que atenda às exigências dos mercados corporativos e econômicos. Sem dúvida, essa transformação está relacionada com o tipo de competências requeridas para compreender a realidade e participar política e comunitariamente em sociedades cada vez mais globalizadas, informatizadas e complexas.

É inegável o fato de que

> A comunicação mediada por computadores traz, no seu bojo, uma série de transformações sociais e, portanto, linguísticas. É no fluxo histórico da linguagem que a máquina virtual-digital colocada no meio – feito ponte – de múltiplos diálogos humanos mostra os seus efeitos mais visíveis, a sua manifestação mais concreta (Silva, 2005, p. 30).

A instituição escolar – em todos os níveis – precisa trazer à discussão as formas de utilizar a tecnologia nas aulas. A inserção de novos instrumentos no processo educacional requer o envolvimento de todos aqueles que participam do processo, a fim de que sejam atingidos os objetivos propostos.

Segundo Moran, Massetto e Behrens (2000, p. 78), "em educação ainda hoje não se valorizou adequadamente o uso de tecnologia visando a tornar o processo de ensino-aprendizagem mais eficiente e mais eficaz".

Nos limites deste trabalho, entende-se a tecnologia como a aplicação de conhecimento científico ou de outro tipo de conhecimento organizado em tarefas práticas. O conjunto genericamente denominado tecnologia oferece meios de transformação da realidade educacional. É imperativo, pois, reconsiderar e refazer, como educadores conscientes da importância da educação no processo de transformação do ser humano, os propósitos, planos, empreendimentos e procedimentos em matéria de ensino.

O termo "tecnologia" é concebido, de maneira ampla, como qualquer artefato, método ou técnica criado pelo homem para tornar seu trabalho facilitado, sua locomoção e comunicação mais eficientes ou apenas a vivência mais agradável e significativa.

A interatividade tecnológica na educação será imprescindível num futuro próximo, se já não o é. As tecnologias amplificam os poderes sensoriais do homem, estendendo a capacidade do ser humano de comunicação e interação. Em se tratando de educação, é importante que as tecnologias disponíveis hoje aumentem ou colaborem com os poderes intelectuais inatos do *homo sapiens*, sua capacidade de adquirir, organizar, armazenar, analisar, relacionar, integrar, aplicar e transmitir informações. Caracterizam-se como tal: fala humana, escrita, imprensa, livros, giz, quadro negro, fotografia, cinema, teatro, datashow, retroprojetor, slide, DVD, e qualquer outra ferramenta que venha a colaborar com o processo de ensino e aprendizagem.

Apesar da existência de todas essas ferramentas, quando a expressão "tecnologia na educação" é empregada momentaneamente, tende a se pensar em computadores e internet. A tecnologia amplia o poder de exercer e desenvolver a visão sobre os comportamentos existentes no processo de ensino e aprendizagem. E, nesse processo de ampliação, o computador em rede, e sobejamente o conectado à internet, disponibilizará rapidamente informações e comunicações, agilizando, assim, a produção cada vez mais relevante de conhecimento.

O espaço sala de aula na IES possibilita um diálogo não só entre professor e aluno, aluno e aluno, mas também do aluno com o mundo, via internet, literalmente, como já apontamos anteriormente. O professor tem a possibilidade de problematizar diferentes situações em que ocorra o segundo tipo de interação. Propõe atividades em que o estudante busque dialogar com diferentes realidades no momento em que a aula está se desenvolvendo.

Para viabilizar o trabalho com a internet na educação, é necessário um exercício de conscientização e preparação do professor para que seja atingido esse fim. Nas palavras de Silva (2003, p. 53),

> Não me resta dúvida de que o grande problema para a superação do analfabetismo digital e/ou para a aprendizagem do manejo de computadores pelas novas gerações reside num elemento-chave: o professor. Sem que o professor esteja objetivamente habilitado para o uso dos computadores, incluindo aqui o domínio dos principais programas e das principais linguagens para a produção/recepção de informações virtuais, serão mínimas as chances de uma socialização da internet em nosso meio ou, se quiser, será muito lento esse processo, retardando sobremaneira o usufruto dos seus benefícios pela maioria da população brasileira.

O trabalho com o gênero textual "chat educacional" há de ser um dos caminhos didáticos a ser utilizado no curso superior, o qual leve o aluno a perceber a importância do estudo da linguagem na sala de aula, que proporcione a reflexão, a tomada de atitude, o diálogo entre o aluno, o professor e uma dada realidade, por meio de uma ferramenta que caracteriza a nova tecnologia.

A linguagem é considerada como capacidade humana de articular significados coletivos e compartilhá-los, em sistemas arbitrários de representação, que variam de acordo com as necessidades e experiências da vida em sociedade.

É importante lembrar que os gêneros são concebidos como formas de representação de diferentes realidades, não dependendo de práticas sociais, mas da realidade mesma. Nesse sentido, o "chat educacional", segundo Abreu (2004), constitui-se em um gênero recente dentro do contexto da internet. O autor acrescenta ainda que o termo chat é usado para referir-se ao instrumento do sistema da rede que permite uma forma de comunicação síncrona entre os participantes.

Esse gênero não se constitui em aula expositiva. A espontaneidade há de estar presente em todo o momento em que seja articulado entre os alunos no momento da atividade proposta. Ocorre, na verdade, um contato "virtual" ou "digital" entre os participantes do diálogo, que é registrado, tecnicamente, em turnos diferentes, mas que acontece simultaneamente.

Segundo Horton (2000 *apud* Abreu, 2005), o chat educacional apresenta as seguintes características: tem diferentes finalidades; possui algumas regularidades; deve haver uma preparação prévia; a duração deve oscilar entre vinte e noventa minutos; o professor tem o papel de organizar o evento antes (preparando), durante (organizando o ritmo e garantindo a participação de todos) e após a conversa (conduzindo uma avaliação); a habilidade do participante com o computador facilita sua utilização no processo de ensino e aprendizagem.

O chat educacional na IES

Na tentativa de demonstrar que o chat educacional constitui-se em uma estratégia para trabalhar em sala de aula, propusemos um atividade para os alunos. O professor combinou um horário em um determinado dia para que todos os que estivessem interessados em participar entrassem no MSN Messenger. No dia e na hora marcados, entraram no programa seis alunos, com seus respectivos nicks: *Amanda (Mandí - tendo aula pelo msn...), José Eduardo (Zé - Balada nunca mais. Eu nasci em época errada), André (Aula pelo msn... essa eh nova hahahaha!), Hélio, Thiago ("Metade dos erros na vida nascem do fato...") e Allan (Tabacof Jr.).* Não havia sido delimitado um assunto. A escolha do tema ocorreu no próprio chat, no momento em que todos estavam ligados pela internet. A conversa durou cerca de quarenta minutos.

Os sujeitos dessa experiência estão na faixa etária entre dezessete e vinte anos. Todos tem costume de navegar diariamente pela internet, e estabelecem contato com os amigos via Messenger.

Depois dos alunos se cumprimentarem, foi escolhido o tema do filme Matrix para a discussão. Entrar em sala de bate-papo não era algo novo para todos. Era novidade esse tipo de exercício, ou seja, a discussão, mediada por um professor, via internet. Novidade, inclusive, para o professor. O aluno André registra o espanto no chat, como denuncia o próprio nick que ele escolhe para conversar com o grupo.

No início, os alunos pareciam estar tímidos para teclar, limitando-se a frases curtas, sem se declararem com detalhes. Constata-se esse fato no início da conversa entre os sujeitos, escrevendo da forma que estão acostumados a se comunicar com os colegas pela sala de bate-papo, como demonstra o turno transcrito: "*~*Andre*~* - aula pelo msn..essa eh nova hahahaha! diz: / acho q a trilogia neh?"

Observa-se que o aluno abrevia palavras (que = q) e não utiliza o acento (neh = né). Traz para a discussão a própria linguagem do computador, aquela utilizada na comunicação digital. A nosso ver, esse fato caracteriza o "clima" de internet que os alunos vivenciavam naquele momento, junto a um professor da faculdade. Cada um estava em sua casa; o elo entre eles era apenas a rede.

Outro fato que nos chamou a atenção foi o senso de humor de alguns alunos. O mesmo humor que possuem nas aulas, eles trouxeram para o bate-papo. É o caso do aluno Allan, quando brinca com a fala de André: "Tabacof Jr. diz: trilogia dos tres filmes!!! esse bahia ta esperto ein".

Registrem-se ainda as marcas da oralidade presentes no turno dos participantes, o que é típico desse gênero textual.

> "Metade dos erros na vida nascem do fato de sentirmos quando deveríamos pensar e pensarmos quando deveríamos sentir", diz:
> sim mto boa tabas mandou bem sem duvidas pq afinal de contas foi ultilizado no filme

Outro turno que representa bem esse fato é a fala de Hélio, transcrita: "-Hélio- diz: / eu soh acho estranho tipo como o mundo real deles pode ter acesso ao mundo matrix atraves da internet". Ele utiliza o termo "tipo", que é próprio da oralidade, sobretudo daquela do grupo adolescente.

No desenvolver da discussão, o professor colocou-se como mediador entre os alunos, opinando muito pouco. Na verdade, procurou fazer com que os alunos se colocassem como sujeitos no processo; proporcionou um momento em que os discentes construíssem um conhecimento por eles mesmos. A proposta era que argumentassem, ativando o repertório e a bagagem cultural de cada um, para que construíssem um conhecimento comum na discussão que ocorria por meio do chat.

Os próprios alunos organizavam-se, caracterizando a seriedade com que estavam participando da atividade, como revela o turno abaixo:

> Tabacof Jr. diz:
> questão de ordem!!!

> sugiro q primeramente, tds se desvencilhem das suas alcunhas cibernaticas, frases de efeito, nomes engraçadinhos e adotem seus verdadeiros nomes, a fim de tanto facilitar o dialogo bem como facilitar a leitura!

Essa atividade também trouxe algumas surpresas. Por exemplo, Amanda é muito disciplinada, muito estudiosa, mas pouco se posiciona na sala de aula; fala muito pouco; sua participação é tímida em discussões. No entanto, nessa atividade, foi ela quem, na verdade, direcionou o início da conversa: "Mandí - tendo aula pelo msn... diz: / uma vez eu tive que analisar esse filme e ligá-lo à Alice nos países das maravilhas, e por incrível qu pareça são quase iguais..."

Ela lançou a ideia de discutir a ligação entre os dois filmes, o que causou espanto nos alunos, assinalado por André:

> *~*Andre*~* - Aula pelo msn..essa eh nova ahahaha! diz:
> nossa....serio?
> [...]
> - Hélio - diz:
> se vc pensar tem ligaçaõ sim..

O que levou Hélio a confirmar a ligação entre os dois filmes.

Outro aluno que nos surpreendeu foi José Eduardo (*Zé - Balada nunca mais, eu nasci em época errada...*). Trata-se de um aluno extremamente indisciplinado e disperso durante as aulas, quando basicamente fica na internet, sem prestar atenção no que o professor explica; não faz exercícios propostos. No entanto, no decorrer dessa atividade, participou conduzindo sua fala numa perspectiva multidisciplinar:

> Zé - Balada Nunca Mais, Eu nasci na época errada... diz:
> se vc for analisar as teorias matemáticas todas envolvem constantes q sao pré-definidas (ou seja relativas) para funcionarem.
> allan diz:
> mito da caverna

A discussão, por meio de sua intervenção, enveredou para os caminhos da filosofia, buscando elementos do mito da caverna no tema proposto. Outros alunos demonstram o conhecimento da Filosofia, disciplina que têm no curso, trazendo-o para a discussão:

allan diz:
digo mais, Matrix eh uma releitura do mito da caverna, do nosso amigo Platão
Mandí - tendo aula pelo msn... diz:
verdade...
sandro diz:
foi fundo, Allan...
Andre diz:
isso eh verdade..lembrei do coelho
Andre diz:
mito da caverna ahahahahaha...tive q rir
Andre diz:
descupa
-Hélio- diz:
desculpe a minha ignorancia mas o qe seria esse mito da caverna?
allan diz:
Tudo aquilo q vemos são meras sombras de uma realidade exterior????????
Thiago diz:
sim sim mandou bem allan

Nos turnos transcritos acima, percebe-se que os próprios alunos conduzem a reflexão, por meio de uma argumentação.

Foi possível perceber que os sujeitos respeitavam a fala de cada um, respondendo ao colega sempre no contexto da proposta inicial. Quando algum dos participantes dispersava-se, alguém lhe chamava a atenção:

allan diz:
prossiguemos
sandro diz:
e não percamos de vista o filme, ok? esse é o objeto de nossa discussão.. que caminha bem...
Thiago diz:
sim adiante

Poucas foram as vezes em que o professor interveio para que eles não se dispersassem. Os alunos se preocuparam em trazer à baila elementos vistos em sala de aula, como questões relativas à linguagem e o próprio uso da tecnologia no curso superior:

sandro diz:
a linguagem da tecnologia (?) deve ser pensada, inclusive se fizer o diálogo com Alice no país das maravilhas... muito bom isso... gostei
Tabacof Jr. diz:
tamo ai ne
Mandí - tendo aula pelo msn... diz:
ãhãm..
"Metade dos erros na vida nascem do fato de sentirmos quando deveríamos pensar e pensarmos quando deveríamos sentir" diz:
sim acho q pode gui afinal cada vez mais a internet é ligada a tudo e principalmente a nós iradu isso
*~*Andre*~* - Aula pelo msn..essa eh nova hahahaha! diz:
sim...mas eu tava qurendo falar outra coisa..mas td em...desisti
"Metade dos erros na vida nascem do fato de sentirmos quando deveríamos pensar e pensarmos quando deveríamos sentir" diz:
afinal trabalhamos com notebooks o dia todo

Os alunos discutiram a realidade em que estão inseridos na instituição, como revela a fala de "Metade dos erros...", quando se refere ao uso do notebook no dia a dia.

Conforme Araújo (2003, p. 13):

> As práticas pedagógicas não podem passar ao largo das práticas discursivas que se atualizam efetivamente na sociedade, nos mais variados contextos, ignorando os propósitos comunicativos que as movem e os efeitos pretendidos em cada situação particular de interação.

Promover esta atividade na IES pode se tornar um meio eficaz de utilizar o notebook na prática pedagógica, não simplesmente como um "caderno de luxo", tendo em vista que uma das missões da instituição é preparar o aluno para se tornar um executivo na área de estudo.

Segundo Abreu (2005, p. 91),

> Todo gênero possui uma lógica orgânica que pode ser entendida e dominada de modo criativo a partir de fragmentos de gêneros. Para o autor [Abreu refere-se a Bakhtin], cada variedade de um gênero de algum modo sempre o generaliza, contribuindo para o aperfeiçoamento da linguagem daquele gênero.

O gênero chat educacional faz com que o professor assuma o papel responsável pela articulação da ação dos participantes. E isso ocorreu de fato, como vimos no desenvolver da fala dos alunos. Ao dialogarem, confirmam ou não a ideia de outro:

> -Hélio- diz:
> eh a dica qe a trinity para fazer com qe o NEo e ela se encontrem...
> Mandí - tendo aula pelo msn... diz:
> as cores usadas no matrix e na alice dirate o filme são as mesmas...
> Mandí - tendo aula pelo msn... diz:
> isso hélião

Hélio expõe sua ideia, a qual é confirmada por Amanda, que trouxe a proposta de comparar os dois filmes.

Os alunos também evocam a opinião do professor. Na verdade, querem observar a opinião de todos os integrantes da atividade. Veem o professor no mesmo contexto e nível em que eles se encontram.

> sandro diz:
> turminha, quero ver a opinião de vcs...
> -Hélio- diz:
> o professor o que vc qer falar sobre escolhas??
> allan diz:
> diga
> Thiago diz:
> mas tudo gira em torno de algo jah criado

Antes de encerrar a atividade, o professor pediu aos alunos que fizessem um relatório sobre a experiência vivenciada naquele momento. Apenas três alunos o fizeram: André, Thiago e Allan. Seu relato evidencia a validade de tal recurso, via tecnologia, para o processo de ensino e aprendizagem.

Considerações finais

Na avaliação dos alunos quanto à atividade desenvolvida, observamos alguns pontos interessantes no que diz respeito ao gênero chat educacional, ainda que eles não tenham noção de gênero textual, pois não foi dada a eles essa nomenclatura.

Primeiramente no que diz respeito ao posicionamento do professor diante da discussão. Os alunos perceberam que este deve ocupar a posição de mediador à medida que a atividade se desenvolve. Veem a necessidade de que o docente fique mais "afastado" da discussão, a fim de que eles mesmos sejam os sujeitos da construção do conhecimento via chat. É o que podemos constatar na fala do aluno Allan:

> A troca de mensagens entre os alunos tomou o lugar da fala em sala de aula, e a presença mais "afastada" do professor, podendo ser tomado no caso como apenas um mediador, fez com que os alunos se expressassem mais livremente, fomentado assim a discussão.

Consegue ele perceber a necessidade do professor organizar a atividade, mostrar o caminho a ser percorrido. No entanto, tem consciência de que a discussão deve ser feita pelos próprios alunos.

> Na experiência em questão, foi o professor que através de consulta com alunos, decidiu o tema e nos mostrou a linha mestra de pensamento acerca do mesmo, e sua fala tinha como intuito principal manter-nos focados no assunto e instigar-nos cada vez mais.

O conhecimento do tema a ser discutido também precisa ser considerado para aprofundar o debate ocorrido. Percebemos que, à medida que a discussão fluía, os alunos tentavam auxiliar os colegas que não tinham domínio sobre o tema.

Ao trabalhar com o chat educacional promove-se, ainda, a solidariedade nos colegas no tocante à troca de informações, de levar o outro à construção do conhecimento, tendo o professor a função de mediar essa relação interpessoal que se constrói por meio da atividade. Caracteriza-se, pois, uma atividade em que se faz presente o interacionismo, na concepção de Schneuwly e Dolz (2004).

Talvez por falta de conhecimento desse tipo de exercício e por ser uma novidade para os alunos, chamaram-no de "aula". Talvez esse fato promova o desinteresse dos alunos em participar da atividade proposta. Eles não tem o hábito de trabalhar com essa ferramenta, com esse tipo de prática discursiva. Caracteriza-se, assim, um indício de que há necessidade de se transformar essa atividade em uma estratégia de ensino.

Não se pode negar que os sujeitos têm consciência da diferença entre esta atividade e a aula tradicional. A experiência foi muito produtiva, como eles mesmos afirmam em seus depoimentos. Thiago afirma: "A experiência foi produtiva, acho que outros assuntos podem ser abordados daquela maneira, principalmente se houve a formação de grupos fechados".

Esse mesmo aluno chama a atenção para a necessidade da "brincadeira", da descontração durante a discussão. Esse olhar de Thiago registra a espontaneidade por que os participantes devem estar envolvidos, característica marcante do chat educacional.

Essa IES oferece a seus alunos a oportunidade de aquisição do conhecimento por meio do instrumento tecnológico, que possui um alto poder de transformação, produção e dominação. Tal ferramenta serve para veicular o conhecimento significativo e ainda propiciar novos e eficientes métodos e estratégias pedagógicas. Um dos caminhos para isso, a nosso ver, é o chat. Por meio deste, o aluno poderá interagir não só com o "mundo eletrônico", mas também com seus colegas na transformação a que visa a educação. Como afirma Allan:

> O uso da internet no aprendizado já não é novidade, contudo o modo como qual tal tecnologia foi utilizada trouxe algumas novidades, novidades estas que não podem ser relevadas. A discussão é uma primeira característica nova, confrontar conceitos é meio de aprender e a discussão através da internet é de grande importância.

Acreditamos que, como gênero textual, o chat educacional constitui-se numa importante ferramenta para o processo de ensino e aprendizagem. No entanto, para que ele produza um efeito de sentido entre seus participantes, é condição *sine qua non* que o professor esteja bem preparado e tenha consciência da eficácia desse gênero no desenvolvimento do processo educacional.

Referências Bibliográficas

ABREU, Lília Santos. O chat educacional: o professor diante desse gênero emergente. In: DIONÍSIO, Angela Paiva; MACHADO, Anna Rachel & BEZERRA, Maria Auxiliadora. *Gêneros textuais & ensino*. 3ª ed. Rio de Janeiro: Lucena, 2005, pp. 85-94.

ARAÚJO, José Carlos & RODRIGUES, Bernadete Biasi. *Interação na internet – novas formas de usar a linguagem*. Rio de Janeiro: Lucerna, 2005.

KARWOSKI, Acir Mário; GAYDECZKA, Beatriz & BRITO, Karim Siebeneicher (orgs.). *Gêneros textuais: reflexões e ensino*. Paraná: Kaygangue, 2005.

LUCAS, Fábio. *Literatura e comunicação na era da eletrônica*. São Paulo: Cortez, 2001.

MORAN, José Manuel; BEHRENS, Marilda & MASSETO, Marcos Tarciso. *Novas tecnologias e mediação pedagógica*. Campinas: Papirus, 2000.

SCHNEUWLY, Bernar & DOLZ, Joaquim. *Gêneros orais e escritos na escola*. Trad. Roxane Rojo e Glais S. Cordeiro. Campinas: Mercado de Letras, 2004.

SILVA, Ezequiel Teodoro (org.). *A leitura nos oceanos da internet*. São Paulo: Cortez, 2003.

TEDESCO, João Carlos. *Educação e novas tecnologias: esperança ou incerteza*. São Paulo: Cortez, 2003.

TENÓRIO, Robinson Moreira. *Computadores de papel: máquinas abstratas para um ensino concreto*. São Paulo: Cortez, 1991.

Parte 3

Ensino de línguas

18. Reflexões sobre o ensino de leitura e produção de textos acadêmicos: disciplinas presenciais e ambientes virtuais de aprendizagem

Hércules Toledo Corrêa
Gláucia Jorge (UFOP)

A disciplina Leitura e Produção de Textos no âmbito acadêmico

No início dos anos 1990, a disciplina de Português ou Língua Portuguesa, em todos os segmentos do ensino, passou a ser pensada de uma maneira muito mais procedimental do que conteudística. Essa mudança de paradigma foi consequência do desenvolvimento dos estudos linguísticos, que, depois do nascimento da linguística moderna, no âmbito do estruturalismo, foi fortemente marcada pelo pensamento de Mikhail Bakhtin, que inaugurou uma concepção de linguagem como forma de interação social: a língua vista como um mecanismo flexível, dinâmico, sócio-histórico. Diferentemente de pensá-la como um conjunto de regras fixas e imutáveis no tempo e no espaço, à disposição do indivíduo, Bakhtin concebe a linguagem como uma "ponte lançada entre duas ou mais pessoas". Também é desse autor a retomada da discussão dos gêneros textuais. Se, na Antiguidade Clássica, Aristóteles tratou de uma categorização da literatura existente naquele momento através dos gêneros literários, distinguindo-os em épico, lírico e dramático, Bakhtin, em meados do século XX, escreve seu sucinto e célebre artigo "Gêneros discursivos: problemática e definição", publicado no livro *Estética da criação verbal* (Bakhtin, 1952-1953, publicado no Brasil em 1997), ampliando a noção de gênero para outros domínios que não o literário. Essa ampliação começa pela atribuição da locução adjetiva "do discurso" ao substantivo "gêneros". Para o pensador russo, linguagem, enunciação e discurso[1] são termos sinônimos, e, portanto, era possível pensar uma categorização dos gêneros discursivos, "tipos relativamente estáveis de discursos", materializados em forma de enunciados ou textos, com base em três elementos: 1. conteúdo: o assunto ou tema do enunciado; 2. estilo verbal: possibilidades linguísticas de construção textual, com seleção lexical, recursos

1 Marcuschi (2002), por exemplo, distingue texto de discurso: enquanto o primeiro é uma entidade concreta, material, o último é uma manifestação produzida pelo texto em determinada instância discursiva. Ou seja, para o linguista, o discurso se realiza nos textos.

fraseológicos, dentre outros aspectos; e 3. construção composicional: formas mais ou menos arquetípicas de textos, mais tarde chamadas de sequências textuais, que, se pensadas como predominantes num determinado texto, levam a uma classificação de seu "tipo". Marcuschi (2002), fundamentado em Werlich (1973), reconhece as sequências textuais como traços linguísticos específicos de textos e propõe a seguinte classificação das sequências: narrativas – predomínio das relações de temporalidade; descritivas – predomínio das relações de localização; expositivas – predomínio das relações analíticas ou explicativas; argumentativas – predomínio das relações contrastivas explícitas; injuntivas – predomínio das relações imperativas. Alguns linguistas também postulam as sequências textuais dialogais – com predomínio de trocas de turnos.

Os gêneros discursivos são, portanto, tipos relativamente estáveis de textos produzidos em uma determinado domínio ou esfera discursiva. Na sociedade contemporânea, grafocêntrica e tecnológica, temos uma infinidade de domínios discursivos, dentre eles o *acadêmico*. No âmbito das universidades, são produzidos conjuntos de gêneros discursivos, também infinitos e mais ou menos difíceis de enumerar em sua totalidade. Alguns desses gêneros, no entanto, são mais produzidos por professores e pesquisadores e, portanto, também mais solicitados aos alunos e pesquisadores em formação: fichamentos, resumos, resenhas, relatórios de leitura e artigos científicos.

Esse conhecimento teórico dos estudos da linguagem chega aos documentos oficiais da educação básica brasileira, como os Parâmetros Curriculares Nacionais, nos anos 1990. O texto, em suas múltiplas formas, é visto como o objeto central da aula de Português, disciplina de caráter procedimental, não mais um conjunto de conteúdos gramaticais tradicionais – como a morfologia, a sintaxe, as figuras de linguagem... A produção e a recepção de textos de diferentes domínios discursivos, como o publicitário, o jornalístico, o literário, o comercial e o oficial, para citar apenas alguns, tornam-se objeto da aula. Dessa maneira, a língua portuguesa constitui uma ferramenta para o ensino-aprendizagem dos outros saberes escolares, como a biologia, a geografia, a história e a matemática[2].

Nos últimos anos, as pesquisas do linguista suíço Jean-Paul Bronckart, difundidas no Brasil principalmente pelo livro *Atividades de linguagem, textos e discursos: por um interacionismo sócio-discursivo* (1999), também influenciaram

2 Também essas disciplinas escolares tiveram suas fundamentações e práticas revistas nos últimos anos, deslocando-se, na maior parte das vezes, dos conteúdos para as formas de interpretação e reflexão sobre esses conteúdos. Estudos sobre o(s) letramento(s), que se multiplicaram nas duas últimas décadas, vêm se somar aos estudos da linguagem, marcando essa virada pragmática das disciplinas escolares e acadêmicas.

sobremaneira pesquisadores e professores comprometidos com objetos e metodologias das aulas de linguagem. O interacionismo sociodiscursivo embasa-se principalmente no pensamento de Michel Foucault, com suas teorizações sobre as formações discursivas, e Mikhail Bakhtin, com seus postulados sobre a interação verbal e as condições de produção do discurso (agentes discursivos, contexto, objetivos).

É nesse contexto teórico – linguístico e educacional – que propomos um plano de ensino de Práticas de Leitura e Produção de Textos para alunos de cursos de Engenharia, que enfatiza alguns gêneros acadêmicos, tanto do ponto de vista das estratégias de leitura e compreensão como da produção oral e escrita.

Apesar de toda essa perspectiva teórica – e por causa dela –, pensamos a disciplina num caráter bastante prático, agregando-lhe inclusive a palavra "Práticas".

Leitura e Produção de Textos nas modalidades presencial e EaD

Nossa formação como professores de Português, ou melhor, como professores de Leitura e Produção de Textos, aconteceu enquanto se estabelecia no Brasil – e também em vários outros países – essa virada pragmática. Se, em nossa educação básica, tivemos aulas de Português centradas no conhecimento gramatical tradicional, nossa formação nos cursos de Letras, nos anos 1980 e 1990, já nos apontava para o esfacelamento dessa prática e para a constituição de uma nova aula de linguagem. Foi nesse contexto e com essa formação que iniciamos, após nossa graduação e no início de nossa formação como mestrandos, nosso trabalho como professores de Leitura e Produção de Textos no ensino presencial, principalmente nos cursos de Letras e Pedagogia, mas também História, Jornalismo, Publicidade e Propaganda e Matemática. Durante muitos anos trabalhamos com turmas recém-ingressas em universidades particulares e públicas com essa disciplina. Tivemos a oportunidade de ver surgirem novos materiais para subsídio dessas aulas, como a coleção intitulada "Leitura & Produção de Textos", da Parábola Editorial, com as publicações: *Resumo*; *Resenha*; *Planejar gêneros acadêmicos: escrita científica, texto acadêmico, diário de pesquisa, metodologia*; *Trabalhos de pesquisa: diários de leitura para revisão bibliográfica*, todas coordenadas pela professora Anna Rachel Machado. Também a linguista Ingedore Koch publicou o que chamamos de "livros didáticos de ensino superior" como *Ler e compreender: os sentidos do texto* e *Ler e escrever: estratégias de produção textual*. Muitos outros materiais foram publicados nesse ínterim por pequenas e grandes editoras. Citamos aqui apenas essas duas coleções por serem as que mais nos auxiliaram e serviram em sala de aula.

No presente momento, como estamos lotados no Centro de Educação Aberta e a Distância – Cead da Universidade Federal de Ouro Preto – UFOP, temos a incumbência de ministrar a disciplina Práticas de Leitura e Produção de Textos para as turmas de Engenharia Elétrica e da Computação do *campus* João Monlevade. O Cead usa o Ambiente Virtual de Aprendizagem Moodle em suas disciplinas, tanto aquelas de cursos vinculados ao sistema da Universidade Aberta do Brasil – UAB, designados na plataforma como Moodle 1, como aquelas disciplinas a distância de cursos presenciais, designados como Moodle 2 na plataforma.

Montamos a plataforma principalmente com material de nossa autoria[3], mas procuramos usar também vídeos disponíveis na internet – como uma entrevista sobre EaD com o filósofo francês Pierre Lévy e o clipe da música "Assassinaram a gramática", do grupo Paralamas do Sucesso; quadros de artistas plásticos famosos representando situações de leitura (uma preocupação com o "letramento estético"); caricaturas de escritores, com o objetivo de nos aproximarmos mais dos alunos jovens; gifs animados, hiperlinks com bibliotecas virtuais e ABNT, dentre outros recursos. Abaixo, a reprodução de partes da plataforma:

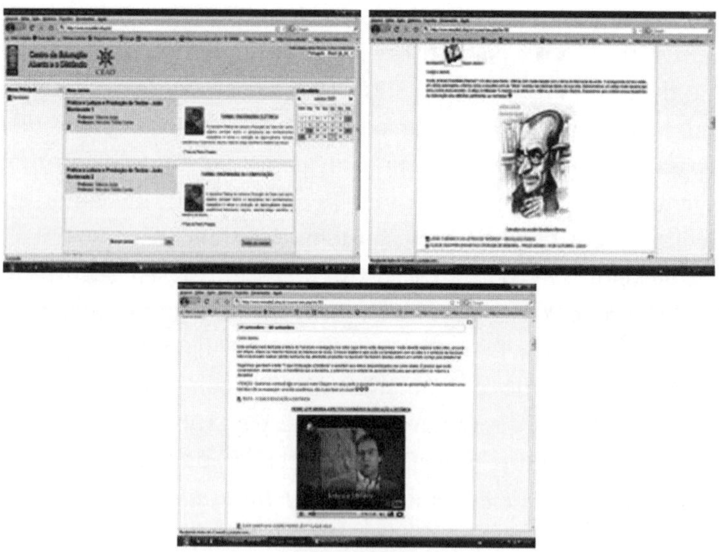

Fig. 18.1 – Exemplos de telas na plataforma de ensino utilizada.

3 Usamos como referência o livro *Prática de leitura e produção de texto*, de Gláucia Jorge (2007). Esse material foi produzido pela autora para uso em cursos do sistema UAB, e, no momento, está sendo reelaborado pelos autores deste artigo.

O perfil dos alunos

Os alunos são estudantes do primeiro período dos cursos de Engenharia Elétrica e Engenharia da Computação da Universidade Federal de Ouro Preto, *campus* João Monlevade. As turmas são compostas por homens em sua maioria: de 62 alunos, havia 55 do sexo masculino e sete do sexo feminino, com faixa etária entre 19 e 21 anos.

Até a data da produção deste artigo ainda não havíamos sistematizado dados sobre o perfil sociocultural desses alunos. Entretanto, de acordo com o que relataram em memoriais produzidos para a disciplina e sobre os quais discorreremos adiante, é possível afirmar que são nascidos em cidades do interior de Minas Gerais e São Paulo, tiveram passagens por escolas públicas e privadas nas cidades em que nasceram e frequentaram cursos pré-vestibulares. A maioria destacou em suas narrativas que a inserção em práticas de leitura e escrita se deu quando eram crianças pequenas, antes de frequentarem a Educação Infantil. Muitos narraram as iniciativas de pais e familiares de os presentearem com livros de histórias, momentos em que adultos liam para eles e outras práticas que encaminhavam para o letramento.

A primeira sondagem: conhecimentos prévios sobre os gêneros acadêmicos

O trabalho com o ensino de gêneros acadêmicos para esses alunos exigia que considerássemos o fato de eles serem jovens, com passagem recente pelo ensino médio e cursos pré-vestibulares, e possivelmente já inseridos em práticas relacionadas ao letramento digital. Sendo assim, era preciso saber o que sabiam sobre os gêneros que seriam abordados de acordo com a ementa da disciplina: fichamento, resumo, resenha, artigo científico e relatório de leitura.

Elaboramos um questionário de sondagem dos conhecimentos dos alunos sobre os gêneros textuais acadêmicos que seriam abordados. A forma como organizaríamos o AVA e as propostas de atividades que apresentaríamos aos alunos se dariam a partir das respostas coletadas. Optamos por perguntas objetivas sobre o que sabiam sobre os gêneros. Responder ou não ao questionário era facultativo. Nesse sentido, dos 62 alunos, 47 (cerca de 75%) responderam o que foi solicitado, e as respostas dadas balizaram as análises que apresentamos aqui. Uma questão importante a destacar é que os estudantes foram orientados a responder o questionário baseados apenas em seus conhecimentos, e nenhuma fonte bibliográfica deveria ser pesquisada.

A primeira questão a ser respondida foi: "O que é um fichamento?" A maioria dos pesquisados respondeu que não sabia, não respondeu ou ofereceu informações vagas sobre o gênero, conforme podemos constatar no gráfico que se segue.

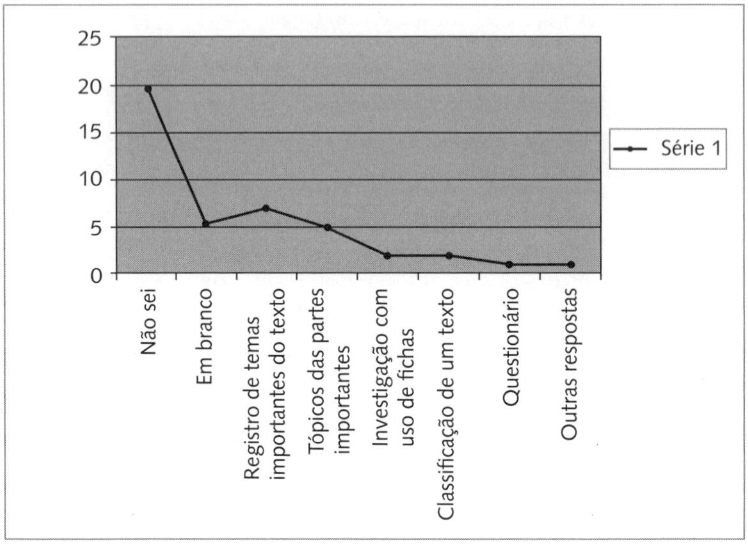

Gráfico 18.1 – Respostas à questão sobre o que é fichamento.

Creditamos o desconhecimento do gênero fichamento ao fato de ele ser pouco solicitado a estudantes nos ensinos fundamental e médio, circulando mais intensamente nos meios acadêmicos.

A segunda questão apresentada estava relacionada à primeira: "Quais estratégias utiliza quando precisa fazer um fichamento de um texto lido?" Uma vez que o gênero fichamento era estrangeiro para a maioria dos alunos, eles responderam que não sabiam ou não responderam à questão. Cerca de dez estudantes responderam que marcavam as partes mais importantes do texto e, nesse sentido, reconheciam a marcação como uma "estratégia de leitura". Os demais apresentaram respostas vagas que denotavam não apenas o desconhecimento do gênero, mas também interpretações vagas sobre estratégias necessárias à produção do fichamento, como: "escrever as palavras que entendi"; "registrar o necessário"; "procurar fragmentos de maior repetição"; "analisar os questionamentos"; "argumentos, características e personagens".

A terceira questão proposta foi: "O que é um resumo?" Foi respondida por todos os alunos – o gênero resumo é bastante abordado no ensino fundamental e médio. A nossa principal expectativa, nesse sentido, era conhecer o que se entendia por resumo e as estratégias utilizadas para produzi-lo. Dos 47 alunos que responderam o questionário, 35 disseram que o resumo é a "síntese das ideias principais". As respostas dos demais foram: "diminuição do texto"; "texto objetivo com minhas palavras"; "parte do texto".

A quarta questão a ser respondida, "Quais estratégias utiliza quando precisa fazer um resumo?", era muito importante para nós, professores da disciplina, porque revelaria, para além da definição do gênero, os procedimentos aprendidos pelos alunos para produzir resumos em suas experiências de escolarização anteriores. As respostas revelaram conhecimentos básicos sobre estratégias de leitura, como "destacar as partes principais", e outras que mais definiam o gênero do que apontavam para estratégias: "descrever partes importantes"; "resumir cada parágrafo"; "diminuir o texto". Concluímos, então, que os alunos desconheciam a forma composicional do gênero resumo, o que, possivelmente, se refletiu nos resumos que até então produziram.

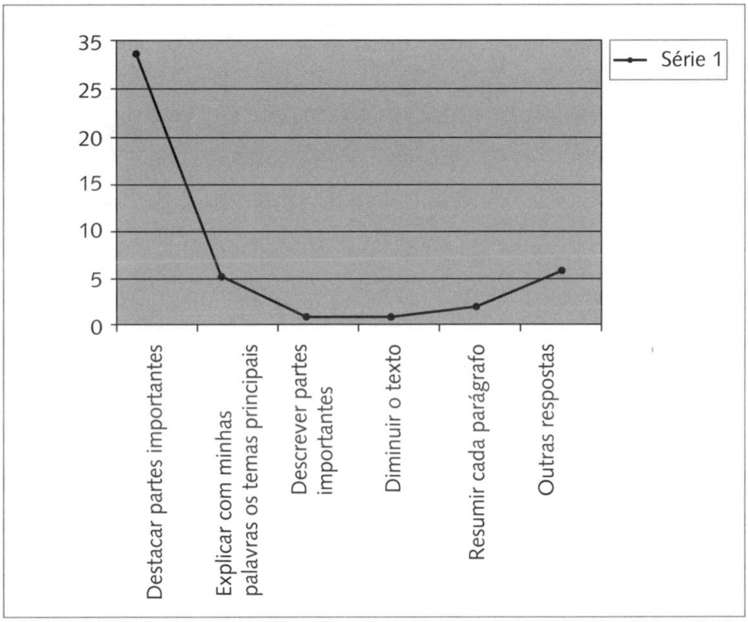

Gráfico 18.2 – Respostas à questão sobre o que é resumo.

Um dado que nos surpreendeu positivamente tem relação com o conhecimento que os alunos revelaram sobre o gênero resenha. Quando perguntados "O que é uma resenha?", quase 50% respondeu "se tratar de um breve resumo crítico"; os demais, ou não sabiam, ou deram respostas que encaminhavam para uma compreensão menos pontual do gênero ("resumo comentado"; "resumo interpretativo") ou seu desconhecimento, e consequentemente de sua forma composicional: "diálogo"; "sinopse".

O fato de o gênero resenha não ser desconhecido dos estudantes criou em nós, professores, a expectativa de saber o que eles responderiam quando indagados sobre "quais estratégias utiliza quando precisa fazer uma resenha?". Cerca de 45% respondeu desconhecer estratégias, outros (aproximadamente 10%) revelaram que suas estratégias eram "ler o texto e opinar sobre ele" ou "estratégias do resumo com opinião". Os demais afirmaram que suas estratégias eram "pesquisar em outras fontes" ou "ler e reler o texto". Enfim, no que se refere ao gênero resenha, os alunos não revelaram, assim como o fizeram em relação ao resumo, conhecer a forma composicional do gênero.

A segunda sondagem: o uso da informática, da internet e da plataforma Moodle

Um outro aspecto relevante que precisávamos saber em relação aos conhecimentos prévios dos alunos tinha relação com o letramento digital. Uma vez que a disciplina era oferecida através da EaD e no AVA Moodle, o planejamento das atividades e o uso das tecnologias disponíveis deveria se organizar a partir dos conhecimentos que os estudantes já possuíam e, certamente, que precisavam aprender. Para tanto, solicitamos que respondessem um outro questionário com perguntas sobre os conhecimentos relacionados ao uso da informática, internet e plataforma Moodle. Esse questionário foi respondido por 37 alunos (60%). Vale justificar que, por razões operacionais, o tempo determinado para responder ao segundo questionário foi mais breve que o primeiro.

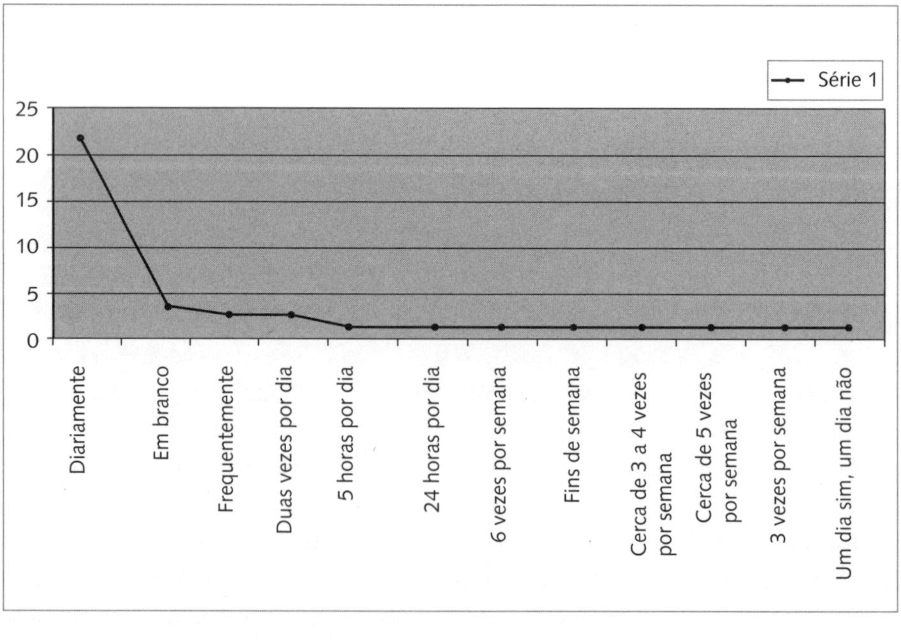

Gráfico 18.3 – Frequência de uso do computador pelos estudantes.

Procuramos, inicialmente, saber com que frequência os alunos usavam o computador. A maioria respondeu que fazia uso diário (ou frequente), e houve mesmo um que afirmou fazê-lo "24 horas por dia". Quando perguntados sobre o que faziam quando navegavam na internet, as respostas de maior incidência foram: "navegar na internet para fazer pesquisas"; "produzir trabalhos escolares"; "para estudar". A navegação para diversão, uso de MSN, Skype, jogos em rede e envio de e-mails foi indicada em menor escala, posteriormente. Ressaltamos que esse dado precisa ser analisado com cuidado. Uma vez que o questionário foi respondido para professores e estava inclusive disponibilizado no AVA, as afirmações sobre os usos principais para estudos e pesquisas podem ter relação com a expectativa dos alunos em relação ao que os professores gostariam que fosse respondido.

Uma vez que os alunos estão no primeiro período dos seus cursos de graduação e fariam uma disciplina em EaD, era importante sabermos sua opinião sobre o ensino-aprendizagem virtual. Grande parte afirmou achar "bom", outros se manifestaram "indiferentes", e os demais, cerca de 5% dos que responderam ao questionário, afirmaram que o ensino-aprendizagem a distância era: "ruim"; "razoável, pois considero a presença do professor importante"; "tranquilo"; "a dificuldade está no acesso ao computador"; ou não responderam. Apenas um aluno da turma de Engenharia Elétrica revelou conhecer a plataforma Moodle; entretanto, esse desconhecimento não comprometeu a navegação no AVA até o momento, já que a maioria dos alunos revelou não estar tendo dificuldades em navegar na plataforma. Acreditamos que essa facilidade esteja relacionada ao seu nível de letramento digital.

A partir das informações que obtivemos por meio dos questionários de sondagem, foi possível discutir a organização da disciplina, os recursos tecnológicos a serem utilizados e, ainda, selecionar as informações principais a serem abordadas numa disciplina tão abrangente como Práticas de Leitura e Produção de Textos, ministrada por meio de um AVA e com uma carga horária semestral de apenas trinta horas-aula.

Considerações finais

O trabalho desenvolvido até o momento, na condução da disciplina, nos leva a reafirmar a sua natureza eminentemente prática. Se, num curso de Letras ou Pedagogia, a ênfase em teorias do gênero seria importante para a condução dos trabalhos pedagógicos, em turmas de Engenharia, tanto no ensino presencial como a distância, percebemos a necessidade de se trabalhar muito mais com os aspectos pragmáticos da recepção e produção dos gêneros acadêmicos, obviamente não nos esquecendo de uma reflexão sobre essa *práxis*.

Diferentemente do que normalmente acontece nas práticas tradicionais de escrita no meio escolar, percebemos a importância de se trabalhar não só a escrita do texto, mas também a reescrita: a reelaboração, a retextualização e a revisão propriamente dita. Estamos convencidos de que a produção textual é labor complexo, que necessita da reescrita de versões iniciais. Se, no ensino presencial, o acompanhamento da escrita e da reescrita pode ser feito *tête-à-tête*, na EaD é preciso potencializar os recursos disponíveis para comunicação síncrona ou assíncrona com professores, monitores/tutores e alunos entre si. Um ponto crítico que encontramos em nossa disciplina da modalidade EaD é o seu pouco tempo de duração: trinta horas-aula semestrais. Acreditamos que muitos alunos precisariam de um acompanhamento especial das suas produções, e precisamos equacionar essa questão. Temos, no momento, uma monitora, graduanda em Serviço Social que passou pela disciplina, com êxito, em semestre anterior. Tem como uma das suas funções interagir com os alunos, auxiliando-os nas tarefas de escrita e reescrita. Estamos trabalhando para que ela possa nos auxiliar na tarefa e que os alunos se conscientizem dessa necessidade.

Por fim, é necessário enfatizar que nosso principal objetivo com a disciplina é possibilitar a apropriação de elementos da escrita acadêmica, tais como o uso adequado e pertinente de organizadores textuais a possibilidade de seleção lexical e construção fraseológica, tendo em vista o conhecimento das diferentes variedades da linguagem utilizadas no domínio acadêmico, que vão, por exemplo, da informalidade de um fichamento feito para uso pessoal à produção de um artigo científico a ser enviado a uma revista acadêmica de prestígio; as formas de citação e referenciação bibliográfica no interior do texto, bem como vários outros aspectos dos diferentes gêneros que circulam no âmbito acadêmico contemporâneo.

Esses são apenas alguns dados coletados num curto período de tempo, os meses de setembro e outubro de 2009. Nossa intenção é continuar a coleta com essas turmas e com as próximas, nos semestres vindouros. À medida que coletamos e analisamos esses dados, vão surgindo novas questões, aproveitadas tanto para nossa prática pedagógica como para nossa produção acadêmico-científica.

Esperamos contribuir, com essas informações e análises, para uma melhor compreensão das práticas acadêmicas de leitura e escrita de alguns gêneros acadêmicos mais usuais no presente momento, o que podemos chamar, arriscando uma terminologia, de "letramento acadêmico" de alunos das engenharias.

Referências Bibliográficas

BAKHTIN, Mikhail. Os gêneros do discurso: problemática e definição. *Estética da criação verbal.* 3ª ed. São Paulo: Martins Fontes, 2000, pp. 279-287.

BRONCKART, Jean-Paul. Gêneros de textos e tipos de discurso. *Atividades de linguagem, textos e discursos. Por um interacionismo sócio-discursivo*. São Paulo: Educ, 1999, pp. 137-149

BRASIL, Ministério da Educação. *Parâmetros Curriculares Nacionais (PCN).* Língua Portuguesa. 5ª a 8ª série. Brasília: Ministério da Educação e do Desporto, Conselho Nacional de Educação, 1998, pp. 23-27.

KOCH, Ingedore Villaça & ELIAS, Vanda Maria. *Ler e compreender: os sentidos do texto*. São Paulo: Contexto, 2007.

______. *Ler e escrever: estratégias de produção textual.* São Paulo: Contexto, 2009.

MACHADO, Anna Rachel (coord.). Resumo. São Paulo: Parábola Editorial, 2004.

______. *Resenha.* São Paulo: Parábola Editorial, 2004.

______. *Planejar gêneros acadêmicos: escrita científica, texto acadêmico, diário de pesquisa, metodologia.* São Paulo: Parábola Editorial, 2005.

______. *Trabalhos de pesquisa: diários de leitura para revisão bibliográfica.* São Paulo: Parábola Editorial, 2007.

MARCUSCHI, Luiz Antônio. Gêneros textuais: definição e funcionalidade. In: DIONÍSIO, Ângela Paiva *et al. Gêneros textuais & ensino.* Rio de Janeiro: Lucerna, 2002, pp. 19-36.

19. Retextualização, multimodalidade e mídias no ensino de Português

Ana Elisa Ribeiro (CEFET-MG)

Aula de Português

A aula de língua materna é tema de constantes investigações, em diversos de seus contornos (Geraldi, 1997; Batista, 1997; Matencio, 2001; Antunes, 2003, entre outros). Nos últimos anos, esses estudos ganharam novo fôlego, especialmente no cruzamento entre os temas da aula de língua materna e as novas tecnologias da comunicação e da informação. Alguns pesquisadores têm investido esforços em explicitar as vantagens da utilização da informática como potencializadora do aprendizado, defendendo o uso dos computadores e da rede mundial como ambiente de aprendizagem, ou, pelo menos, como complemento de tarefas em sala de aula (entre eles, Xavier, 2005; 2007; 2008). A despeito da existência de inúmeros trabalhos nessa direção, nem sempre se explicita *como* é possível proceder para inserir nas aulas (de língua materna, nesse caso) tarefas e ferramentas relativamente novas, sem "forçar a barra", sem apenas substituir "seis por meia dúzia" e tornando explícitos os objetivos e a motivação do uso de tal ou qual ferramenta.

Este trabalho é o relato de uma experiência em sala de aula, em um curso de Português Instrumental para duas Engenharias (de Computação e de Materiais), em instituição federal de ensino superior. Os alunos cursavam o primeiro período e tinham todos a mesma faixa etária (média de dezoito anos). Eram objetivos da atividade: [a] abordar o tópico língua oral e língua escrita constante da ementa da disciplina; [b] promover a reflexão sobre as modalidades oral e escrita da língua, também por meio da prática de retextualização; [c] estimular a pesquisa sobre modos de produção textual para suportes e funções diferenciados; [d] provocar o contato dos alunos com a produção falada/escrita em contextos midiáticos diferenciados, para que pudessem perceber não a modalidade escrita, mas suas diversas nuanças relacionadas à multimodalidade e aos suportes/modos de circulação.

Retextualização e multimodalidade: da rádio à web, passando pelo papel e pelo podcast

Dois conceitos são fundamentais para a condução e leitura dos resultados deste trabalho, e ainda mais importantes para sua operacionalização: retextualização e multimodalidade.

Por retextualização, toma-se o que diz Marcuschi (2000, p. 48): "uma 'tradução', mas de uma modalidade para outra, permanecendo-se, no entanto, na mesma língua". Se assim for considerado, então a retextualização é uma modificação ampla do texto, para a qual é necessária a etapa de replanejamento, principalmente quando se altera o meio em que ele será veiculado.

Dell'Isola (2007, p. 10) define a retextualização como um "processo de transformação de uma modalidade textual em outra, ou seja, trata-se de uma refacção e uma reescrita de um texto para outro, processo que envolve operações que evidenciam o funcionamento social da linguagem". Já para Matencio (2002), "retextualizar é produzir um novo texto", inclusive com o que a autora chama de "mudança de propósito". Em outra ocasião, a autora explicita as relações entre textualizar e retextualizar:

> [...] textualizar é agenciar recursos *linguageiros* e realizar operações linguísticas, textuais e discursivas. Retextualizar, por sua vez, envolve a produção de um novo texto a partir de um ou mais textos-base, o que significa que o sujeito trabalha sobre as estratégias linguísticas, textuais e discursivas identificadas no texto-base para, então, projetá-las tendo em vista uma nova situação de interação, portanto um novo enquadre e um novo quadro de referência. A atividade de retextualização envolve, dessa perspectiva, tanto relações entre gêneros e textos – o fenômeno da intertextualidade – como relações entre discursos – a interdiscursividade (Matencio, 2003, pp. 3-4).

Mais do que intervenções de caráter meramente linguístico, a retextualização demanda a adequação de um texto a determinada situação comunicativa, o que pode implicar mudanças inclusive na composição entre informação, texto, linguagens empregadas e suportes. Esse replanejamento faz emergir a questão da multimodalidade, isto é, as camadas de discurso e recursos linguísticos e gráficos selecionados e combinados a fim de compor determinado produto legível.

Para Kress e Van Leuween (2001; 2006), a hegemonia da "monomodalidade", diante das novas tecnologias, cede espaço à multimodalidade e à necessidade de todos lidarmos, produtores e leitores (até porque os dois vêm se fundindo), com diversas linguagens, em camadas que modalizam os textos, conforme se dê a eles características mais verbais, mais visuais, mais sonoras, ou conforme a maneira como se usam as cores, o layout, a posição dos elementos na página etc. Segundo os autores, cada vez mais as ações se integram na produção de objetos editoriais, de forma que, atualmente, é possível que uma única pessoa produza um livro ou um jornal, cumprindo tarefas que antes seriam responsabilidade (e competência) de uma equipe.

A multimodalidade é, então,

> [...] o uso de diversas modalidades semióticas no design de um produto ou evento semiótico, juntamente com a forma particular como essas modalidades são combinadas - elas podem, por exemplo, se reforçar ("dizer o mesmo de maneiras diferentes"), desempenhar papéis complementares [...] ou ser ordenadas hierarquicamente [...] (Kress e Van Leeuwen, 2006, p. 20).

O relato que se segue apresenta uma possibilidade, entre muitas, de trabalho com "modalidades semióticas" ou "eventos semióticos", com base na combinação e recombinação dessas modalidades em uma tarefa proposta a estudantes do ensino superior, num jogo entre retextualização e algumas mídias às quais temos acesso na atualidade.

As aulas e as tarefas

Considerando essas noções, procedemos à implementação de um plano de trabalho que teria as seguintes etapas: [1] Preparação do material pela professora; [2] Apresentação do material aos alunos; [3] Solicitação de tarefas a serem cumpridas em três semanas de aula (seis aulas), com análise e discussão em sala e resolução das tarefas em casa, envio de links para a professora e entrega de material impresso; [4] Avaliação coletiva das soluções propostas.

Preparação do material pela professora

A primeira etapa da atividade consistiu na escolha de uma rádio FM, na audição e na gravação de um período da transmissão, para posterior seleção de trechos da locução. Com base nessa escolha, um trecho contínuo da locução (aproximadamente quinze minutos) foi transcrito, o mais fielmente possível em relação à fala do locutor, utilizando-se notação inspirada na do Projeto Nurc (Projeto de Estudo da Norma Linguística Urbana Culta de São Paulo)[1]. Essa transcrição (Apêndice) foi copiada e entregue a duplas de estudantes.

1 O sistema de transcrições do Nurc pode ser encontrado em livros (como a obra organizada por Preti, 2003) ou em <http://www.fflch.usp.br/dlcv/nurc/index.html>, acessado em 21 de setembro de 2009.

Na impossibilidade de obter a gravação original, que era antiga, a professora, em colaboração com um pesquisador (mestrando em Educação Tecnológica, com pesquisa sobre o uso de podcasts em sala de aula) obteve o link de uma reprodução do trecho da transmissão. No podcast, o pesquisador simulou a transmissão da rádio, incluindo músicas de fundo e obtendo bom resultado[2].

Apresentação do material aos alunos

Cada dupla de alunos recebeu o texto transcrito, sem explicações sobre gênero, origem, funções e normas da transcrição. A experiência de ler (em papel) o texto transcrito fazia parte da atividade, sendo importante que a professora provocasse a discussão sobre o texto, com base nas primeiras impressões dos estudantes.

As duplas passaram a explicitar suas impressões, em geral apontando aspectos do texto que lhes pareciam incômodos: falta de um padrão ortográfico, "informação desorganizada e fora do lugar", repetição de informação, truncamentos de frases, pontuação inconsistente, frases incompletas, "texto sem pé nem cabeça", entre outros. Sem muita demora, os alunos percebiam que se tratava de uma transcrição, chegando a inferir a função de certas marcações (maiúsculas para ênfase, pontinhos para pausas, barras para truncamentos etc.). Em ambas as turmas, houve pedidos isolados de que o texto fosse oralizado, já que alguns alunos percebiam que a modalidade "escrita", naquele caso, parecia inadequada para aquele formato textual[3].

Solicitação de tarefas

As tarefas a serem cumpridas pelas duplas eram: acessar o podcast em endereço eletrônico fornecido pela professora, ouvir a transmissão e anotar as impressões que tinham ao ouvir "o mesmo texto" em outra modalidade/mídia.

Com base nessa audição, as duplas de alunos deveriam propor nova composição ao texto. No caso da Engenharia de Materiais, foi solicitado que apresentassem notícias de jornal impresso de circulação local (tipo jornal do bairro). No caso da Engenharia

---

2 O endereço era <http://podcast1.com.br/canal.php?codigo_canal=4854>, acessado em 21 de setembro de 2009. Podcast é uma espécie de canal de rádio na web, de acesso gratuito e livre, em que as pessoas podem gravar e transmitir músicas e outros conteúdos. Em geral, podcasts são temáticos. No caso do ensino de Português, há podcasts que tratam de diversos tópicos mais tradicionais, como "dicas de português" e aspectos da textualidade.

3 É interessante notar que, dada a característica das informações dadas pelo locutor da rádio, ele provavelmente falava sobre um evento evangélico e sobre as visitas à rádio com base em algum lembrete escrito. A locução, ainda assim, era bastante espontânea.

de Computação, além da versão impressa de jornal, foi pedido que produzissem uma versão web do texto, observando-se parâmetros de usabilidade que deveriam pesquisar[4]. A professora receberia, ao final, textos impressos e links para visitar.

Avaliação coletiva das soluções

Os alunos avaliaram as soluções encontradas e discutiram os recursos empregados para a melhor comunicação das informações originais. Relataram as pesquisas feitas para chegar a uma solução, além de questionarem aspectos como: Por que este texto falado (ouvido no rádio) parece mais fácil de entender? Que público ouve esta rádio ou lê este jornal? Isso tem implicações para minha solução? Pode-se alterar a ordem das informações? É permitido excluir trechos quando da reformulação para outra mídia/modalidade?

Além dessas questões, alguns alunos relataram a pesquisa no buscador virtual Google (visando a encontrar artistas e endereços citados no texto-fonte), a consulta a manuais e a jornais existentes, além de uma aluna ter telefonado para os números citados, na tentativa de saber se aquela rádio era real.

Resultados

Dos 49 trabalhos impressos recebidos pela professora, 23 eram de alunos de Computação e 26 de Engenharia de Materiais. Não houve diferença qualitativa ou quantitativa entre os trabalhos de alunos de um e de outro curso, a despeito de certa expectativa de que alunos de Computação pudessem demonstrar mais interesse ou preocupação com o planejamento de interfaces.

A solicitação de uma retextualização que faria "migrar" um texto de rádio (falado) para uma notícia de jornal impresso trazia implicações importantes para o produto, incluindo-se não apenas as operações de edição linguística, mas soluções gráficas, com as quais os alunos mostraram preocupação[5].

Em relação ao layout que poderia ser semelhante ao de um jornal impresso (fios, colunas, fotos, boxes, diferenciações de corpos de fontes etc.), dos 49 trabalhos, 34 se aproximaram da formatação familiar a todos. Em graus menos ou mais altos, as produções apresentaram características de impresso.

---

4 Usabilidade é uma subárea da computação que trata da avaliação e do aperfeiçoamento de interfaces computacionais, com base em pesquisas com o usuário. Ver, por exemplo, Leavitt e Shneiderman, 2006.

5 Nessa mesma direção, alguns estudos de jornalismo trazem discussões sobre a "transposição". Ver, por exemplo, Canavilhas (2003) e Mielniczuk (2001; 2003).

JORNAL COMUNIDADE

ATO EVANGELÍSTICO NO FLORAMAR

ESPAÇO PARA OUVINTES

Fig. 19.1 – Layout em colunas, com imagem, cabeçalho e fios.

Fig. 19.2 – Layout com colunas e cabeçalho.

Em relação à edição de conteúdo, 22 dos 49 textos alteraram a ordem das notícias, preferindo dar como primeira (mais importante) a de um evento de caráter religioso, em detrimento de uma informação sobre o fato de a rádio poder receber visitas pessoais de ouvintes.

Os layouts mais propostos foram aqueles que utilizam colunas separadas por espaços em branco ou por fios, de forma tanto horizontal como vertical. No caso das primeiras, os trabalhos que consideraram a notícia sobre o evento evangélico mais importante optaram por colocá-la à esquerda, posição pela qual o leitor, em geral, começa a leitura da página. No caso dos textos compostos verticalmente, a notícia sobre o evento vinha em cima (topo). Kress e Van Leeuwen (2001; 2006) dedicam muitas páginas à análise dessas questões. Para eles, informações dispostas à esquerda são consideradas "dadas". A informação "nova" está à direita. Na composição vertical, o topo tem preponderância em relação à posição embaixo. Essas afirmações são curiosas, na medida em que o lado esquerdo/alto da página parece ter muita importância para o design gráfico e tem, nos manuais de escrita na web, mantido a importância em relação à leitura nas páginas eletrônicas.

Folha da Comunidade

Fig. 19.3 – Composição horizontal, com notícia sobre evento evangélico à esquerda.

COMUNIDADE FM
NOTÍCIA

JORNAL DO FLORAMAR

Fig. 19.4 – Composições verticais, com notícia sobre evento evangélico no topo.

É importante mencionar, também, que o fato de a notícia da abertura da rádio à visitação dos ouvintes vir no topo, em diversos trabalhos, parece não ter sido exatamente planejada. No caso de editores profissionais, essa seleção pode significar, de fato, o ato de conferir importância maior a essa informação, alterando o discurso do jornal pela organização de suas páginas.

Em dois casos, a posição das notícias foi compensada por elementos que poderiam conferir maior saliência a elas. No caso da Fig. 19.5, o evento vinha noticiado dentro de um box com fundo escuro, no pé da página; no caso da Fig. 19.6, o corpo da fonte e o maior espaço dedicado à notícia do ato evangelístico compensava o fato de o texto estar à direita.

Informativo Igreja Evangélica

Rádio Comunidade aberta para visitação

Fig. 19.5 – Box no pé da página para compensar a posição.

Informativo Evangélico Floramá

Recados da semana

Igreja Promove Ato Evangelístico

Fig. 19.6 – Letras grandes para dar saliência à notícia à direita.

Em relação à criação de nomes para os jornais, foram 24 propostas de distinção entre as notícias e o nome do veículo. Os títulos foram: A Comunidade Interage, Boletim Informativo da Rádio Comunidade FM, Comunidade FM, Comunidade FM Notícia, Diário da Comunidade FM, Folha Comunidade, Informativo Evangélico Floramá, Informativo Floramar, Jornal Comunidade, Jornal Comunidade Floramar, Jornal da Comunidade, Jornal da Rádio Comunidade FM, Jornal do Bairro, Jornal do Bairro Floramar, Jornal do Floramar, Jornal do Morro, Jornal Profetizando Vida, Informativo Igreja Evangélica, Informativo Semanal e Voz da Comunidade, com vários nomes coincidentes.

Além dos nomes dados aos jornais simulados, houve preocupação com a explicitação de logotipos e marcas em dezoito casos, sendo que a expectativa sobre tipos de fontes escolhidas e imagens empregadas também coincide: as fontes são, em geral, grandes e tradicionais (Arial, Times, alguma serifada mais séria), e são comuns pombos, pássaros, crucifixos, microfones antigos e imagens de edifícios que poderiam fazer papel de igreja.

Havia um esforço em dar títulos aos textos (algo que eles não tinham na transmissão radiofônica), tratando-se de recuperar uma fórmula jornalística. São exemplos: "Rádio Comunidade aberta para visitação", "Igreja promove ato evangelístico" ou "Comunidade convida ouvintes para visita". Em alguns casos, houve preocupação com títulos e "bigode", como em "Conheça a rádio" (título) e "A visita à rádio substituiria telefonemas a cobrar" ("bigode").

Onde fica a rádio? Onde será o show?

A transcrição da fala do locutor da Rádio Comunidade FM traz dois assuntos, lineares no tempo, característica inerente a essa mídia. Grande parte dos alunos preferiu manter essa ordem em seus textos de jornal impresso, em vez de repensar a importância das notícias divulgadas. O trabalho de edição também se define por decisões relacionadas ao posicionamento das notícias, o que interfere na importância que se deseja que o leitor dê a elas ou à rapidez com que ele terá acesso aos textos.

Em relação às decisões sobre qual é a melhor maneira de dar um tipo de informação, analisaremos dois trechos da notícia sobre o ato evangelístico. O primeiro fragmento diz respeito à explicação, dada pelo locutor da rádio, sobre como chegar à praça onde o evento ocorrerá. No ar, o ouvinte poderia saber que ônibus pegar, onde descer e como se orientar.

> [...] ato evangelístico no Floramá no dia vinte nove que será amanhã né Rodrigo? vai tá lá toda equipe da Comunidade a dezoito e trinta que vai sê na pracinha do vinte dois quatorze... no final... na rua Joaquim Clemente... tá? no final do ônibus vinte dois quatorze então você pode pegá o vinte dois quatorze a e b... descê no final... ou então... pegá... – porque o final do a e b é o mesmo final tá gente? – então vocês podem pegá o a e o b... o cinquenta e cinco zero sete a b e c que passa em frente... a pracinha... do vinte e dois quatorze que é o final tá bom?

O outro fragmento relaciona-se às lojas e marcas patrocinadoras do evento e apoiadoras da rádio. Seu anúncio é feito pelo locutor na forma de slogans e da divulgação de números de telefone e endereços. Nos jornais impressos, em geral, são as informações do "serviço".

> [...] realização... realização tá seno da primeira igreja batista em Floramá... tá bom? maiores informações você pode adquiri no endereço... rua Cirandinha duzentos e quinze... no bairro Floramá OU... pelo telefone... quatro três quatro... cinco nove dezesseis... tá bom? tá apoiano também... Cruzarte que é a arte em serigrafia camisetas promocionais... cartaz silk screen em geral... a rua pode s/ a rua vai sê – ô gente... gripado é fogo né Rodrigo? – a rua... é José Drummond... setenta e oito no bairro Floramá o TELEfone... quatro três quatro meia sete dez tá? é a Irmãos Cruz vai está lá atendeno você e olha... a camiseta da Comunidade é feito por eles tá?... é coisa de primeira... e o Supermercado Vem-Que-Tem... onde você encontra os melhores preços... e o mais baixo... MAIS BAIXO tá bom? fica na rua Professor Gabriela Varela... número sé/ seiscentos e setenta e cinco no bairro Floramá... aqui... em Belorizonte [...]

O procedimento mais comum, nos jornais impressos simulados, foi a manutenção de informações sobre as linhas de ônibus que levavam ao local do evento (31 de 49, como em "As pessoas que preferirem utilizar o transporte público poderão embarcar nos ônibus 2214 A ou B, ou 5507 A, B ou C", Voz da Comunidade). A maior parte das duplas de alunos considerou esse dado importante. Das duplas que optaram por excluir essa informação, duas colocaram um mapa (Google Maps) com a marcação do local, e as restantes simplesmente deram o endereço completo da festa.

No caso dos anúncios de patrocinadores e realizadores, houve maciça opção por transformar a narrativa em composições publicitárias, inclusive com tentativas de criação de logotipos. Poucos trabalhos optaram por manter a estrutura original do texto, fazendo questão de separar visualmente os apoiadores, de alguma maneira. Por vezes, de um modo sutil (Fig. 19.7), outras vezes de maneira explicitamente aproximada da publicidade (Fig. 19.8).

Fig. 19.7 – Reorganização dos patrocinadores e apoiadores no pé da página.

Fig. 19.8 – Criação ou pesquisa de marcas para os apoiadores do evento.

O ato evangelístico anunciado na rádio pelo locutor foi entendido como algo passível de se tornar notícia na maioria dos casos. No entanto, algumas duplas de alunos optaram por compor verdadeiros cartazes.

O que aconteceu na web?

No caso da turma de Computação, a retextualização para a web ocorreu de forma que não houve relação direta entre os trabalhos impressos mais preocupados com a simulação de um jornal impresso e suas respectivas versões de internet. Um elemento que termina por neutralizar a produção é a existência de padrões fixos e templates pré-formatados. Dificilmente alguém poderia ser criativo em blogs, por exemplo, a não ser que soubesse programar ou pagasse um serviço de webdesign.

Como era de se esperar, houve o aproveitamento de imagens capturadas para o impresso e para a web, assim como fundos e mapas que serviram tanto para uma plataforma quanto para a outra. É o caso, por exemplo, do trabalho "Venha conhecer a Comunidade FM", que apresenta os layouts a seguir:

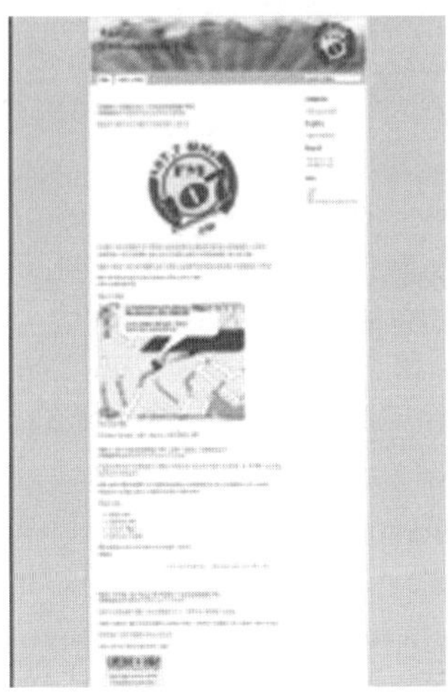

Fig. 19.9 – Impresso e blog de autoria da mesma dupla de alunos, utilizando mesmas referências.

É um ponto interessante a coincidência entre as referências utilizadas na construção das interfaces, especialmente no que se relaciona às imagens escolhidas. O discurso religioso é sugerido em salmos replicados como epígrafes, raios de sol, pássaros, crucifixos e imagens de santos.

Em alguns casos, os alunos optaram por utilizar recursos como vídeo, áudio e alguma interatividade, tornando a versão web do texto da Rádio Comunidade uma verdadeira peça hipermidiática. Foi o caso da versão a seguir, que disponibilizava um show em vídeo. É importante salientar que o texto verbal foi bastante transformado nas interfaces propostas para a web, já que havia mais recursos (e os alunos os conheciam) com os quais expressar a informação original (isto é, camadas modais poderiam atuar de forma complementar ao texto verbal, por exemplo, ou mesmo poderiam ser mais eficazes em relação ao que se queria expressar).

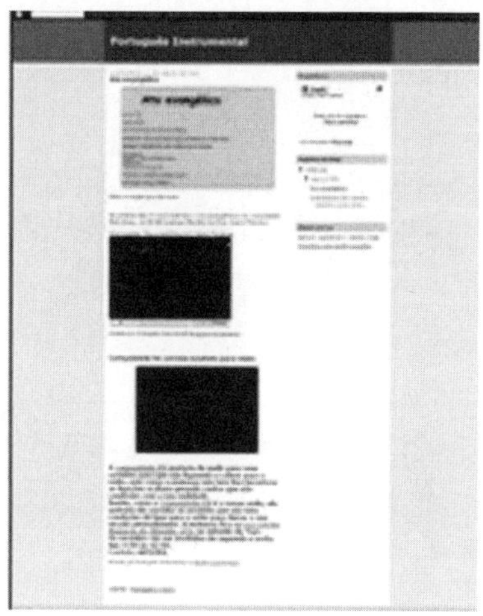

Fig. 19.10 – Blog com recursos de vídeo e áudio.

Além disso, são elementos importantes, que caracterizam o ambiente digital, a possibilidade de inserção de mapas (utilizada por alguns estudantes) e os links. Neste último caso, foram inseridos hiperlinks preferencialmente em: endereços (levando para mapas) e nomes de bandas e artistas (levando a seus sites e blogs). Essa inserção nem sempre foi feita *no* texto, como sugerem os manuais de *webwriting*, mas na forma de indicações explícitas, como em:

Fig. 19.11 – Manutenção do texto verbal e link completo (clicável), fora do texto.

Fig. 19.12 – Substituição do texto original por um link completo.

A maior parte dos espaços virtuais para a redação dos textos foi adaptada de provedores de blogs, havendo apenas um caso de hospedagem de site em provedor gratuito. De ambos os modos, agregam-se aos produtos finais anúncios e propagandas que fogem ao controle dos autores da tarefa, algo que não ocorre na composição em papel.

Com relação à informação sobre os ônibus que levam ao local do ato evangelístico, quase todos os textos web excluem o tópico, optando por mostrar a localização por meio de mapas, como na Fig. 19.13.

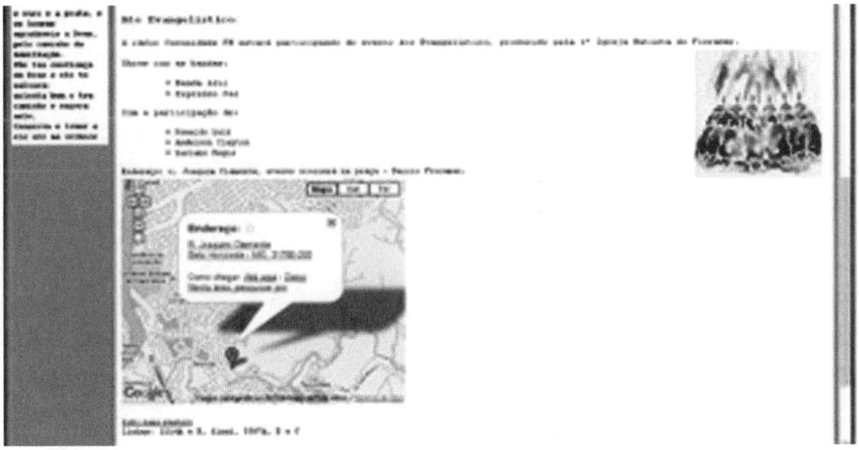

Fig. 19.13 – Substituição de explicações por mapa do local do evento.

Bandas e cantores, além de supermercados e prestadores de serviços, são, nos textos web, palavras acrescidas de links, que levam, na maioria das vezes, a sites e blogs reais, onde os alunos encontraram referências sobre os elementos noticiados pela rádio. O aspecto tem, para alguns teóricos do webjornalismo, o nome de "memória" (Palácios, 2003; 2005), ou seja, a possibilidade de tornar a intertextualidade um elemento mais forte na web, por meio de arquivos que não trazem limitações de espaço.

Turma do avançado

Na intenção de obter algum parâmetro para comparar as turmas de primeiro período com estudantes de períodos mais avançados do curso de Engenharia da Computação, a professora aplicou a mesma atividade a estudantes matriculados em uma disciplina optativa. A matéria era um Tópico Especial em Humanidades, cujo subtítulo era Escrita na Web. A turma contava 44 alunos, entre o segundo e o sexto período de curso.

As versões web do texto da rádio Comunidade FM apresentaram, no geral, as mesmas características dos produtos da turma de iniciantes, com alguma variação no uso da visualização de mapas (tipo Google Earth), mas as mesmas preocupações quanto ao planejamento de links, imagens e logotipos.

Duas ocorrências pareceram particularmente interessantes: o uso de Orkut, por um grupo, e o uso do Twitter, por outro. No caso do Twitter, os alunos consideraram que o tipo de notícia dada pela rádio poderia ter alcance e redação adequados à plataforma do microblog (apenas 140 caracteres). No Orkut, outro grupo teve o cuidado de fazer a retextualização de maneira a adequar a linguagem falada da rádio para a linguagem comum dessa mídia social (conhecida como "internetês"). Ficam claras as questões de adequação e de letramento (inclusive digital) desses alunos.

Fig. 19.14 – Twitter da Rádio Comunidade FM. Notícias curtas sobre locutores e sobre eventos, além do uso de crossmedia, *isto é, indicação de mais informações em outra mídia.*

Fig. 19.15 – Orkut do suposto produtor da Rádio Comunidade FM, com quem o locutor conversa no texto-fonte. As fotos são simulações dos scraps de Rodrigo e de João (o locutor). A conversa ganha ares de "internetês".

Considerações finais

Os processos de retextualização foram mobilizados nessa tarefa, por meio de uma proposta que previa diversas mídias e solicitava dos alunos o acionamento de letramentos que não dizem respeito somente à escola. As decisões editoriais tomadas pelos estudantes foram baseadas em suas experiências na comunicação mediada (por suportes impressos, digitais e eletrônicos em geral), sem grandes orientações da professora de língua.

Os trabalhos foram expostos a todos, durante a aula, e comparados e avaliados pela própria turma, que detectava problemas, possibilidades de melhora de determinados aspectos e soluções interessantes dadas pelos grupos. A professora comentava as soluções e fazia sugestões, ao mesmo que tempo em que aprendia com as soluções técnicas apresentadas pelos alunos

O que se aprende em Português com uma atividade como esta? A avaliação coletiva da atividade levou à conclusão de que as escritas são várias e se definem, em grande medida, pela adequação a funções, suportes e modalidades. Os estudantes também atentam (mais do que aprendem) para o fato de que há diversas formas, igualmente interessantes e eficazes, de expressar informações. São nossos conhecimentos sobre comunicação e linguagem que nos fazem decidir por uma composição em que prevaleça a imagem, a palavra ou o som, por exemplo.

As novas tecnologias da comunicação e da informação permitiram, certamente, que a experiência com linguagens e as decisões editoriais para produção dos jornais fossem mais variadas do que se fossem propostas apenas tarefas sobre suportes de papel. No entanto, a experiência de produzir uma revista impressa e a de editar um relatório são, também, diversas e multimodais. Se a revista exige decisões sobre camadas como texto, fotos, infográficos e design gráfico, o relatório pode exigir decisões sobre textos, diagramas, fluxogramas, fotos com indicações e gráficos.

Este trabalho não pretende defender que as novas tecnologias tornem os alunos mais inteligentes ou que façam deles pessoas mais hábeis com as linguagens. Aborda os resultados de uma atividade que tem relações intensas com letramentos multimodais que esses jovens já tinham e que, talvez, não tivessem percebido com tanta clareza ou não tivessem sido solicitados a usar.

A existência de podcasts, blogs e microblogs nos ajuda a alinhavar conceitos importantes e a construir conhecimentos sobre a produção textual, em suas diversas formas, hoje mais diversas do que nunca. Certamente, entre os alunos havia aqueles que não conheciam certas possibilidades ou que nunca haviam tomado uma decisão sobre como representar determinada informação, fosse ela em papel ou não. No entanto, havia também estudantes íntimos do Orkut e sabedores das pertinências entre linguagens, suportes e condições de produção. Essa competência, construída ao longo da vida em comunicação, vai se ampliando, queiramos nós que em todas as direções.

Agradecimento

A João Basílio, que fez despertarem estas ideias e esta atividade. Aos alunos das turmas de Engenharia do CEFET-MG.

Referências Bibliográficas

ANTUNES, M. I. C. M. *Aula de português: encontro & interação*. São Paulo: Parábola Editorial, 2003.

BATISTA, Antônio Augusto G. *Aula de português. Discurso e saberes escolares.* São Paulo: Martins Fontes, 1997.

CANAVILHAS, João Messias. Webjornalismo: Considerações gerais sobre jornalismo na web. *I Congresso Ibérico de Comunicação*, 2003. Disponível em: <http://www.bocc.ubi.pt/pag/_texto.php3?html2=canavilhas-joao-webjornal.html>. Acesso em: 20 set. 2009.

CHARTIER, Roger. Textos, impressão, leituras. In: HUNT, Lynn. *A nova história cultural*. 2ª ed. Trad. Jefferson Luiz Camargo. São Paulo: Martins Fontes, 2001 (coleção O Homem e a História).

COSCARELLI, Carla V. *Livro de receitas do professor de Português. Atividades para a sala de aula*. Belo Horizonte: Autêntica, 2003.

DALTOÉ, Andrelise. *A notícia e sua passagem pelos diferentes meios*. 2003. Disponível em: <www.bocc.ubi.pt>. Acessado em: jan. 2006.

DELL'ISOLA, Regina Lúcia Péret. *Retextualização de gêneros escritos*. Rio de Janeiro: Lucerna, 2007.

GERALDI, João Wanderley. *Portos de passagem*. 4ª ed. São Paulo: Martins Fontes, 1997.

KRESS, Gunthe & VAN LEEUWEN, Theodore. *Multimodal discourse. The modes and media of contemporary communication*. London: Hodder Arnold, 2001.

______. *Reading images. The grammar of visual design*. 2ª ed. London: Routledge, 2006.

LEAVITT, Michael O & SHNEIDERMAN, Ben. *Research-based web design & usability guidelines*. Washington: US Government Printing Office, 2006.

MARCUSCHI, Luiz Antônio. *Da fala para a escrita – atividades de retextualização*. São Paulo: Cortez, 2001.

MATENCIO, M. L. M. *Estudo da língua falada e aula de língua materna: uma abordagem processual da interação professor/alunos*. Campinas: Mercado de Letras, 2001, v. 1, 256 p.

______. Atividades de retextualização em práticas acadêmicas: um estudo do gênero resumo. *Scripta*, Belo Horizonte, v. 6, n. 11, pp. 25-32, 2002.

______. Referenciação e retextualização de textos acadêmicos: um estudo do resumo e da resenha. *Anais do III Congresso Internacional da ABRALIN*, março de 2003.

MIELNICZUK, Luciana. Características e implicações do jornalismo na web. *II Congresso da SOPCOM*, Lisboa, 2001. Disponível em: <http://www.facom.ufba.br/jol/pdf/2001_mielniczuk_caracteristicasimplicacoes.pdf>. Acesso em: 16 dez. 2006.

______. *Sistematizando alguns conhecimentos sobre jornalismo na web*. 2003. Disponível em: <www.bocc.ubi.pt>. Acesso em: 19 jan. 2006.

PALÁCIOS, Marcos *et al.* Um mapeamento de características e tendências no jornalismo on-line brasileiro e português. *Comunicarte*, Portugal, vol. 1, n. 2, pp. 159-170, set. 2002. Disponível em: <www.ca.ua.pt/comunicarte/artigos/r02a16.pdf >. Acesso em: 13 set. 2005.

PALÁCIOS, Marcos. Ruptura, continuidade e potencialização no jornalismo on-line: o lugar da memória. In: MACHADO, Elias & PALÁCIOS, Marcos. *Modelos de jornalismo digital*. Salvador: Calandra, 2003, pp. 13-36.

PRETI, Dino (org.). Análise de textos orais. *Projetos paralelos*. 6ª ed. São Paulo: Humanitas, 2003.

XAVIER, Antonio Carlos dos Santos. Letramento digital e ensino. In: Carmi Ferraz Santos e Márcia Mendonça (org.). *Alfabetização e letramento: conceitos e relações*. Belo Horizonte: Autêntica, 2005, v. 1, pp. 133-148.

______. As tecnologias e a aprendizagem (re)construcionista no século XXI. *Hipertextus revista digital*, v. 1, pp. 01-09, 2007.

______. Identidade docente na era do letramento digital: aspectos técnicos, éticos e estéticos. *Anais Eletrônicos do II Simpósio Hipertexto e Tecnologias na Educação: multimodalidade e ensino*. Recife: Nehte, 2008, v. 1, pp. 1-11.

Apêndice

Texto transcrito com base em gravação de locução de rádio. A notação empregada é inspirada no projeto Nurc (Projeto de Estudo da Norma Linguística Urbana Culta), e tem como objetivo marcar pausas, ênfases, começo, final, truncamentos etc. Assim, fica mais fácil imaginar como o locutor falou o texto.

{ amém (sim)... olha gente aqui também quero sugeri pra vocês o seguinte... tem muitas pessoas que não têm dinheiro... pra... comprá um cartão às vezes aí... não tem telefone em Casa... tá?...então cês faz o seguinte... vocês faz/ o/ tem a caixa postal pra vocês colocá o/ a caixa postal gera dinheiro então tá bom/ (digo) vem aqui na rádio... agora nós aceitamos aqui a visita de vocês de nove a meio dia TODOS OS DIAS da semana então gente vale a pena aí vocês conferi o nosso endereço mais uma vez... olha... é rua Eugra/ é::: rua (Eutálen) Gracia... de Almeida E/ Eutália Engrácia de Almeida... tá bom? dois sete dois a... aqui no mirante do Tupi é uma casa amarela... MUIto bem localizada em qualqué parte que você chegá do Tupi do Guarani do Floramá do Jardim Guanabara do p/ Conjunto Felicidade pra esse lado aqui você vê a casa amarela então... vale a pena aí pra gente... realmente... é muitas ligações a gente fica feliz demais da conta mais... gente... ligá a cobrá... igual eu falei a emissora é um/ ela num tem fins lucrativo ela está aqui pra anunciá e pra divulgá a palavra do Senhô então se você liga você gera custo gerano custo nós num temos aonde tirá... se a gente num tem aonde tirá... é a fechado a/ a/ a emissora e aí a/ as coisa pega... m/ mais né?

então gente... vamo lá... torcendo aí ligando no quatro quatro CInco::: quatro quatro CInco::: TREZE oitenta e um nós vamos aí participá aqui comigo no ar a última participação tá valendo (pra) você aí pode ligá (a gente) vai participá ó quatro quatro cinco... treze oitenta e um... vai ligando e participando porque a Comunidade FM... é sua... é minha... é NOssa (...)

CORTE NA GRAVAÇÃO

[...] ato evangelístico no Floramá no dia vinte nove que será amanhã né Rodrigo? vai tá lá toda equipe da Comunidade a dezoito e trinta que vai sê na pracinha do vinte dois quatorze... no final... na rua Joaquim Clemente... tá? no final do ônibus vinte dois quatorze então você pode pegá o vinte dois quatorze a e b... descê no final... ou então... pegá... – porque o final do a e b é o mesmo final tá gente? – então vocês podem pegá o a e o b... o cinquenta e cinco zero sete a b e c que passa em frente... a pracinha... do vinte e dois quatorze que é o final tá bom? a ( ) Produções vai estar LÁ também apresentando a Banda Azul e Expresso Paz com (Ronaldo) Luiz... Luciano Régis... o Anderson Clayton pra vocês aí tá e toda equipe da Comunidade FM... realização... realização tá seno da primeira igreja batista em Floramá... tá bom? maiores informações você pode adquiri no endereço... rua Cirandinha duzentos e quinze... no bairro Floramá OU... pelo telefone... quatro três quatro... cinco nove dezesseis... tá bom? tá apoiano também... Cruzarte que é a arte em serigrafia camisetas promocionais... cartaz silk screen em geral... a rua pode s/ a rua vai sê – ô gente... gripado é fogo né Rodrigo? – a rua... é José Drummond... setenta e oito no bairro Floramá o TELEfone... quatro três quatro meia sete dez tá? é a Irmãos Cruz vai está lá atendeno você e olha... a camiseta da Comunidade é feito por eles tá?... é coisa de primeira... e o Supermercado Vem-Que-Tem... onde você encontra os melhores preços... e o mais baixo... MAIS BAIXO tá bom? fica na rua Professor Gabriela Varela... número sé/ seiscentos e setenta e cinco no bairro Floramá... aqui... em Belorizonte vá ligano e participando aí pelo quatro quatro cinco... TREze oitenta e um...

20. O fórum educacional em cursos virtuais de língua estrangeira como ferramenta de interação: uma análise crítica de duas experiências

Cibele Cecilio de Faria Rozenfeld
Kátia Silene Gabrielli
Ucy Soto (Unesp-Araraquara)

Introdução

Em estudos e trabalhos da contemporaneidade, que discorrem sobre as vantagens oferecidas pela utilização de novas tecnologias no ensino de línguas, é comum encontrarmos como características das Novas Tecnologias de Informação e Comunicação (NTIC) seu grande potencial na promoção de aprendizagem colaborativa, interação entre alunos, aproximação entre participantes e professores.

Todavia, para que as NTIC cumpram tais objetivos, faz-se necessário que pequenos/grandes detalhes sejam considerados do momento da concepção e elaboração das atividades até a realização das mesmas.

Tomando como foco fóruns educacionais utilizados em dois cursos de línguas a distância (espanhol e alemão), apresentaremos neste trabalho uma análise dos elementos que se configuraram como dificuldades encontradas no uso dessa ferramenta com vistas à promoção de interação e de aprendizagem colaborativa. Com esse objetivo, pretendemos trazer reflexões para o campo da formação do aluno em contexto virtual e para uma melhor compreensão das funcionalidades e potencialidades dos fóruns em ambientes virtuais.

Ensino de língua mediado por novas tecnologias

A utilização de novas tecnologias em sala de aula no campo educacional vem despertando o interesse de muitos pesquisadores, incluindo os do campo do ensino e aprendizagem de línguas (materna e estrangeira) de forma crescente (cf. Leffa, 2005; 2006; Marquesi, Elias e Cabral, 2008; Araújo, 2007; Paiva, 2001; 2005; 2008; Collins e Ferreira, 2004, e outros).

Paiva (2008) em uma retrospectiva histórica sobre a utilização de tecnologias no ensino de línguas desde o livro, chamada "velha", até o computador, considerado "nova" tecnologia, chama a atenção para o fato de que mudam-se os suportes textuais, alteram-se as práticas de leitura e escrita, modificam-se as dimensões de espaço, de tempo, os papéis do aluno e do professor, fazendo-se necessário o desenvolvimento de novas pesquisas nesse campo.

Leffa (2005) aponta para o fato de que o professor não é mais o centro, o detentor de saberes, e não deve dar as costas às transformações educacionais decorrentes do uso das novas tecnologias e da expansão das fronteiras. Ao contrário, deve entender o seu papel fundamental como guia, orientador e/ou *animador de interações*.

Araújo (2007) reuniu pesquisadores que discutem questões sobre o papel da internet no ensino e aprendizagem de língua materna, como os gêneros utilizados nos meios digitais, os seus produtores e consumidores, a visão da escrita digital pela escola, da internet como provocadora de prejuízos na aprendizagem linguística dos adolescentes, ou da web como ameaça para a língua.

Collins e Ferreira (2004) apresentam relatos de experiências de diversos pesquisadores do ensino de línguas com o ensino e aprendizagem mediados pelo computador.

A partir das análises desses e de outros trabalhos, pudemos observar alguns pontos de consonância entre os autores: o uso das NTIC em atividades educacionais, bem como no ensino de línguas, é uma realidade já presente em contextos distintos, e sua relevância é de natureza inquestionável. Todavia, tal fenômeno introduz novas práticas e novas questões a serem investigadas. Em consequência disso, é necessário que as pesquisas nesse âmbito se intensifiquem, que os processos sejam bem observados, descritos, as ferramentas e recursos bem explorados.

Com o intuito de contribuir nesse sentido, pretendemos com este trabalho tecer algumas reflexões, discorrendo, inicialmente, sobre o Ambiente Virtual de Aprendizagem (AVA).

Ambiente Virtual de Aprendizagem

Os autores Litto e Formiga (2008) reuniram trabalhos de grande importância que dizem respeito às inovações tecnológicas e metodológicas voltadas para o trabalho pedagógico. Dentre eles destacaremos o de Araújo-Júnior e Marquesi (2008, p. 358), que definem AVA como "ambientes que simulam os ambientes presenciais de aprendizagem com o uso da TIC". Os autores afirmam ainda que, na sociedade da informação e do conhecimento, os AVA permitem um "redimensionamento do ensinar e do aprender, que antes era realizado apenas no espaço escolar". Neles o aluno tem possibilidade de ter maior autonomia, e o professor, maior capacidade de mediação e atuação como facilitador do processo de aprendizagem.

> [...] as atividades realizadas em ambientes virtuais podem ser utilizadas como um caminho para promover a autonomia, sistematizar o conhecimento, possibilitar a exploração de espaços virtuais e recursos virtuais e avaliação formativa (Araújo-Júnior e Marquesi, 2008, p. 358).

Todavia, esse não é um caminho fácil, visto que buscar desenvolver a autonomia do aluno significa, muitas vezes, não estar em consonância com sua cultura de aprender, centralizada no professor, como podemos observar muitas vezes em contextos educacionais brasileiros. As NTIC e os AVA permitem novas e potencialmente diferentes experiências de aprendizagem. Todavia, "é necessário ter em mente que essas novas e diferentes experiências só poderão existir se forem bem orientadas e moderadas pelo professor" (Araújo-Júnior e Marquesi, 2008, p. 358). Os AVA, por si só, não garantem essa diferenciação. Para que haja um bom entendimento do papel de mediação do professor, deve haver também um bom entendimento das características dos AVA.

Dentre os recursos de um AVA, utilizamos fortemente nos cursos que focalizaremos neste trabalho a ferramenta "fórum de discussão", sobre a qual discorreremos a seguir.

O fórum de discussão

O conceito fórum de discussão nos remete atualmente ao fórum de discussão virtual, mas na realidade esse termo representa algo mais antigo, que certamente foi o responsável pela evolução para o fórum virtual. Como nos lembra Brito (2004), a palavra fórum nos faz recordar das grandes assembleias romanas, em que era permitida a participação de pessoas presentes na reunião. Nesse período, os fóruns eram organizados para tratar ou debater um tema ou problema determinado. Sua finalidade era permitir a livre expressão de ideias e opiniões de todos os presentes.

O fórum de discussão virtual é uma ferramenta para páginas de internet que tem como objetivo principal promover debates abordando uma mesma questão, permitindo a ocorrência de discussões e interações por meio da troca de mensagens. Permitem comunicação assíncrona, ou seja, as pessoas interagem por meio de uma rede de computadores a qualquer hora e em qualquer lugar, sem a participação simultânea de todos os usuários em um mesmo local. De acordo com Crystal (2001), em um entorno assíncrono, as interações se armazenam em algum tipo de formato, e isso possibilita que os usuários participem da discussão ou se mantenham em dia com ela quando desejarem, inclusive depois de um período considerável de tempo.

Devemos considerar que, nos fóruns, as formas de interação têm se caracterizado pela centralidade na escrita, mesmo que haja a integração de recursos visuais e sonoros, enquanto na situação presencial ela é predominantemente oral. Todavia, essa linguagem escrita possui características especiais, constituindo um novo gênero digital, pois tem um caráter híbrido: é mais informal que a linguagem dos textos escritos, na medida em que as pessoas se utilizam dela para aproximação.

Vários outros autores apontam para o caráter especial da linguagem digital, como Souza (2007, p. 197), que se refere a ela como "a fala por escrito", Marcuschi (2004), como "hibridismo acentuado entre fala e escrita", ou ainda Xavier (2007), defendendo a característica enunciativa, híbrida e inédita do hipertexto on-line, que exige do usuário outro tipo de comportamento cognitivo.

O fórum digital é considerado um gênero emergente do discurso. Bakhtin (2002) define os gêneros do discurso como sendo enunciados relativamente estáveis compostos indissoluvelmente por três elementos fundamentais: conteúdo temático, estilo e construção composicional. Dessa forma, o fórum de discussão também é considerado um dos gêneros emergentes (Marcuschi, 2005), que surgiram com o desenvolvimento da internet e das tecnologias de comunicação.

Neste trabalho utilizaremos o conceito de fórum educacional. Devemos considerar que os fóruns educacionais são uma variante do fórum de discussão virtual. Para Crescitelli, Geraldini e Quevedo (2008), o gênero ainda está em constituição, pois tais fóruns possuem características específicas da prática social do âmbito da educação, e propósitos comunicativos próprios que os diferenciam dos fóruns digitais.

Para Silva (2009, p. 48), a principal função do fórum digital educacional é:

> [...] constituir-se espaço para a discussão de um tema. Como o tema é combinado, o fórum digital educacional oferece condições para a construção de um ambiente colaborativo, em que o conhecimento é construído coletivamente por diferentes interlocutores e compartilhado para a construção ou a reconfiguração de conceitos.

Em consonância com o autor, reafirmamos a grande potencialidade da ferramenta. Todavia, em dois cursos de línguas virtuais, observamos que alguns obstáculos se apresentam para que o uso do recurso seja satisfatório.

Faremos inicialmente uma breve descrição dos cursos, para, em seguida, apresentar alguns dos aspectos analisados.

Descrição dos cursos de LE virtuais (espanhol e alemão)

O curso de alemão "*Kulturenannäherung*: aproximação de culturas a distância" (doravante DKKA) foi proposto como curso de extensão, na modalidade on-line, em uma plataforma aberta de ensino a distância (Moodle), no ambiente virtual da Faculdade de Ciências e Letras da Unesp-Araraquara. Ele teve como público-alvo principal professores de alemão em serviço e uma carga horária estimada em trinta horas. A elaboração do curso e seleção de material on-line se deu a partir de preceitos da abordagem comunicativa[1] e do ensino intercultural de línguas[2]. Foram estabelecidos como principais objetivos favorecer o aprimoramento linguístico de forma colaborativa, por meio do uso de novas tecnologias de informação e da interação com os colegas e com os professores responsáveis, e promover a vivência na utilização de recursos tecnológicos para fins pedagógicos e a interação entre os participantes. No ambiente do curso foram utilizadas as ferramentas: fóruns de discussão, glossário, chat, tarefas, questionário, link a um site da web, wiki, diário e escolha.

O curso DKKA foi dividido em cinco módulos, cada um correspondendo a uma semana e a uma temática. Durante o curso, em todos os módulos, a ferramenta fórum de discussão foi usada com bastante frequência, com o intuito de promover a interação e discussão de temas.

O curso de espanhol "Español para turismo" (doravante EPT), assim como o DKKA, também foi proposto como curso de extensão, na modalidade on-line, em uma plataforma aberta de ensino a distância (Moodle), no AVA da Faculdade de Ciências e Letras da Unesp-Araraquara, e teve como público-alvo estudantes de espanhol, professores em serviço e pessoas interessadas na língua espanhola no contexto de turismo. A carga horária estimada do curso foi de trinta horas, distribuídas ao longo de seis semanas.

A elaboração do curso e seleção de material on-line teve como base preceitos da abordagem comunicativa, e a metodologia utilizada foi o enfoque por tarefas. Além da ferramenta fórum de discussão, também foram utilizados glossário, chat,

---

1 O conceito *abordagem* e os princípios da *abordagem comunicativa* são temas discutidos por diferentes autores, dentre os quais destacamos Almeida Filho (1993).

2 Tomamos neste trabalho o conceito de *ensino intercultural* discorrido por Rozenfeld (2007), que é ressaltado como "aquele que se concretiza tanto no campo linguístico, por meio do contato de alunos com novos códigos linguísticos, quanto no campo do encontro com a cultura-alvo como alteridade" (p. 74), buscando maior conhecimento dos aspectos culturais acerca da cultura-alvo, sensibilização para diferenças, além da reflexão sobre a própria cultura.

tarefas, questionário, link a um site da web, bem como o programa de voz Skype[3], para trabalhar com a competência oral dos alunos.

O conteúdo do EPT foi dividido em seis módulos, cada um correspondendo a uma semana do curso. Em todos os módulos, a ferramenta fórum de discussão foi usada de três distintas formas: o fórum geral, os fóruns para debates individuais e os fóruns para trabalhos em grupo. O primeiro fórum, intitulado *Foro General*, foi destinado às dúvidas gerais do curso, e esteve presente durante todas as semanas. O segundo e o terceiro fóruns foram pensados para desenvolver discussões individuais dos alunos baseadas em textos e vídeos sobre o turismo. Os fóruns das três últimas semanas foram utilizados para desenvolver o trabalho colaborativo, isto é, os alunos foram divididos em grupo, e deveriam discutir o trabalho final de cada unidade nos fóruns educacionais.

A ferramenta fórum educacional nos cursos EPT e DKKA: reflexões e ponderações

Tendo explicitado algumas bases teóricas do trabalho e descrito os ambientes virtuais em foco, passaremos nesta seção para algumas reflexões acerca da utilização dos fóruns nos dois cursos propostos. Para melhor organização dos aspectos analisados, levantaremos algumas dificuldades centrais encontradas nos dois cursos, apresentaremos sugestões para lidar com elas e proporemos algumas questões para reflexão.

Sintetizamos os aspectos a serem discutidos em quatro tópicos principais: o uso dos fóruns e as questões técnicas, o trabalho colaborativo, as questões linguísticas e a mediação.

Utilização de fóruns e questões técnicas

A maior dificuldade observada nos fóruns educacionais do EPT e do DKKA está relacionada à organização das unidades e dos fóruns. Como cada fórum tinha uma característica, os alunos se confundiam em relação aos locais onde deveriam postar suas dúvidas. Observamos que muitos não conhecem as funcionalidades dos fóruns, suas possibilidades, formas de organização e de funcionamento, e acabam utilizando-o de forma inadequada. Tal fato foi observado, por exemplo, na abertura de fóruns: houve várias ocorrências de abertura de tópicos de um

3 O programa Skype não faz parte das ferramentas presentes no ambiente de aprendizagem Moodle. No curso "Español para turismo" foi inserido um link para que os alunos pudessem descarregar o programa e instalar no computador pessoal.

mesmo assunto (ex: Wortschatztraining e Alle links) como vemos na Fig. 20.1 (DKKA), ou de envio de uma mesma mensagem para pessoas diferentes (EPT), que apresentamos na Fig. 20.2. Diante desses equívocos, a possibilidade de interação e trabalho colaborativo fica dificultada, apontando para a grande importância da explicitação adequada e exaustiva do professor acerca dos aspectos referentes a essas funcionalidades. Tal fato nos leva a perceber a necessidade de se estabelecer como objetivo do curso não apenas o conteúdo linguístico, mas também o desenvolvimento da competência digital no manejo das ferramentas.

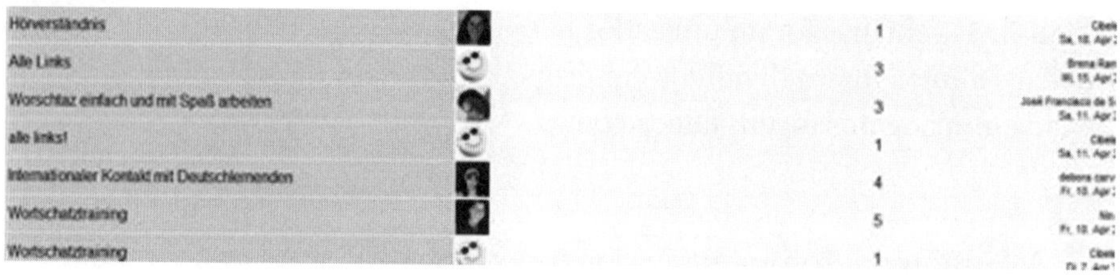

Fig. 20.1 – Fórum do curso DKKA.

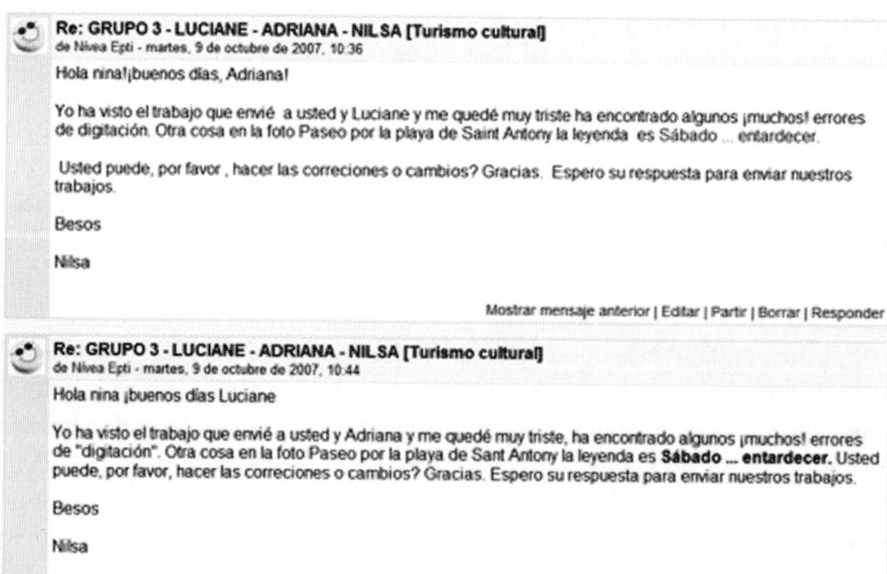

Fig. 20.2 – Fórum do curso EPT.

Utilização de fóruns e o trabalho colaborativo

O professor não deve perder de vista que uma das grandes possibilidades dos fóruns educacionais é o trabalho colaborativo. Além da dificuldade técnica exposta anteriormente para seu desenvolvimento, verificamos que esse tipo de trabalho é bastante difícil em decorrência da cultura de aprender dos alunos, centralizada na figura do professor.

No curso EPT, pudemos observar algumas interações que poderiam se caracterizar como trabalho colaborativo, como verificamos no exemplo da Fig. 20.3.

Re: Grupo: Liliam, Ana e Rita - Trabajo
de Rita Epti – domingo, 14 de octubre de 2007, 18:42

¡Hola Chicas! He pesquisado y encontré muchas cosas sobre Salamanca. Aún falta hacer la selección do que podemos aprovechar, pues son muchas informaciones. ¿Quién gustaría de hacer la finalización?

Mostrar mensaje anterior | Editar | Partir | Borrar | Responder

Fig. 20.3 – Mensagem do curso EPT.

No entanto, em outras, percebia-se claramente a necessidade do aluno de apreciação do professor para a validação de sua resposta.

Outra situação em que se intencionou o trabalho colaborativo foi em uma atividade na wiki, na qual os alunos deveriam em fórum organizar um texto a ser desenvolvido em grupo no site. Todavia, tal objetivo não se cumpriu, visto que na maioria dos grupos um único aluno fazia o trabalho completo, ou o grupo se dividia e cada um fazia sua parte, não colaborando com o texto como um todo.

Esse fato foi observado também no EPT: alguns fóruns deveriam ser utilizados com vistas ao desenvolvimento de trabalho colaborativo, mas na verdade foram utilizados como um trabalho em grupo com características do ensino presencial, já que os alunos se dividiram e dividiram o trabalho, apresentando no final apenas um apanhado da pesquisa de cada um, como podemos verificar na Fig. 20.4.

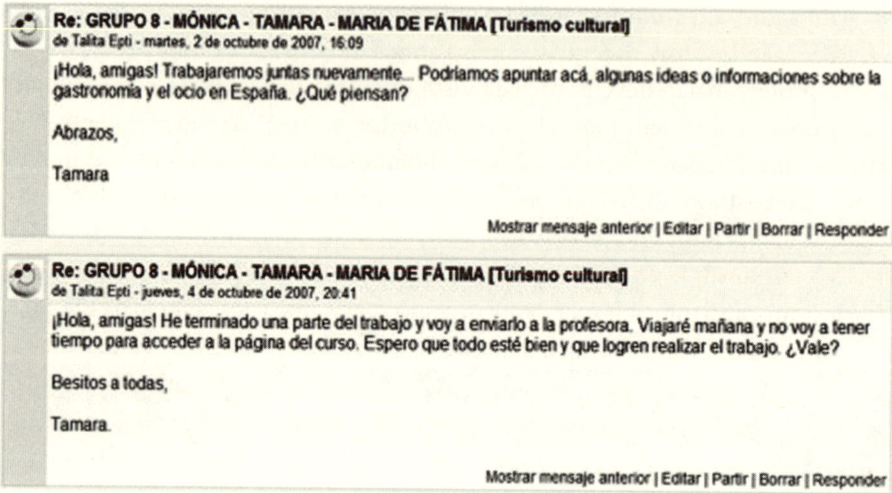

Re: GRUPO 8 - MÔNICA - TAMARA - MARIA DE FÁTIMA [Turismo cultural]
de Talita Epti - martes, 2 de octubre de 2007, 16:09

¡Hola, amigas! Trabajaremos juntas nuevamente... Podríamos apuntar acá, algunas ideas o informaciones sobre la gastronomía y el ocio en España. ¿Qué piensan?

Abrazos,

Tamara

Mostrar mensaje anterior | Editar | Partir | Borrar | Responder

Re: GRUPO 8 - MÔNICA - TAMARA - MARIA DE FÁTIMA [Turismo cultural]
de Talita Epti - jueves, 4 de octubre de 2007, 20:41

¡Hola, amigas! He terminado una parte del trabajo y voy a enviarlo a la profesora. Viajaré mañana y no voy a tener tiempo para acceder a la página del curso. Espero que todo esté bien y que logren realizar el trabajo. ¿Vale?

Besitos a todas,

Tamara.

Mostrar mensaje anterior | Editar | Partir | Borrar | Responder

Fig. 20.4 – Mensagens do curso EPT.

Utilização de fóruns e questões linguísticas: fazer correções ou não fazê-las?

Em se tratando de dois cursos que tiveram entre seus objetivos o desenvolvimento das habilidades linguísticas, é importante se pensar na questão da correção linguística. Como o professor deve proceder diante de inadequações linguísticas? Nosso trabalho apresenta duas abordagens diferentes em relação a esse aspecto: no curso EPT, os professores priorizaram o conteúdo e não foram feitas correções. No DKKA, o professor mencionou a possibilidade de serem feitas correções das mensagens postadas nos fóruns. Assim, os alunos que assim desejaram escreveram mensagens e ao final solicitaram: "pediria a correção de meu texto" (*ich bitte den Text zu korrigieren*).

Para evitar constrangimentos dos alunos e exposição frente aos colegas, as correções foram enviadas em mensagens individuais, e acreditamos terem contribuído para o aprimoramento linguístico dos alunos/professores, tendo em vista a avaliação positiva do procedimento expressa por alguns alunos na avaliação final do curso DKKA.

Utilização de fóruns e mediação pedagógica

Segundo Masetto (2007, p. 144), a mediação pedagógica pode ser definida como:

> [...] a atitude, o comportamento do professor que se coloca como facilitador, incentivador ou motivador da aprendizagem, que se apresenta com a disposição de ser uma ponte entre o aprendiz e sua aprendizagem – não uma ponte estática, mas uma ponte rolante, que ativamente colabora para que o aprendiz chegue aos seus objetivos. É a forma de se apresentar e tratar um conteúdo ou tema que ajuda o aprendiz a coletar informações, relacioná-las, manipulá-las, discuti-las e debatê-las com seus colegas, com o professor e com seus colegas, com o professor e com outras pessoas (interaprendizagem), até chegar a produzir um conhecimento que seja significativo para ele, conhecimento que se incorpore ao seu mundo intelectual e vivencial, e que o ajude a compreender sua realidade humana e social, e mesmo interferir nela.

Para Perez e Castillo (1999, citado por Masetto, 2009, p. 145), o objetivo da mediação pedagógica é "buscar abrir um caminho para novas relações do estudante com os materiais, o próprio contexto, com outros textos, com seus parceiros de aprendizagem, dentre eles o professor, consigo mesmo e com o futuro".

Como características da mediação pedagógica, Masetto (2009, p. 145) aponta:

> [...] dialogar permanentemente de acordo com o que acontece no momento; trocar experiências; debater dúvidas, questões ou problemas; apresentar perguntas orientadoras; orientar nas carências e dificuldades técnicas ou de conhecimento, quando o aprendiz não consegue encaminhá-las sozinho; garantir a dinâmica do processo de aprendizagem; propor situações problemas e desafios; desencadear e incentivar reflexões; criar intercâmbio entre a aprendizagem e a sociedade real onde nos encontramos, nos mais diferentes aspectos; colaborar para estabelecer conexões entre o conhecimento adquirido e novos conceitos; fazer a ponte com situações análogas; colocar o aprendiz frente a frente com questões éticas, sociais, profissionais por vezes conflitivas; colaborar para desenvolver crítica com relação à quantidade e a validade de informações obtidas; cooperar para que o aprendiz use e comande as novas tecnologias para suas aprendizagens e não seja comandado por elas ou por quem as tenha programado; colaborar para que se aprenda a comunicar conhecimentos, seja por meios convencionais, seja por meio de novas tecnologias.

Diante das reflexões dos autores, inferimos que a grande relevância da mediação pedagógica está em poder colocar o aluno como ator das atividades e fortalecer seu papel ativo no processo de aprendizagem.

Nos cursos analisados por nós, a relevância do papel da mediação foi notória, sendo ela uma chave importante para minimizar, ou mesmo solucionar, algumas das dificuldades descritas anteriormente.

Conclusão

Concluímos nosso trabalho reiterando que o professor e sua forma de mediação poderão ser elementos decisivos para o sucesso ou fracasso do processo de aprendizagem, desde o momento de elaboração do curso e durante todo o processo de acompanhamento dos alunos. O professor, como mediador, encontra-se constantemente diante de incertezas e de desafios relacionados à forma de apresentação de conteúdos, de sistematização do conhecimento, de melhor exploração de espaços e recursos virtuais, de orientações técnicas e avaliação formativa, ou ainda relacionados à melhor forma de interagir com e responder ao aluno, visando a promoção do ensino e da aprendizagem de uma maneira adequada, do trabalho colaborativo e da autonomia. A conscientização de tal fato, suas escolhas e reflexões acerca de seus objetivos, das características das ferramentas, das implicações e do perfil dos alunos, poderão nortear suas decisões para a elaboração de um bom planejamento, para a preparação dos estudantes e para o bom uso da ferramenta para a interação e aprendizagem colaborativa.

Corroborando Araújo-Júnior e Marquesi (2008), acreditamos que se deve primeiramente compreender as questões técnicas, desenvolvendo as competências e habilidades para o uso das ferramentas, não apenas no sentido mecânico ou técnico de seu funcionamento e possibilidades, mas também no sentido de desenvolver habilidades para buscar informações, dados, avaliar e construir significados. A importância desse desenvolvimento de habilidades aplica-se, em nosso entender, tanto ao professor como ao aluno.

Além disso, reiteramos a relevância de compreender que a internet introduziu uma nova forma de comunicação e interação: uma comunicação sem fronteiras de tempo e espaço, com características próprias, que gerou proximidade entre pessoas, podendo elas ser advindas de várias partes do mundo. Todavia, em consonância com Araújo-Júnior e Marquesi (2008, p. 363), verificamos durante os cursos a grande relevância de o professor "assegurar a interação em situações virtuais, pois ela irá garantir a presença social", bem como *provocar*, por meio de atividades bem elaboradas, o trabalho colaborativo. Como ressalta Leffa (2005), a interação virtual exige um movimento em direção a ela, pressupõe um movimento pessoal, uma iniciativa, que se inicia pelo simples ligar do computador, inserir uma senha, até chegar na busca por contato com as pessoas, enquanto na situação presencial ela já é dada pela própria presença física.

Assim, em um AVA, é necessário elaborar estratégias que permitam ao professor se fazer presente (ou, em determinadas situações, ausente...), a fim de motivar os alunos a interagirem, a buscarem informações, a terem uma atitude de autonomia diante de seu processo de aprendizagem, característica que confere, assim, grande valor ao tipo de ferramenta e linguagem utilizada.

Referências Bibliográficas

ARAÚJO, J. L. (org.). *Internet & ensino.* Rio de Janeiro: Lucerna, 2007.

ARAÚJO-JÚNIOR, C. F. & MARQUESI, S. C. Atividades em ambientes virtuais de aprendizagem: parâmetros de qualidade. In: LITTO, F. M. & FORMIGA, M. (orgs.). *Educação a distância: o estado da arte.* São Paulo: Pearson Education, 2008.

BAKHTIN, M. Os gêneros do discurso. *Estética da criação verbal.* 4ª ed. Trad. Paulo Bezerra. São Paulo: Martins Fontes, 2002.

BRITO, V. R. El foro electrónico: una herramienta tecnológica para facilitar el aprendizaje colaborativo. *Edutec. Revista Eletrónica de Tecnologia Educativa,* n. 17, mar. 2004. Disponível em: <http://www.uib.es/depart/gte/edutece/revelec17/brito_16a.htm>. Acesso em: 12 mar. 2009.

COLLINS, H & FERREIRA, A. (orgs.). *Relatos de experiência de ensino e aprendizagem de línguas na internet.* São Paulo: Mercado de Letras, 2004.

CRESCITELLI, M. F. C.; GERALDINI, A. F. S. & QUEVEDO, A. G. Gênero fórum educacional digital. In: BASTOS, N. M. O. B. *Língua portuguesa: lusofonia – memória e diversidade cultural.* São Paulo: Educ, 2008.

CRYSTAL, D. *Language and the internet.* Cambridge, UK: Cambridge University Press, 2001.

LEFFA, V. J. Aprendizagem mediada por computador à luz da Teoria da Atividade. *Calidoscópio,* São Leopoldo, v. 3, n. 1, pp. 21- 30, 2005.

______. A aprendizagem de línguas mediada por computador. In: LEFFA, V. (org.). *Pesquisa em linguística aplicada: temas e métodos.* Pelotas: Educat, 2006, pp. 11-36.

PAIVA, V. L. M. O. A www e o ensino de Inglês. *Revista Brasileira de Linguística Aplicada*, v. 1, n. 1, pp. 93-116, 2001. Disponível em: <http://www.veramenezes.com/techist.pdf>. Acesso em: 4 nov. 2009.

______. A pesquisa sobre interação e aprendizagem de línguas mediadas pelo computador. *Calidoscópio*, São Leopoldo, v. 3, n. 1, pp. 5-12, 2005. Disponível em: <http://www.veramenezes.com/cmc.htm>. Acesso em: 4 nov. 2009.

______. *O uso da tecnologia no ensino de língua estrangeira: breve retrospectiva histórica*. 2008. Disponível em: <http://www.veramenezes.com/techist.pdf>. Acesso em: 4 nov. 2008.

MARCUSCHI, L. A. Gêneros textuais emergentes no contexto da tecnologia digital. In: MARCUSCHI, L. A. & XAVIER, A. C. (orgs.). *Hipertexto e gêneros digitais*. Rio de Janeiro: Lucerna, 2005, pp. 13-67.

MARQUESI, S. C.; ELIAS, V. M. S. & CABRAL, A. L. T. *Interações virtuais: perspectivas para o ensino de língua portuguesa a distância*. São Carlos: Claraluz, 2008.

MASETTO, M. T. Mediação pedagógica e o uso da tecnologia. In: MORAN, J. M.; MASETTO, M. T. & BEHRENS, M. *Novas tecnologias e mediação pedagógica*. Campinas: Papirus, 2000, pp. 133-173.

SILVA, S. G. *Fórum educacional digital: dialogismos e construção do conhecimento*. São Paulo: PUC-SP, 2009 (dissertação de mestrado).

SOUSA, S. C. T. de. As formas de interação na internet e suas implicações para o ensino de língua materna. In: ARAÚJO, J. C. (org.). *Internet e ensino: novos gêneros, outros desafios*. Rio de Janeiro: Lucerna, 2007, pp. 196-204.

XAVIER, A. C. Hiperleitura e interatividade na Web 2.0. In: RÖSING, T. & RETTENMAIER, M. *Questões de leitura no hipertexto*. Passo Fundo: UPF, 2007.

21. Café e idiomas na web: o Live Mocha na aprendizagem de línguas estrangeiras

Júlio César Araújo
Rebeca Sales Pereira (UFC)

O ambiente virtual: suporte de informação, entretenimento, cultura e ensino.

Era comum durante o século XIX que os jovens intelectuais se reunissem em cafés para discutir temas relacionados aos diversos âmbitos da vida social, como a política, a arte, a literatura, o Estado, e até mesmo falar sobre frivolidades. Muitas vezes, eram desses cafés que sairiam grandes intelectuais de todas as áreas e onde nasceriam os primeiros traços de um novo estilo literário, artístico ou mesmo de vivência da época. No Brasil, por exemplo, foi nas mesas do famoso Café Java, na Praça do Ferreira, da cidade de Fortaleza-CE, que nasceu o movimento de cunho intelectual denominado Padaria Espiritual[1], uma das maiores agremiações literárias do estado cearense.

Hoje em dia, esse hábito não é tão corriqueiro nos centros das grandes cidades, e a discussão intelectual está basicamente restrita ao espaço acadêmico. Os jovens contemporâneos reúnem-se não mais em tais cafés, e sim em comunidades virtuais, onde podem interagir com várias pessoas ao mesmo tempo, trocar ideias, realizar muitas tarefas e experiências livremente, rompendo, assim, muitas barreiras no que diz respeito à comunicação.

Apesar da relutância dos profissionais da educação em relação à internet, o educador de hoje percebe que, em vez de se posicionar contra essa nova forma de ver o mundo, pode adaptar os interesses de ensino-aprendizagem ao sistema virtual e conceber uma nova forma de compartilhar o conhecimento. A partir daí, surgem programas virtuais voltados para diversas áreas do ensino, conhecidos como Ambientes Virtuais de Aprendizagem (AVA), e também a modalidade de educação a distância (EaD), onde o aluno realiza tarefas por computador e mantêm apenas um contato virtual com o professor, em um sistema de tutoria, ou até mesmo em uma modalidade semipresencial, quando o encontro dos dois ocorre algumas vezes durante o curso (cf. Silva, 2008; Pereira, 2009; Lima, 2009).

1 Dessa agremiação participaram intelectuais como Antônio Sales (fundador), Rodolfo Teófilo, Juvenal Galeno, Adolfo Caminha, Henrique Jorge, dentre outros.

Nessa mesma linha de ambientes virtuais atrelados ao ensino, é criado o programa on-line Live Mocha[2], doravante LM. Um site gratuito, em sua fase inicial, denominada Beta, que disponibiliza diversos recursos interativos como auxiliadores da aprendizagem de línguas estrangeiras e proporciona o contato virtual com nativos. Com a adequação do ensino aos adventos tecnológicos, os encontros de estudantes são transportados dos cafés das praças de grandes cidades ao ambiente virtual, e nada melhor do que continuar discutindo sobre a cultura enquanto se aprecia um bom café mocha no conforto de sua casa.

Em nossa investigação, abordaremos especificamente o ensino-aprendizagem de línguas estrangeiras mediado pelo LM, e buscaremos, através da análise de seus recursos hipertextuais e da opinião de alguns de seus usuários, tecer considerações sobre as contribuições do programa na aprendizagem de idiomas, bem como revelar possíveis lacunas não preenchidas por ele.

"Live Mocha: um jeito social de aprender um idioma"

A rede de relacionamentos Live Mocha foi idealizada pelo indiano Shirish Nadkarni[3], executivo de sucesso, na intenção de auxiliar os filhos a adquirir fluidez no idioma espanhol. A partir dessa ideia, criou, juntamente com companheiros de trabalho, alguns da companhia de informática MSN, o programa de aprendizagem de idiomas, que se expandiu com muito estudo e colaboração de usuários e sócios, reunindo hoje milhares de usuários registrados de diversas nacionalidades, um número que cresce consideravelmente todos os dias.

Esse portal oferece ferramentas didáticas de forma lúdica, o que passa ao usuário a ideia de ser um entretenimento, e que o atrai justamente pelo fato de proporcionar algo bem mais interativo e interessante que as aulas presenciais de línguas, que possuem acompanhamento por livros didáticos de forma tradicional.

A comunidade de relacionamentos e aprendizagem LM proporciona o acesso direto dos usuários com nativos da língua a qual se está aprendendo. O programa dispõe de vários idiomas que podem ser aprendidos ao mesmo tempo, como o chinês (mandarim), inglês, francês, hindi, italiano, português, espanhol, dentre

---

2 O site pode ser acessado no endereço: <www.livemocha.com>.

3 O criador do Live Mocha possui um blog onde disponibiliza informações sempre atualizadas a respeito do programa, que pode ser acessado pelo endereço <http://blog.livemocha.com>; e ainda sua página pessoal na web, acessada pelo endereço <http://www.shirishnadkarni.com>.

outros cursos especiais, como idioma para viagem e TOEFL[4]. Possui ainda a vantagem do próprio usuário poder controlar o seu curso de aprendizagem e seguir ao seu tempo, avançando rapidamente nas lições, repetindo partes que não foram bem assimiladas, ou até mesmo deixando para concluí-las em outro momento.

No LM, o usuário tem a oportunidade de ter seus exercícios de fala e produção escrita realizados no programa corrigidos por nativos, bem como corrigir exercícios de outros usuários que estão aprendendo a sua língua. A ideia do programa é exatamente essa maneira informal de aprender um idioma, oferecendo também atividades mais sistemáticas que exploram a gramática do idioma escolhido sem o auxílio de professores formados. Pode mesmo haver graduados ou pós-graduados que buscam ampliar seus conhecimentos acerca de um idioma que conhecem ou aprender outro, treinando seus conhecimentos ao dar um apoio profissional aos companheiros virtuais, mas poucas vezes chegam a identificar-se como tal.

Mesmo que um nativo não saiba explicar exatamente as regras da gramática de sua língua materna como um profissional de Letras, sabe como estruturar as frases e quais as situações conversacionais as que estas se aplicam, pois possuem a competência comunicativa necessária. Dessa forma, os usuários têm que estar realmente dispostos a ajudar e serem ajudados, estimulando ainda mais a interação.

Diversos investigadores das áreas de linguística aplicada, pedagogia, filosofia, dentre outras, têm buscado posicionar-se a respeito da aprendizagem por meio virtual e realizado diversos estudos, dos quais veremos apenas alguns que se relacionam mais intrinsecamente com nossa proposta de trabalho, apresentados, de maneira breve, a seguir.

Internet e ensino: uma parceria difícil, mas válida

Na busca pela versatilidade do ensino, os professores buscam no meio virtual algo que possam utilizar de maneira adaptativa e benéfica para a aprendizagem, mesmo que a internet tenha sido criada com finalidade alheia à educação, como podemos perceber pelas palavras de Marques *et al.* (1995, p. 16):

> O homem inventou o livro, a fotografia, o vídeo e outros instrumentos. O ensino adotou o livro, a fotografia, o vídeo e os outros. Nenhum deles

4 Test of English as a Foreign Language (Teste de inglês como uma língua estrangeira).

> nasceu de uma necessidade expressa pela educação, mas, uma vez inventados, tornaram-se indispensáveis para ela [...] Quase sempre o que está em jogo [...] não é o instrumento em si, mas sim a maneira de empregá-lo.

Alves (2001, pp. 126-127), por sua vez, chama a internet de rede global de informações e afirma também que a interação proporcionada por esse meio virtual é algo privilegiado "sobretudo em contextos de ensino-aprendizagem, tendo em vista a possibilidade de se estabelecerem contatos entre um número importante e variado de parceiros e de desenvolverem diferentes tópicos."

Marques *et al.* (1995) destacam como vantagens do uso do computador na aprendizagem, em relação a outros instrumentos, o fato de possuir recursos audiovisuais (onde gráficos, jogos e animações podem facilitar a compreensão de temas abstratos), ter alto grau de interatividade (evitando a passividade do aluno), o usuário poder realizar as atividades propostas em seu próprio ritmo (avançando ou retrocedendo sempre que necessário, para sua compreensão total), além da rapidez com a qual o aluno recebe o *feedback* de suas intervenções (conhecendo de imediato seus erros e acertos).

As autoras apresentam também as limitações do computador, que, em sua concepção, têm como maior motivo o fato de não ter sido tal instrumento criado para fins educativos, como ambientes virtuais pré-programados para respostas mais objetivas (como certo ou errado e verdadeiro ou falso), ou ainda o fato de haver uma maior ênfase em recursos visuais do que nos auditivos, atualmente. Partindo disso, considera o computador um excelente instrumento didático complementar ao processo de aprendizagem, mas que não deve substituir a relação aluno-professor e dos alunos entre si em uma educação presencial, como também pondera Araújo (2007).

Letramento e Letramento digital

É de fundamental importância o nível de conhecimento sobre as ferramentas virtuais do site por meio do usuário, para que este possa servir-se de todas as formas possíveis de acesso e aproveitar de maneira satisfatória as técnicas virtuais disponíveis. Se o estudante desconhece a existência ou funcionalidade de uma ferramenta, por exemplo, como acessar bate-papos ou gravar seu exercício de expressão oral e enviá-lo para que um amigo possa revisá-lo, não poderá concluir uma lição, e talvez chegue a abandonar o curso virtual.

A esse conjunto de habilidades poderíamos chamar de letramento digital. O termo letramento, inicialmente mencionado em *No mundo da escrita: uma perspectiva psicolinguística* (1986), de Mary A. Kato, está geralmente relacionado ao domínio das competências sobre leitura e escrita; mas não se trata apenas de dominar a leitura e escrita no sentido de decodificar os signos que compõem a língua, mas de compreendê-la e possuir o conhecimento de *como*, *porque* e *quando* usá-la. Ou seja, diz respeito à "apropriação" das práticas sociais de um grupo social, sendo poucas vezes desvinculado do sentido de alfabetização e tendo sua definição conceitual expandida cada vez mais, sendo vista de diferentes formas por muitos teóricos (cf. Coscarelli e Ribeiro, 2005; Xavier, 2005; Araújo, 2007; Araújo e Dieb, 2009).

Tfouni (1995, p. 20) propõe que a diferença sutil entre alfabetização e letramento é de que a primeira está relacionada a aquisição da escrita por um indivíduo, enquanto o último tem por foco os aspectos sócio-históricos da aquisição de uma comunidade.

Sendo assim, Xavier (2002) defende que, com as novas tecnologias e a grande necessidade de adequabilidade do indivíduo a essa nova "prática social", surge o conceito de letramento digital, ligado à capacidade de utilizar de maneira satisfatória os recursos que surgem ou que são adaptados ao meio digital. Meio que possui clara característica multimodal, já que transmite mensagens não apenas utilizando a linguagem verbal, mas também a não verbal (como imagens, animações, cores, som e vídeo).

A pesquisadora Illana Snyder, em entrevista[5] ao jornal cearense *O Povo*, fala sobre letramento digital e afirma que os tipos de linguagens criados pelo ambiente eletrônico não devem ser motivo de tanto receio por parte dos educadores, que temem que essas adaptações gráficas, denominadas "internetês", possam deformar a língua culta. Pelo contrário, eles não podem ignorar o fato da grande influência tecnológica na atualidade, e também no ensino, e procurar orientar seus alunos de forma que eles possam compreender que tais transformações só são permitidas na internet, e que a língua culta deve seguir regras para sua realização, mesmo porque a história do desenvolvimento da língua mostra que esta não é fixa, e sim mutável, flexível. Como mostram Araújo (2008) e Dieb e Avelino (2009), no que

5 A pesquisadora concedeu a entrevista ao periódico em sua visita ao estado do Ceará para proferir conferência no Colóquio de Hipertexto (CHIP), realizado pelo grupo de pesquisa Hiperged, do Programa de Pós-Graduação em Linguística da Universidade Federal do Ceará, em 2008. A entrevista encontra-se disponível em: <http://www.opovo.com.br/opovo/paginasazuis/810906.html>. A pesquisadora australiana retoma e desenvolve essas questões em Snyder (2009).

diz respeito ao internetês, por exemplo, estamos diante de novas relações com a escrita, e não deturpações linguísticas.

Os hipertextos e a autonomia de aprendizagem: um grande desafio

A maioria dos teóricos definem hipertexto como "um conjunto de nós conectados pelas ligações [...] em estrela, de modo reticular" (Lévy, 1994, p. 135). Ou fazem interessantes conceituações, como a de Bolter (1991), que compara o hipertexto a um livro impresso que pode ser recortado e colado com partes de outros textos que, de alguma maneira, relacionam-se, podendo ser dispostos pelo usuário da forma que lhe parecer mais conveniente.

Seja como for, parece haver um consenso de que o hipertexto possibilita o acesso a diversos textos relacionados entre si em alguma medida. Na internet, basta um clique e o usuário pode acessar diversos sites a partir de uma palavra-chave, que em geral está destacada no texto em azul e sublinhada. Todo o acesso é resultado da convergência das características mais marcantes do meio hipertextual, que são: a simultaneidade de produção e circulação, a ausência de limites, a multilinearidade e a interatividade (cf. Lobo-Sousa, 2009).

Estudos mostram que, quando as possibilidades didáticas são extraídas adequadamente dos recursos hipertextuais, há uma tendência a um melhor aproveitamento desses pelos internautas que usam a web para ensinar e aprender. Além disso, esse fato ajuda na descoberta da uma autonomia em relação à aprendizagem, uma vez que os interessados passam a gerenciar sua aprendizagem (cf. Motta-Roth, 2001; Parreiras, 2001; Araújo, 2005). Sobre tal assunto, reunimos considerações importantes de Brown (1994, p. 20 *apud* Parreiras, 2001), que afirma:

> [...] "os métodos" usados pelo aprendiz no seu processo de aprendizagem são tão ou mais importantes que os utilizados pelo professor para ensinar. [Chama-se] de "Princípio do Investimento Estratégico" ao nível de dedicação pessoal do aprendiz em termos de tempo, esforço e atenção à sua aprendizagem. Tal princípio pode ser observado a partir do conjunto de estratégias utilizadas pelo aprendiz para compreensão e produção de conhecimento.

Parreiras (2001), a partir dessa consideração de Brown (1994), evidencia que a autonomia do indivíduo é uma das metas mais importantes da educação, e que, ao alcançá-la, o aluno tem muito mais êxito em sua aprendizagem, mas isso requer muito esforço e dedicação de sua parte. Sendo assim, considera que a autonomia "pressupõe a independência do aprendiz no que concerne a *onde*, *quando* e *o que estudar*" (p. 193). O que nos faz pensar que, se isso ocorre no ensino-aprendizagem mediado por computador sob a supervisão do professor (como na EaD), tal fato se faz ainda mais relevante no que diz respeito à aprendizagem sem intervenção de um profissional da educação, como é o caso do Live Mocha, aqui estudado.

Construção dos dados

Enviamos um questionário aos usuários do LM em diferentes níveis de aprendizado no programa, com o objetivo de recolher informações que possibilitassem uma estimativa dos resultados, benefícios e inconvenientes da aprendizagem de idiomas mediada por esse tipo de comunidade virtual.

O questionário foi disponibilizado em português, inglês e espanhol, no intuito de reunir informações sobre usuários de diversas nacionalidades, obtendo a resposta de vinte pessoas, dentre elas espanhóis, latino-americanos, brasileiros, indianos e alemães. As dez questões discursivas abordavam a facilidade do usuário ao utilizar os recursos hipertextuais do programa (a fim de constatar a necessidade de um letramento digital), qual o motivo que o levou a iniciar um curso virtual, quantos idiomas estava aprendendo, além de investigar de que maneira os recursos disponíveis auxiliavam satisfatoriamente na aprendizagem, e em que momento estes não supriam a necessidade de um contato em uma sala de aula tradicional.

Recursos do Live Mocha: ferramentas de interação e aprendizagem

O LM oferece diversos recursos, de modo a auxiliar a aprendizagem de uma ou várias línguas estrangeiras ao mesmo tempo ao usuário do programa, proporcionando ainda um alto grau de interação entre os participantes, motivado por medalhas virtuais conferidas toda semana aos usuários que mais enviaram e revisaram atividades, obtendo maior número de *megapoints*.

A página inicial do LM possui várias seções, subseções e abas. Todas as informações e ações do usuário estão presentes em seu perfil, para que ele possa visualizar sempre e mudar suas configurações na seção *Início*; além disso, relatórios de progresso são enviados periodicamente para seu e-mail, incentivando-o a concluir lições que passaram muito tempo sem ser feitas e a convidar novos participantes. Os recursos utilizados especificamente para o aprendizado da gramática do idioma, para que o usuário possa desenvolver as habilidades auditivas, orais e de escrita necessárias, serão apresentados a seguir.

A segunda seção é denominada *Aprender* e apresenta as abas Cursos, Flashcards, Envios, Prática Adicional e Ensino do Inglês. Na opção Cursos, que podemos visualizar na Fig. 21.1, encontram-se várias unidades, divididas em lições com diversos níveis (iniciante, intermediário, avançado ou superior). Ao selecionar a lição que será realizada, o usuário visualiza uma tela que apresenta os ícones Aprender (1), Revisão (2), Escrever (3) e Falar (4), além de exercícios opcionais como os de Ler (5), Ouvir (6), Chamariz (7) e Questionário (8).

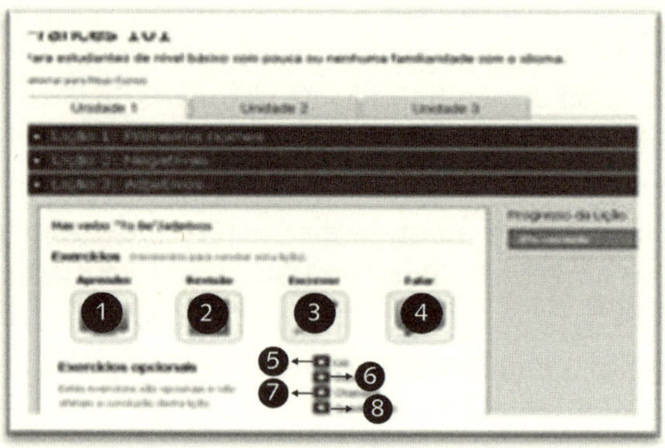

Fig. 21.1 – Aba Cursos.

A lição se inicia ao clicar na ferramenta Aprender, ilustrada pela Fig. 21.2, que abrirá uma tela contendo uma foto com áudio que, ao ser ativada por meio do clique, apresenta o nome do objeto na língua estrangeira estudada. Ao longo da lição são apresentadas também frases inteiras, que serão aplicadas nos exercícios de escrita, ao final. Para auxiliar na compreensão da atividade, há as opções Traduzir (1) e Dicas (2) ao lado da tela da lição, que são enviadas por outros usuários, geralmente nativos do idioma que se está aprendendo. As ferramentas auditivas podem ser repetidas várias vezes, até que se obtenha a compreensão necessária para realizar bem as atividades de audição e oralidade posteriores.

Fig. 21.2 – Ferramenta Aprender.

Nas Figs. 21.3, 21.4, 21.5 e 21.6 podemos ver as várias funções da ferramenta Revisão, onde o usuário realiza os exercícios opcionais de Ler (associar a palavra ou frase escrita (1) à imagem correta (2) – Fig. 21.3), Ouvir (associar a palavra ou frase falada à imagem correta – Fig. 21.4), Chamariz (arrastar com o mouse a palavra (3) para formar uma frase (4) que se relaciona corretamente com a figura mostrada (5) para a caixa de resposta fornecida Fig. 21.5) e a opção Questionário (traz uma contagem de pontos e de tempo (6), com perguntas (7) e alternativas (8) para que o usuário faça a tradução do que está escrito (9) em uma caixa de texto – Fig. 21.6).

Fig. 21.3 – Ferramenta Revisão (Ler).

Fig. 21.4 – Ferramenta Revisão (Ouvir).

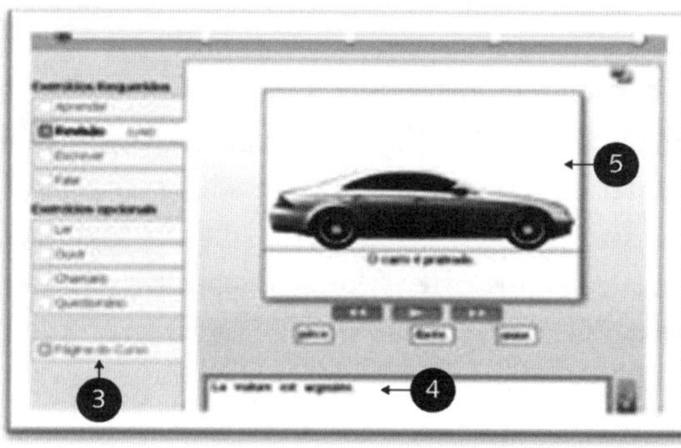

Fig. 21.5 – Ferramenta Revisão (Chamariz).

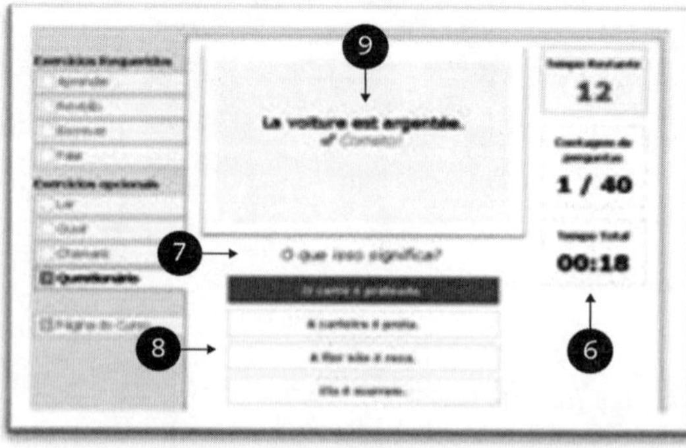

Fig. 21.6 – Ferramenta Revisão (Questionário).

Em Escrever, ferramenta mostrada na Fig. 21.7, é proposta uma atividade escrita (geralmente uma narração ou descrição curtas) de acordo com a temática da lição estudada e com o nível de aprendizagem escolhido pelo usuário. Ao concluir a atividade, o estudante deverá escolher usuários aos quais enviá-la para revisão e auxiliar em sua aprendizagem, preferencialmente nativos. Na Fig. 21.8 é possível ver a tela de correção de uma atividade escrita.

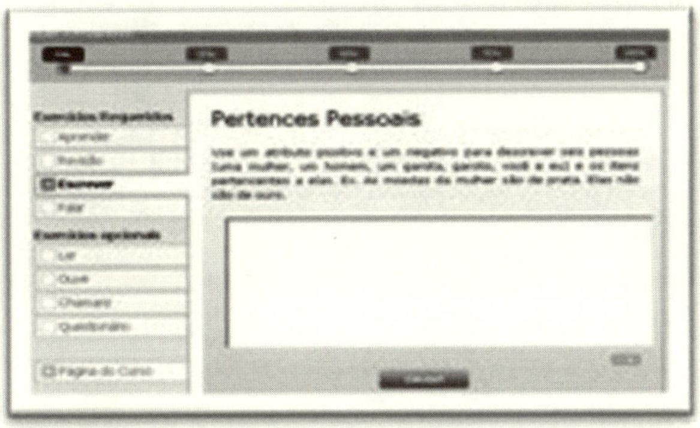

Fig. 21.7 – Ferramenta Escrever.

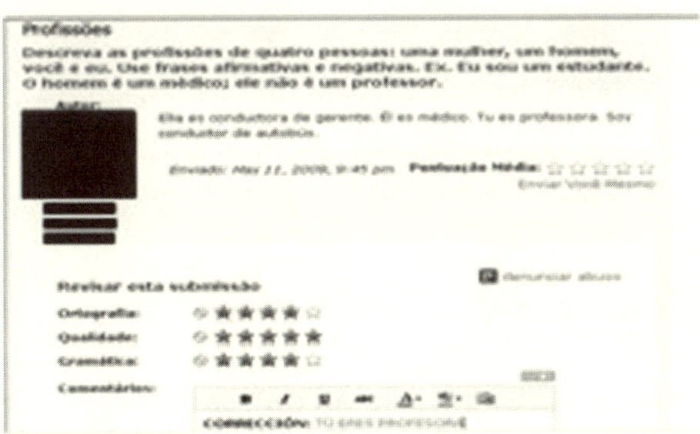

Fig. 21.8 – Atividade de escrita (correção).

Na ferramenta Falar, representada na Fig. 21.9, é necessária a utilização de microfone, visto que há um texto no idioma estrangeiro que deve ser lido e enviado aos amigos de seu perfil para avaliação de seu desempenho oral (Fig. 21.10), da mesma forma como é feito com os exercícios de expressão escrita. Antes de enviar a gravação, o usuário pode revisá-la ou refazê-la se estiver incorreta ou de má qualidade.

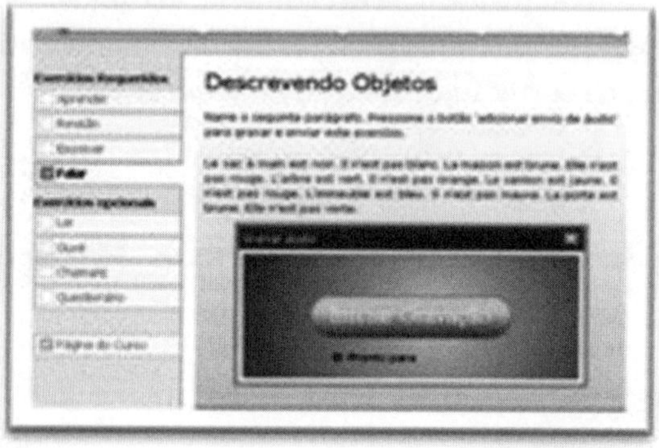

Fig.: 21.9 – Ferramenta Falar.

Fig. 21.10 – Avaliação de atividade oral.

Outro recurso da seção Aprender é a aba Flashcards (Fig. 21.11), cartões virtuais que possuem uma face na língua materna do usuário (1) e o verso na língua estrangeira escolhida (2), e que proporcionam ao usuário o exercício de temas específicos que aprende nas lições, podendo colecionar seus favoritos e até mesmo criar outros que podem ser adicionados e avaliados por participantes que estudam a mesma língua estrangeira.

Fig. 21.11 – Flashcards (cartões).

Na aba Envios há o registro dos exercícios orais e escritos enviados. Na aba Prática Adicional há uma série de propostas de exercícios de fala, escrita e diálogo (para praticar com parceiros on-line), a serem feitos além daqueles previstos para a conclusão de uma unidade do programa.

Na aba Ensino do Inglês, é ofertada uma sessão particular de inglês conversacional com professores nativos, mas que possui custo financeiro (pagos por "pacotes", de acordo com a duração do curso). O usuário pode escolher o professor que prefere por meio de uma pequena apresentação profissional e pessoal disposta na página e agendar uma aula em tempo real através da webcam. O fato de trazer uma aba especial para o estudo do inglês parece-nos confirmar claramente um foco maior dado a esse idioma, de grande importância atualmente.

A próxima seção chama-se *Compartilhe*, onde se seleciona os envios escritos ou orais mandados por outras pessoas e que se pretende revisar, adicionando comentários e dando notas de 0 a 10 por ortografia, qualidade do exercício e gramática.

A seção *Ensinar* alerta que, futuramente, usuários poderão ser professores pelo Live Mocha e receber em dinheiro ou em créditos no programa por fornecerem instruções no site. Têm mais pontuação aqueles que possuem maior número de contribuições em revisões e colecionam mais flashcards, o que nos parece uma forma de estimular o usuário a utilizar todos os recursos disponíveis na comunidade virtual. É importante notar que o LM é um sistema que está procurando atualizar-se ainda mais e trazer coisas novas, garantindo assim o seu sucesso e divulgação.

Recursos em ação: contribuições na aprendizagem de línguas estrangeiras

Mediante os recursos citados e os dados reunidos a partir do questionário enviados aos usuários do LM, podemos apontar as contribuições e as prováveis lacunas não preenchidas pelo programa, de acordo com nossa investigação.

Muitos usuários relataram que buscavam o estudo de idiomas pelo programa por motivos de aprimoramento acadêmico e profissional, desejo por viajar a vários países e a possibilidade de manter uma relação com pessoas de todas as partes do mundo. Porém, quase a totalidade afirmou já possuir algum conhecimento da(s) línguas(s) que aprendia pelo Live Mocha, tendo procurado inicialmente o programa para seu aperfeiçoamento.

Ao perceber que tinham ao alcance a possibilidade de estudar vários idiomas ao mesmo tempo, começaram a se interessar até mesmo por línguas de menor acesso, como as orientais. No entanto, alguns relataram que a empolgação inicial foi desvanecendo a medida que os níveis ficavam mais avançados e era necessária maior disciplina para prosseguir com as atividades. Esse ponto deixa bem claro a necessidade da autonomia da aprendizagem de cada indivíduo.

A quantidade de usuários que afirmaram ter conhecimento básico, intermediário ou avançado de informática e de domínio dos recursos hipertextuais (letramento digital) foi muito equilibrada. Ainda assim, quase a maioria considerou de extrema facilidade o uso das ferramentas disponibilizadas pelo LM para a aprendizagem, justificando que o programa tem um método muito fácil de ser seguido e todas as sessões possuem uma breve explicação das atividades que devem ser realizadas. Além disso, ressaltaram que a facilidade se dá ainda pela "familiaridade" da estrutura do site com outras comunidades virtuais, como o Orkut; e o fato de apresentar gêneros hipertextuais dos quais os usuários já possuíam domínio prévio, como chat e e-mail[6].

Os motivos citados pelos sujeitos de nossa pesquisa a respeito da maior vantagem de estudar línguas estrangeiras pelo LM foram, em sua maioria, uma confluência de ensejos, como um maior conforto de aprender em casa e no horário que lhe parecesse mais conveniente, o controle do ritmo de aprendizagem e a possibilidade de interação com pessoas de diferentes sotaques e culturas. Sobre este último motivo, um usuário advertiu que tal contato facilita também a percepção das diversas variações linguísticas de uma mesma língua, como as distintas pro-

6 O programa também disponibiliza um tipo de e-mail personalizado no perfil dos usuários, por meio do qual podem manter maior contato entre si e enviar produções escritas e orais para correção.

nunciações, grafias e até mesmo sentidos de palavras de língua espanhola entre os falantes europeus e os hispano-americanos.

Quanto à maior desvantagem da aprendizagem pelo programa em relação à sala de aula tradicional, os usuários mostraram-se bem divididos. Alguns disseram que não havia nenhum inconveniente ou alguns irrelevantes; outros citaram a falta da figura de um profissional que os auxiliasse com perguntas mais especificamente linguísticas, como a formação de certas palavras e conjugações de verbos ou a demonstração da articulação de fonemas inexistentes em sua língua materna. Porém, a maioria afirmou enfaticamente que o contato humano é a causa maior de todas as outras desvantagens, pois, embora conscientes de que o contato com pessoas de todas as partes do mundo ao mesmo tempo é algo mais facilmente proporcionado pelo ambiente virtual, o contato humano com os parceiros de aprendizagem e um mediador profissional ainda se fazem indispensáveis, principalmente no que concerne aos aspectos linguísticos.

O LM foi bem avaliado e recomendado por todos os usuários entrevistados, que fizeram considerações muito positivas quanto ao programa. Um deles afirmou que esse novo ambiente de aprendizagem já se tornou uma tarefa assídua, que realizava por satisfação pessoal; também que, por não ter nenhum custo financeiro, muitas pessoas podem ter acesso ao programa e aprender sempre mais. Consideramos ainda que o fato de poder interagir com pessoas virtualmente, com a opção de manter sua face preservada, incentiva o usuário a perder seus medos iniciais de se expressar em uma língua que pouco conhece, podendo resultar na superação e aprendizagem mais rápidas.

Considerações finais

Ao longo de nossa investigação, constatamos que, para os sujeitos da pesquisa, os recursos hipertextuais disponibilizados pela comunidade virtual Live Mocha realmente contribuem de maneira muito satisfatória no aprimoramento de línguas estrangeiras, embora não supram tudo o que é necessário para a aquisição de uma língua totalmente desconhecida. Diante disso, é importante considerarmos tais recursos apenas como adicionais ao ensino de línguas estrangeiras, e não como substitutos do ensino em sala de aula, pois a aprendizagem sem mediação e instrução de profissionais especializados na grande área da linguística aplicada ainda deixa lacunas muito amplas, das quais os próprios usuários estão conscientes.

É importante termos em mente que a função primordial dos programas de ensino presentes na web é proporcionar alcance do maior número de pessoas ao conhecimento em diversas áreas e da forma mais satisfatória, disponibilizando aplicativos que facilitem e incentivem a dedicação séria à aquisição do conhecimento pretendido. Nessa direção, os sujeitos de nossa pesquisa nos levam a perceber que a proposta da aprendizagem virtual, seja no Live Mocha ou em outros programas, não é de apenas sentar-se diante do computador deliciando-se com seu café mocha e "passar o tempo" fazendo amizades e se divertindo; é ter nas mãos a possibilidade de escolha sobre o que se quer aprender, como aprender e onde aprender.

Referências Bibliográficas

ALVES, S. C. O. Interação on-line e oralidade In: PAIVA, V. L. M. O. (org.). *Interação e aprendizagem em ambiente virtual*. Belo Horizonte: Faculdade de Letras, UFMG, 2001.

ARAÚJO, J. C. Chat educacional: o discurso pedagógico na Internet. In: COSTA, N. B. (org.). *Práticas discursivas: exercícios analíticos*. Campinas: Pontes, 2005, pp. 97-111.

______. *Os gêneros digitais e os desafios de alfabetizar letrando. Trabalhos em linguística aplicada*. Campinas: IEL/Unicamp, v. 46 (1), jan-jun 2007, pp. 79-92.

______. "Pra tc c a galera vc tem q abreviar muito": O internetês e as novas relações com a escrita. In: DIEB, M. (org.). *Relações e saberes na escola: os sentidos do aprender e do ensinar*. Belo Horizonte: Autêntica, 2008, pp. 119-134.

ARAÚJO, J. C. & DIEB, Messias (orgs.). *Letramentos na web: gêneros, interação e ensino*. Fortaleza: Edições UFC, 2009.

BOLTER, J. *Writing Space: the computer, hypertext, and the history of writing*, Lawrence Erlbaum Associates, 1991.

BROWN, H. D. *Teaching by principles: an interactive approach to language pedagogy*. New Jersey: Prentice Hall Regents, 1994

COSCARELLI, C. V. & RIBEIRO, A. E. (orgs.). *Letramento digital: aspectos sociais e possibilidades pedagógicas*. Belo Horizonte: Ceale/Autêntica, 2005.

DIEB, M. & AVELINO, F. C. B. Escrevo abreviado porque é muito mais rápido: o adolescente, o internetês e o letramento digital. In: ARAÚJO, J. C & DIEB, M. (orgs.). *Letramentos na web: gêneros, interação e ensino*. Fortaleza: Edições UFC, 2009, pp. 264-282.

KATO, M. A. *No mundo da escrita: uma perspectiva psicolinguística*. São Paulo: Ática, 2000.

LÉVY, P. *As tecnologias da inteligência. O futuro do pensamento na era informática*. Lisboa: Instituto Jean Piaget, 1994.

LIMA, S. de C. *Letramentos e atividades on-line em ambiente virtual de aprendizagem*. Fortaleza: PPGL-UFC, 2009 (dissertação de mestrado).

LOBO-SOUSA, A. C. *Hipertextualidade: uma abordagem enunciativa de hipertextos*. Fortaleza: PPGL-UFC, 2009 (dissertação de mestrado).

MARQUES, C. P. C.; MATTOS, M. I. L. & TAILLE, Y. *Computador e ensino: uma aplicação à língua*. São Paulo: Ática, 1995.

MOTTA-ROTH, D. De receptor de informação a construtor de conhecimento: o uso do chat no ensino de inglês para formando de Letras. In: PAIVA, V. L. M. (org.). *Interação e aprendizagem em ambiente virtual*. Belo Horizonte: Fale-UFMG, 2001, pp. 230-248.

PARREIRAS, V. A. Estratégias de aprendizagem on-line e autonomia: uma relação biunívoca ou antagônica. In: PAIVA, V. L. M. O. (org.). *Interação e aprendizagem em ambiente virtual*. Belo Horizonte: Faculdade de Letras, UFMG, 2001, pp. 192-206.

PEREIRA, E. C. *Interação em ambiente virtual de aprendizagem: footing e preservação de faces em e-fóruns educacionais*. Fortaleza: PPGL-UFC, 2009 (dissertação de mestrado).

SILVA, F. M. *Chats e e-fóruns na EaD virtual: links entre mediação pedagógica e hipertextualidade*. Fortaleza: PPGL/UFC, 2008 (dissertação de mestrado).

SNYDER, I. Ame-os ou deixe-os: navegando no panorama de letramentos em tempos digitais. In: ARAÚJO, J. C. & DIEB, M. (org.). *Letramentos na web: gêneros, interação e ensino*. Fortaleza: Edições UFC, 2009, pp. 23-46.

TFOUNI, L. V. *Letramento e alfabetização*. São Paulo: Cortez, 1995.

XAVIER, A. C. S. Letramento digital e ensino. In: SANTOS, C. F. & MENDONÇA, M. (orgs.). *Alfabetização e letramento: conceitos e relações*. Belo Horizonte: Autêntica, 2005, pp. 133-148.

22. O hiperleitor/aluno de língua estrangeira: a um clique da autonomia?

João da Silva Araújo-Júnior (IFMA)

Considerações iniciais

Não é novidade o fato de que a internet e os gêneros digitais representam instrumentos de elevado potencial pedagógico (Araújo, 2007; Marcuschi 2005; Araujo-Júnior, 2008; Araújo-Júnior e Carvalho, 2007; Motta-Roth *et al.*, 2007), embora se tenha constatado também que ainda há certa resistência por parte de alguns professores em reconhecer os benefícios que essas tecnologias podem proporcionar ao ensino de língua materna ou estrangeira (Araújo-Júnior e Carvalho, 2007). O certo é que, na voz dos pesquisadores da questão, essas novas tecnologias representam fontes significativas de recursos que, se utilizados de maneira eficiente, podem tornar o ensino-aprendizagem de línguas estrangeiras (LE) um processo mais dinâmico e significativo a professores e alunos.

Não são raros os exemplos de experiências exitosas no ensino de LE envolvendo essas ferramentas (ver, por exemplo: Motta-Roth *et al.*, 2007, e Souza, 2007). Entre os aspectos que fazem dessas tecnologias instrumentos pedagógicos eficientes, destacamos a importância que elas têm na vida das pessoas das mais diversas idades e grupos sociais/econômicos, e a diversidade de possibilidades de uso, que vão desde a pesquisa de um determinado tema para estudo até a procura por parceiros para amizade ou mesmo para namoro.

Um reflexo da importância que essas tecnologias vêm ganhando no âmbito do ensino de LE é a presença cada vez mais frequente de sequências envolvendo gêneros digitais em livros didáticos, segundo constatamos em recente pesquisa (Araújo-Júnior, 2008). A presença desses gêneros nos livros didáticos reforça a tese de que a internet e os gêneros textuais nela surgidos vão paulatinamente ganhando espaço nos mais diversos contextos educacionais. No caso específico do ensino de LE, as tecnologias digitais têm servido, por exemplo, ao ensino da leitura e da escrita em língua estrangeira. Hass (2005), Saito *et al.* (2005) e Galarce (2009), para citar algumas, são exemplos de pesquisas sobre uso pedagógico da internet, do hipertexto e/ou dos gêneros digitais como instrumentos para a prática de leitura e de produção escrita em LE.

Hipertexto, ensino de LE e autonomia

Para tratar da questão da autonomia na leitura do hipertexto no âmbito do ensino-aprendizagem de LE, parece-nos conveniente começar por duas acepções de autonomia encontradas no dicionário. O Aurélio define autonomia como "faculdade de se governar por si mesmo", e, mais adiante, em outra acepção, como "liberdade ou independência moral ou intelectual".

As duas acepções acima, embora não tratem diretamente da relação entre aprendizagem de LE e autonomia, nem façam referência ao hipertexto, lançam luz sobre algumas questões, a nosso ver, pertinentes aos temas dos quais nos propomos tratar. A primeira questão está no verbo utilizado na primeira acepção. Governar poderia ser interpretado como gerenciar; nesse caso, compreenderíamos como uma ação muito mais coletiva do que individual, já que o verbo gerenciar direciona para a compreensão de uma ação que envolve recursos e/ou pessoas, enquanto governar compreende uma ação mais solitária. Em suma, o conceito de gerenciamento está bem mais próximo de nossa visão de ensino-aprendizagem de línguas e de hipertexto do que o conceito de governo.

A segunda questão diz respeito aos dois substantivos da segunda acepção, liberdade e independência, dois termos de significados bastante amplos, porém úteis para ajudar-nos a definir o que entendemos por autonomia no âmbito do ensino-aprendizagem de LE e na compreensão de hipertexto. Acreditamos que autonomia não é um ponto de partida, mas um ponto de chegada, uma conquista que se alcança mediante esforço, da mesma forma como se alcança a liberdade e a independência.

Leffa (2003) reforça nosso ponto de vista, ao afirmar que:

> Ainda que o desempenho do aluno tenha que ser assistido durante um certo período, há pelo menos a previsão de que no futuro o aluno será capaz de executar a tarefa por conta própria; a autonomia é um estágio a que se chega (Leffa, 2003, p. 8).

Desse modo, definimos autonomia dentro do contexto de aprendizagem de uma língua estrangeira como capacidade que tem o aprendiz de gerenciar a própria aprendizagem, usando estratégias que lhe garantam um melhor desempenho.

Tão importante quanto o conceito de gerenciamento, a nosso ver, é o conceito de estratégias. Estas são decisivas para o êxito no aprendizado. Ao tratar da autonomia no processo de leitura em LE, compreendemos que é fundamental que o leitor utilize estratégias que lhe garantam uma compreensão satisfatória do texto lido.

Ainda sobre a autonomia na aprendizagem de línguas, Leffa (2003, p. 8) expressa a seguinte constatação:

> Pouquíssimos alunos que conheci pessoalmente e que foram capazes de adquirir um conhecimento funcional da língua estrangeira foram alunos autônomos, alunos que por conta própria foram muito além do que lhes foi exigido na sala de aula. Isso me leva a pensar que, excetuados os casos de imersão, só é possível aprender uma língua estrangeira se o aluno for autônomo.

Essa afirmação reforça nossa compreensão de autonomia como capacidade que tem o aprendiz de gerenciar a própria aprendizagem, lançando mão de estratégias adequadas.

Dessa noção de autonomia no contexto do ensino-aprendizagem de LE partimos para a autonomia relacionada ao hipertexto. Mais especificamente, nos interessa discutir a autonomia do leitor do hipertexto. Para tal, voltamos aos dois substantivos da segunda acepção apresentada pelo dicionário, aos quais nos referimos há pouco: liberdade e independência.

Tornou-se consenso entre os estudiosos a ideia de que o surgimento do hipertexto significou uma mudança no papel do leitor, uma vez que este é, agora, sujeito na construção do texto lido, não apenas na construção de sentido, o que não seria uma novidade com relação ao texto impresso (Possenti, 2002), mas principalmente na construção da sequência de leitura (Marcuschi, 1999), já que no hipertexto o leitor goza de liberdade e independência para seguir o caminho que preferir ou que lhe for mais conveniente, de acordo com os objetivos que o levaram a ler.

Compreendemos, portanto, que o hipertexto relega ao leitor uma significativa autonomia, na medida em que lhe proporciona uma maior liberdade no processamento da leitura. É o leitor quem define os caminhos a seguir, estabelecendo relações de coerência entre os hiperlinks e produzindo uma interpretação singular, diferente da interpretação de qualquer outro hiperleitor (Pinheiro, 2005).

Acreditamos, portanto, que a internet e o hipertexto têm o potencial de elevar o nível de autonomia do leitor aprendiz de uma LE. Embora, cabe reforçar, consideremos a autonomia, no contexto de aprendizagem de uma LE, um estágio a que se chega após uma primeira etapa de práticas com intervenção do professor.

Diante do até aqui exposto, questionamos: em que medida os alunos que tenham desenvolvido habilidade de leitura de textos impressos em língua estrangeira têm autonomia para buscar, ler e interpretar criticamente hipertextos?

A leitura e a hiperleitura

A leitura tem um lugar privilegiado no âmbito do ensino de línguas estrangeiras. Nas orientações metodológicas de caráter comunicativo, a compreensão escrita é uma das habilidades básicas que orientam as atividades nos programas de ensino (Gargallo, 1999). Com o surgimento da internet e a possibilidade de se utilizá-la como ferramenta pedagógica, passou-se a discutir mais diretamente as implicações dessa tecnologia no ensino de LE (Araújo-Júnior, 2008).

É inegável, como dissemos há pouco, que a internet, o hipertexto e os gêneros digitais significam um divisor de águas nesse ensino, na medida em que possibilitam o contato com textos autênticos e com indivíduos dos mais longínquos lugares do planeta, o que significa uma ponte entre estudantes, os falantes nativos de uma língua e os textos autênticos, dos mais diversos gêneros, nesse idioma. Sabemos, no entanto, que as mudanças não ocorrem instantaneamente, e que a simples possibilidade de se ter a acesso a textos autênticos em língua estrangeira não significa uma mudança imediata na forma de aprender e ensinar línguas. Sabemos, porém, que já existem experiências exitosas nesse sentido. Muitas das experiências com a internet no ensino de LE envolvem atividades de leitura no hipertexto. Como exemplos temos Hass (2005), com a língua inglesa, e Saito *et al.* (2005), com a língua espanhola. Diante de experiências desse tipo, parece-nos conveniente expor algumas considerações referentes à essa prática de leitura.

Segundo Kress (2005), é possível identificar posturas que diferenciam a leitura do texto impresso da leitura na tela de um computador. Muitas dessas diferenças referem-se às possibilidades que o hipertexto oferece ao leitor. Um exemplo claro dessas possibilidades é a existência de hiperlinks, que, encontrados no interior do hipertexto, permitem, como já dissemos, que o leitor percorra o caminho que preferir.

Não é nosso objetivo aqui aprofundar a discussão em torno das diferenças entre o texto impresso e o hipertexto. Preferimos compreendê-los como instâncias complementares, ao invés de tomá-los como contrários e opostos (Marcuschi, 1999). Mais importante que estabelecer contraste e fronteiras entre o texto impresso e o hipertexto é identificar os aspectos relacionados à leitura no segundo aos desafios do hiperleitor e às estratégias que cada indivíduo utiliza na leitura na tela do computador. Nesse sentido, concordamos com Vieira (2007, p. 245), quando a autora afirma que:

> Ler compreensivamente é sempre um ato de atribuir significados, de construir sentidos, independente do meio, do suporte, do gênero, dos objetivos de leitura, dos estilos de ler predominantes no meio impresso ou virtual, ainda que o leitor adote estratégias diferenciadas para processar o dinâmico texto on-line.

No âmbito do ensino de LE, o mais importante, em nosso entendimento, é que o aluno seja orientado a colocar-se criticamente diante do texto (ou do hipertexto) nos mais diversos gêneros, a fim de que possa desenvolver sua competência leitora.

Em recente estudo sobre a leitura na internet, Vieira (2007) avalia as mudanças no perfil do leitor e os desafios escolares decorrentes dos mais recentes avanços das tecnologias de comunicação. A autora procura delinear o perfil do hiperleitor e constata alguns aspectos bastante significativos no que tange à relação deste com o hipertexto. Ao recorrerem à internet, segundo ela, a maioria dos leitores tem previamente estabelecido o assunto a pesquisar. Quando encontram o assunto desejado, os hiperleitores, em sua maioria, costumam atuar de uma das seguintes formas: leem diretamente na tela do computador, no site em que encontram o assunto pesquisado; imprimem o texto para lê-lo posteriormente; ou copiam e colam os textos que lhes interessam em um editor de texto.

Como uma habilidade fundamental no ensino de LE, a leitura é um dos aspectos mais discutidos no contexto de ensino de línguas. É consenso entre os estudiosos a necessidade de que o aluno de LE deva ter contato com a maior diversidade possível de gêneros textuais, sejam impressos ou digitais. A seguir tratamos de um gênero digital que, a nosso ver, apresenta um elevado potencial pedagógico para o ensino da leitura em LE na internet – a notícia on-line.

A notícia on-line: um gênero digital

Definimos notícia on-line como gênero digital com base no que expõe Saito *et al.* (2005) Marcuschi (2005), Araújo (2006) e Araújo-Júnior (2008). Alguns aspectos são determinantes na definição desse gênero: seu propósito comunicativo, sua organização interna e sua sazonalidade no espaço digital.

EL 2 DE OCTUBRE EL COI ANUNCIARÁ LA SEDE

En Río descartan que la violencia "hunda" la candidatura

El ministro de Justicia brasileño afirmó que la violencia registrada en Río de Janeiro "no impedirá" que la ciudad salga victoriosa el 2 de octubre, en la disputa con Tokio, Chicago y Madrid para ser sede de los Juegos Olímpicos 2016

18 de Septiembre de 2009 - **10:19**

Rio quiere erradicar la violencia de sus calles | AFP

RIO DE JANEIRO, Brasil (ANSA) El ministro de Justicia brasileno, Tarso Genro, afirmó que la violencia registrada en Rio de Janeiro "no impedirá" que la ciudad salga victoriosa en la disputa con Tokio, Chicago y Madrid para ser sede de los Juegos Olímpicos 2016. egún el ministro, la capital turística de Brasil enfrenta problemas "más serios e inmediatos" que la violencia para ser sede de los Juegos, como la insuficiencia de cuartos en la red hotelera y el transporte. Para Tarso, la experiencia obtenida en eventos como Rio 92, los Juegos Panamericanos y fiestas populares como el carnaval y el Réveillon, que atraen millones de personas, "sin dudas pesará en favor" de la ciudad. "El principal problema, en cuanto a las preocupaciones del COI (Comité Olímpico Internacional), no es la seguridad pública, sino la red hotelera y el transporte público", aseguró en el Palacio de la Ciudad, sede del gobierno carioca. Allí, Tarso firmó un convenio para pasar a Rio recursos por más de 60 millones de dólares del Programa Nacional de Seguridad Pública con Ciudadanía, para acciones de combate contra la violencia. El ministro explicó que desde el punto de vista de la seguridad los integrantes del COI estiman que la experiencia de los Panamericanos, que fue "ejemplar", puede ser mejorada, y son concientes de que la implementación del programa nacional tendrá hasta 2016 "un efecto extraordinario en la reducción de la criminalidad". "Los problemas de violencia que enfrentamos no son raros en otras ciudades, inclusive candidatas como Rio. Hay graves problemas de seguridad pública (en otras ciudades) como el racismo y el terrorismo", destacó Tarso.

Fig. 22.1 – Uma notícia on-line em língua espanhola (<www.lanacion.com.ar>, 18.09.2009).

Os dois primeiros aspectos são tradicionalmente identificados no gênero notícia jornalística. O propósito comunicativo de uma notícia é informar sobre um acontecimento atual e relevante. Com relação à organização interna da notícia on-line, Saito *et al.* (2005) identificam, entre outros, os seguintes elementos:

1. *Antetítulo*, apartado que indica em poucas palavras o tema ou o lugar em que em se situa a notícia.

2. *Manchete*, que tem como finalidade resumir, identificar e anunciar a notícia. É o apartado graficamente mais destacado do texto, já que deve chamar a atenção do leitor.

3. *Lead*, o primeiro parágrafo da notícia. Contém resumidamente as principais informações.

4. *Corpo da notícia*, que detalha as informações contidas na manchete e no lead.

Além desses elementos, também consideramos aspectos composicionais a frequência de hiperlinks no corpo da notícia, o que possibilita ao leitor a saída por alguns instantes da notícia principal para esclarecer algum aspecto relativo ao acontecimento.

Outro elemento comum em algumas notícias on-line é um espaço para que o hiperleitor opine sobre o que leu. Este último, embora ainda não seja elemento comum a todos os periódicos on-line, é algo cada vez mais presente nesses diários, devido ao reconhecimento da importância da interação entre o hiperleitor e o periódico, bem como dos hiperleitores entre si.

Fig. 22.2 – Um site de notícias on-line em língua espanhola – 10h14 (<www.lanacion.com.ar>, 15.10.2009).

Além do propósito comunicativo e da estrutura composicional típica, cabe destacar como aspecto importante desse gênero digital sua sazonalidade, já que, por tratar-se de um periódico atualizado 24 horas por dia, as notícias permanecem on-line na página inicial por um período muito curto (compare Figs. 22.2 e 22.3), embora a maioria dos periódicos ofereça a possibilidade de consulta de notícias anteriores através de um dispositivo de busca. Desse modo, é possível ter acesso a notícias que já não se encontram na página inicial do periódico.

Na Fig. 22.3 podemos identificar alguns dos elementos composicionais aos quais nos referimos anteriormente.

Fig. 22.3 – Um site de notícias on-line em língua espanhola – 20h23 (<www.lanacion.com.ar>, 15.10.2009).

Comparando as Figs. 22.2 e 22.3, é possível perceber a sazonalidade das notícias on-line. Em um mesmo dia, no intervalo de apenas cinco horas as notícias são totalmente atualizadas.

A notícia on-line é um exemplo típico do potencial integrador da internet no contexto de ensino de LE. Um estudante brasileiro de espanhol tem acesso a periódicos dos mais diversos países de língua espanhola. Da escola, de casa ou de *lan houses*, os alunos podem ter acesso a notícias atuais de diferentes e longínquos países, sobre temas dos mais variados interesses. Por essa razão, acreditamos que o gênero notícia on-line pode constituir-se uma importante ferramenta no ensino de leitura em LE.

O levantamento e os informantes

Com o objetivo de investigar o grau de autonomia dos alunos de LE em atividades de leitura no hipertexto, propusemos uma atividade que consistia na leitura de notícias em dois periódicos internacionais em língua espanhola, o <www.lanacion.com.ar>, da Argentina, e o <www.elpais.com>, da Espanha, ambos periódicos atualizados 24 horas por dia. A atividade foi proposta aos alunos do segundo semestre de língua espanhola dos cursos Técnico em Logística e Técnico em Vendas integrados ao ensino médio no *campus* Santa Inês do Instituto Federal do Maranhão. Os estudantes que participaram da atividade estavam habituados à leitura de notícias impressas em língua espanhola, pois esta fora a principal competência desenvolvida no semestre anterior, na disciplina Língua Espanhola I.

Eles foram orientados a pesquisar notícias sobre o Brasil nos dois periódicos indicados, as quais deveriam ser referentes ao ano de 2009. Cada aluno deveria escolher duas notícias, uma de cada periódico. Após a leitura, deveria expor a todo o grupo um pequeno comentário em português sobre cada uma das notícias.

Após a realização da atividade, vinte dos alunos responderam a um questionário com cinco questões abertas e cinco fechadas. Pediu-se que os informantes identificassem informações que refletissem sua experiência como leitores de notícias em língua espanhola na internet.

Resultados

Os resultados da investigação dão a conhecer alguns comportamentos e práticas dos hiperleitores/alunos de língua espanhola no contexto observado. Em particular, é possível identificar algumas estratégias usadas, o que nos permite identificar maiores ou menores graus de autonomia dos alunos diante do hipertexto em língua estrangeira.

Com base no que observamos, é possível afirmar que:

- A maioria dos alunos apresentou dificuldades na busca de notícias sobre temas previamente definidos (no caso específico da pesquisa, notícias sobre o Brasil). A sazonalidade das notícias on-line é sem dúvida um fator que dificulta a pesquisa dos alunos, já que as notícias que buscam nem sempre estão na página inicial do site. A comparação entre a Fig. 22.2 e a 22.3 mostra a rapidez com que as notícias desaparecem da página inicial do periódico on-line, o que obriga os alunos a recorrer a uma ferramenta de busca, geralmente na página inicial do site.
- A maioria dos alunos não tem o hábito de ler textos em língua estrangeira na internet, o que se faz ver pela preferência por sites em língua portu-

guesa, fato evidenciado pelas respostas ao questionário. O acesso a sites em língua espanhola resume-se a ocasiões em que o professor propõe atividades que envolvam o acesso a eles.

- A maioria dos alunos apresenta certa dificuldade em lidar com o hipertexto em língua estrangeira, o que se pode constatar pelo grande número que preferiu imprimir os textos para lê-los da forma como tradicionalmente fazem na sala de aula, inclusive consultando dicionários e fazendo anotações no próprio texto impresso.
- Alguns alunos recorreram a tradutores on-line, para que pudessem ler a notícia em sua língua materna, o que sem dúvida é um aspecto negativo, já que tais tradutores apresentam significativas deficiências, o que costuma gerar deformação na notícia.
- A maioria dos alunos não foi além da atividade proposta, acessando hiperlinks encontrados na notícia on-line, os quais poderiam levá-los a outros sites. Nenhum dos alunos pesquisados visitou outros sites em língua espanhola no decorrer da atividade.

Conclusões

Os resultados obtidos no contexto investigado permitem concluir que os alunos diante do hipertexto em LE lançam mão de estratégias de leitura similares àquelas que costumam utilizar na leitura de textos impressos em sala de aula. Assim, é possível constatar um baixo nível de autonomia destes diante do hipertexto, pois foram poucos os que foram além do que propôs o professor, e muitos os que tiveram dificuldades para lidar com informações em língua estrangeira na internet. Embora esta permita uma navegação a sites na língua estrangeira estudada, os alunos não se sentem seguros ou interessados em navegar para além do que o professor propõe. A preferência pela leitura do texto impresso em língua estrangeira aponta para a necessidade de que os professores proponham atividades que possibilitem uma maior familiaridade do aluno com o hipertexto na língua-alvo.

Em suma, se concordamos que a internet, o hipertexto e os gêneros digitais constituem ferramentas importantes e produtivas para o ensino de leitura em LE, também teremos que concordar que ainda há um longo caminho a percorrer no sentido de fazer de nossos alunos leitores autônomos do hipertexto em língua estrangeira.

Referências Bibliográficas

ARAÚJO, J. C. *Internet & ensino: novos gêneros, outros desafios*. Rio de Janeiro: Lucerna, 2007.

ARAÚJO-JÚNIOR, J. S. O tratamento dos gêneros digitais no livro didático: modismo ou coerência? *Anais do I Simpósio Nacional Linguagens e Gêneros Textuais*, 28 a 30 de março de 2007. João Pessoa, Editora Universitária/EDUFPB, 2007.

______. *Gêneros digitais: uma análise de propostas de atividades em livros didáticos de espanhol como língua estrangeira*. Fortaleza: Universidade Estadual do Ceará, 2008 (dissertação de mestrado).

ARAÚJO-JÚNIOR, J. S. & CARVALHO, T. L. O professor e as práticas de linguagem na Internet. *Anais do II Encontro sobre Hipertexto*, Fortaleza, 25 a 27 de outubro de 2007. Disponível em: <http://www.abehte.org/anais/hipertexto2007.html>. Acesso em: 6 maio 2009.

BRASIL, Ministério da Educação, Secretaria de Educação Média e Tecnologia. *Orientações Curriculares Nacionais: linguagens, códigos e suas tecnologias: conhecimento de língua espanhola*. Brasília: MEC, 2006, pp. 128-164.

GALARCE , J. *O gênero notícia on-line e a tradução eletrônica nas aulas de língua estrangeira inglês na perspectiva da pedagogia crítica da educação*. Disponível em: <www.diaadiaeducacao.pr.gov.br/portals/pde/arquivos>. Acesso em: 5 set. 2009.

GARGALLO, I. S. *Linguística aplicada a la enseñanza-aprendizaje de español como lengua extranjera*. Madrid: Arco libres, 1999.

HASS, J. R. P. O hipertexto na sala de aula de língua estrangeira. In: ARAÚJO, J. C. & BIASI-RODRIGUES, B. *Interação na internet: novas formas de usar a linguagem*. Rio de Janeiro: Lucerna, 2005, pp.147-165.

KRESS, G. *Gains and losses: new form of texts, knoledge and learnning. Computer and composition*. New York: Elsevier, v. 22, n. 1, 2005, pp. 5-22.

LEFFA, V. J. Quando menos é mais: a autonomia na aprendizagem de línguas. In: NICOLAIDES, Christine *et al.* (orgs.). *O desenvolvimento da autonomia no ambiente de aprendizagem de línguas estrangeiras*. Pelotas: UFPEL, 2003, v. 1, pp. 33-49.

MARCUSCHI, L. A. Linearização, cognição e referencia: o desafio do hipertexto. *IV Colóquio da Associação Latino-americana de analistas do discurso*, Santiago-Chile, 1999.

______. Gêneros digitais emergentes no contexto da tecnologia digital. In: MARCUSHI, L. A. & XAVIER, A. C. S. (orgs.). *Hipertexto e gêneros digitais: novas formas de construção ao sentido*. Rio de Janeiro: Lucerna, 2005, pp. 13-67.

MOTTA-ROTH, D.; REIS, S. C. & MARSHALL, D. O gênero página pessoal e o ensino de produção textual em inglês. In: ARAÚJO, Júlio César (org.). *Internet & ensino: novos gêneros, outros desafios*. Rio de Janeiro: Lucerna, 2007, pp. 126-143.

PINHEIRO, R. C. Estratégias de leitura para compreensão de hipertextos. In: ARAÚJO, J. C. & BIASI-RODRIGUES, B. *Interação na internet: novas formas de usar a linguagem*. Rio de Janeiro: Lucerna, 2005, pp. 131-146.

POSSENTI, S. Notas pouco céticas sobre o hipertexto e a construção de sentidos. *Educar em revista*, Curitiba, n. 20, pp. 59-75, 2002.

SAITO, R. S; CRISTOVÃO, V. L. L. & ZORZO-VELOSO, V. *As dimensões ensináveis do gênero notícia on-line em língua espanhola numa proposta sociointeracionista*. 2005. Disponível em: <www.apliepar.com.br/site/anais_eple2005/pdf/11.pdf>. Acesso em: 30 jul. 2009.

SOUZA, R. A. Aprendizagem em regime Tandem: uma alternativa no ensino de línguas estrangeiras on-line. In: ARAÚJO, J. C. (org.). *Internet & ensino: novos gêneros, outros desafios*. Rio de Janeiro: Lucerna, 2007, pp. 205-220.

VIEIRA, I. L. Leitura na internet: mudanças no perfil do leitor e os desafios escolares. In: ARAÚJO, J. C. (org.). *Internet & ensino: novos gêneros, outros desafios*. Rio de Janeiro: Lucerna, 2007, pp. 245-267.

23. Letramentos digitais e aprendizagem de língua inglesa nas redes sociais virtuais[1]

Bárbara Cristina Gallardo (Unemat/Unicamp)

Introdução

Este estudo faz parte do meu projeto de doutorado, cujo objetivo é o de buscar oportunidades de promover práticas digitais para futuros professores de inglês em contextos significativos de uso da língua-alvo. Nessa perspectiva, entendo que as redes sociais virtuais internacionais têm um grande potencial para promover contatos interculturais, ao mesmo tempo em que colocam o aprendiz em contato com os novos letramentos digitais.

Neste artigo, focalizo dois letramentos que a literatura tem apontado como sendo importantes no contexto da educação formal. Um deles é o letramento socioafetivo. O outro é o letramento crítico. Considero esses dois letramentos importantes para os usuários que participam de redes sociais on-line em geral. Ignoro propositalmente os letramentos mais óbvios – aqueles que dizem respeito à habilidade de manipular o computador e as interfaces dos softwares envolvidos na mediação.

No caso da língua estrangeira, a Comunicação Mediada por Computador (CMC) trouxe um motivo significativo para seu aprendizado. O letramento socioafetivo e o crítico estão intimamente ligados no caso de interações interculturais mediadas por softwares de redes sociais on-line, fato que aponta para a necessidade dos educadores promovê-los entre seus alunos na escola formal. Nesse caso, a proposta de inserir práticas digitais no currículo de formação de professores de línguas estrangeiras torna-se educacionalmente válida.

Segundo as Orientações Curriculares para o Ensino Médio para Línguas Estrangeiras (2006), um dos objetivos da disciplina de língua estrangeira na escola é o de "dar sugestões sobre a prática de ensino de línguas estrangeiras, por meio [das novas tecnologias]" (p. 87). O documento também sugere o desenvolvimento dos "modos culturais de ver, descrever, explicar" (p. 98) a linguagem como parte

1 Trabalho apresentado ao grupo de discussão "Orkut e Youtube: a sala de aula x o cotidiano (ou tudo misturado)?", no III Encontro Nacional sobre Hipertexto, Centro Federal de Educação Tecnológica de Minas Gerais, Belo Horizonte, 2009.

do projeto de letramento que engloba a inclusão digital e social do aprendiz na sociedade. Com base nessas novas funções da língua estrangeira na escola, entendo que no estabelecimento de contatos interculturais mediados por um determinado tipo de software via internet estão implicados diferentes letramentos digitais que se influenciam mutuamente, e que podem contemplar as funções da disciplina, de acordo com o enfoque dado.

A próxima seção deste artigo traz considerações sobre a sociabilidade presente no meio virtual. Em seguida, apresento alguns conceitos e reflexões sobre o letramento socioafetivo e o letramento crítico. A segunda parte apresenta uma análise das respostas a um questionário feito para seis participantes de redes sociais on-line – três brasileiros e três norte-americanos, com o intuito de verificar sua consciência em relação à sociabilidade na rede e as possíveis discrepâncias interculturais. As considerações finais fazem um balanço acerca do papel da escola no século XXI frente às novas práticas sociais que se influenciam nos meios on/off-line.

A sociabilidade contemporânea e a mediação das novas tecnologias

O desenvolvimento dos *new media* trouxe novas oportunidades de comunicação e expressão no meio digital, ao mesmo tempo em que provocou uma revolução nos modos de pensar, praticamente estabelecidos desde a introdução da imprensa escrita na sociedade (Warchauer e Ware, 2008).

A CMC, por exemplo, motiva a aproximação de pessoas que estão distantes fisicamente e a manutenção de laços, fazendo dos sites de rede social (doravante SRS) um grande negócio, graças à facilidade de interação. Castells (2004) acredita que a internet não mudou a vida das pessoas, pois elas continuam fazendo o que já faziam – o que acontece é que os comportamentos vêm se potencializando a cada dia, à medida que elas se apropriam da internet. Nesse sentido, a exigência de inovações no meio virtual faz com que as pessoas busquem cada vez mais novas formas de se comunicar, e assim estar presentes nas comunidades em que se engajam.

Turkle (2004), apesar de concordar que a tecnologia não determina mudanças autonomamente, chama a atenção ao fato de que ela influencia os modos de pensar, guiando as pessoas a certos caminhos que são tomados muitas vezes de maneira acrítica, e que podem, portanto, nem sempre significar o melhor para elas. A pesquisadora chama a atenção, por exemplo, para os novos significados atribuídos a conceitos até então firmemente enraizados na sociabilidade da era industrial, tais como o de "privacidade", que antes do advento da CMC era compreendido como um direito, e o é hoje como um privilégio.

A esse respeito, podemos dizer que os SRS são exemplos de como a exposição pública de sentimentos, fotos, mensagens trocadas entre duas pessoas, declarações de amor e amizade etc. se tornaram populares nos últimos anos. Segundo Boyd e Ellison (2007), a exposição pública das redes sociais das pessoas é uma característica exclusiva desses sites. Todos os usuários têm uma página onde inserem o seu perfil, composto por fotos, interesses e informações sobre eles. A partir daí, não só permitem que sejam procurados, mas também procuram outros perfis de pessoas conhecidas por eles no meio off-line para que sejam "amigas" também no meio virtual.

Neste artigo, chamo a atenção ao fato de que o tipo de sociabilidade que existe nos SRS é diferente do tipo de sociabilidade baseada em espaços geográficos compartilhados com que estamos acostumados em educação. Segundo Gee (2005), a mente humana reconhece padrões estabelecidos através de experiências, embora esteja sempre pronta para transformar e adaptar esses padrões às mudanças mundiais. Nas redes sociais virtuais, as ações dos usuários (baseadas no padrão de sociedade off-line) têm repercussões diferentes, que os usuários não controlam/conhecem, e que causam prejuízos para muitas pessoas. A ingenuidade dos usuários, fruto de suas experiências socioculturais em um meio não virtual, ou ainda as decisões dos designers do software[2], visando torná-lo mais intuitivo e/ou natural, e portanto, com aparência similar ao meio social que o usuário já experimenta, fazem com que essas duas sociabilidades por vezes se choquem e/ou se misturem, deixando o usuário exposto, por um lado, e menos capaz, por outro, de estabelecer laços e interações produtivas.

Muitos SRS, por exemplo, proíbem explicitamente a participação de menores de idade. Mesmo assim, pelo menos no Brasil, os menores participam porque não há como impingir essa condição. No entanto, o fato é que, ao colocar essa proibição, os administradores sinalizam que os sites são lugares onde acontecem coisas que supostamente não acontecem na escola, onde há, conforme argumentamos, uma outra sociabilidade e uma outra relação com a privacidade dos sujeitos.

Nesse sentido, a escola pode desenvolver projetos que foquem na diferença que existe entre o tipo de sociabilidade dentro e fora da web, uma vez que há estudos que mostram que adolescentes e pré-adolescentes incorporam a CMC em

2 Como exemplo dessa estratégia, cito a palavra "amigo", a qual o designer pega emprestado para representar relações entre *usernames* no site.

suas práticas de modo mais assíduo do que os adultos (Browm *et al.*; Madden *et al. apud* Bryant *et al.*, 2006).

Letramento socioafetivo e letramento crítico: considerações a respeito das novas sociabilidades

Knobel e Lakshear (2007) chamam de novo *ethos* as normas mais fluidas características dos novos letramentos. Segundo eles, a coexistência do espaço virtual e do físico causou uma ruptura de espaço que exige uma nova mentalidade. As possibilidades de se fazer coisas diferentes e de se explorar modos diferentes de ser no espaço virtual criam a nova sociabilidade exclusiva desse meio, a qual destacamos neste artigo.

Diferentemente do que ocorre nas comunidades tradicionais, o que se diz/informa numa comunidade virtual/rede social on-line fica registrado e pode ser reproduzido, remixado, distribuído, em grande escala e com grande velocidade. O mesmo se aplica aos laços entre pessoas que os sites de redes sociais on-line tornam explícitos e mapeáveis. Assim, a sociabilidade mediada pela CMC tem implicações e repercussões que nossa experiência social nas comunidades baseadas no espaço geográfico compartilhado nem sempre nos permite perceber ou controlar.

Os sentimentos, por exemplo, que estão presentes nas situações off-line também podem ser observados na interação virtual, conforme argumenta Chenault (1998), citando alguns tipos de atividades que acontecem no meio virtual apontados por Rheingold (1993), dentre elas as discussões, a troca de informação, o apoio emocional, o encontro e a perda de amizades, a fofoca, o flerte etc.

Lea e Spears (*apud* Chenault, 1998) observaram um alto grau do que chamaram de "comunicação socioemocional" na CMC em estudos realizados sobre relacionamentos virtuais, dentre eles o de Walther (1994). Os sentimentos detectados apontam tanto para os aspectos positivos como negativos na interação on-line, e sugerem que o que determina o sucesso dessa experiência virtual é o domínio não somente da tecnologia, mas também do letramento socioafetivo ou socioemocional, ou seja, de como as informações encontradas na rede e as relações estabelecidas são compreendidas e usadas pelos usuários da rede virtual.

Aviram e Esthet-Alkalai (2006)[3] chamam a atenção para a necessidade do letramento socioemocional na comunicação digital, que inclui o entendimento das

---

3 O estudo de Aviram e Esthet-Alkalai é mais voltado para as capacidades afetivo-cognitivas do sujeito do que para as práticas sociais propriamente ditas. No entanto, ao contemplar a afetividade,

"regras do jogo" no ciberespaço, e sugerem que esse é o letramento mais complexo de se adquirir. Como exemplo da falta desse letramento, citamos a ausência de critérios seletivos no estabelecimento de interações na CMC, que tanto podem não significar nada como podem colocar as pessoas em situações constrangedoras, de perigo ou de pânico.

Snyder (2004) argumenta que a função da educação na era eletrônica não é somente a de ensinar melhores maneiras de se comunicar, mas a de responder criticamente às situações que emergem nesse novo sistema global. Aviram e Esthet-Alkalai (2006) apontam que o letramento da informação é necessário para que o usuário seja capaz de avaliar, localizar e selecionar as ideias, figuras, textos, matérias e propagandas que se encontram no meio virtual, e que não passam pelos processos de seleção, edição e controle com os quais os leitores de textos impressos tradicionais costumam contar. É a criticidade do usuário que vai determinar a ação ou a precaução tomada diante das informações a que se tem acesso.

Um estudo realizado por Dwyer, Hiltz e Passerini (2007 *apud* Boyd e Ellison, 2007) mostrou que a confiança que os usuários têm em compartilhar informações no site de rede social Facebook, por exemplo, é maior do que em outros sites analisados por eles. Como as ações geralmente acontecem com o consentimento do usuário nesse site, as pessoas tendem a não se preocupar com os resultados. Aviram e Esthet-Alkalai (2006) enfatizam que a consciência nas decisões tomadas pelos usuários é que vai garantir a qualidade de sua participação no meio virtual.

No que concerne à exposição dos perfis de usuários comuns, Acquisti e Gross (2006 *apud* Boyd e Ellison, 2007) mostram um descompasso entre o desejo de se proteger *versus* o comportamento on-line observado nos perfis de estudantes norte-americanos no meio virtual. Outros estudos citados por Boyd e Ellison, como o de Stutzman (2006) e o de Barnes (2006), apontam que esse descompasso acontece quando os adolescentes não estão cientes da dimensão pública da internet. Apesar desses resultados, dados de entrevistas sugerem que a maioria toma certas providências para minimizar maiores riscos, como o de não ficar visíveis para todos na rede. O estudo de Lenhart e Madden (2007 *apud* Boyd e Ellison, 2007) concluiu que, dos que ficam totalmente visíveis, quase metade informou que coloca alguma informação falsa em seu perfil. No Brasil, ainda não há estudos

---

entendo que contemplem, automaticamente, o componente social e da interação entre sujeitos em práticas culturalmente significativas. De acordo com esses autores, tal capacidade permite que o usuário da internet tenha discernimento no compartilhamento de emoções, na identificação de pessoas pretensiosas e nas armadilhas presentes na web. Além do socioemocional, os autores listam mais quatro letramentos que consideram importantes para usuários da web – o de informação (citado adiante), o fotovisual, o de reprodução e o de ramificação.

voltados para a avaliação da conduta dos usuários nas redes sociais virtuais com foco no letramento crítico.

Análise dos questionários

Para verificar a consciência dos participantes da pesquisa sobre as diferenças de sociabilidade no meio on/off-line, bem como as semelhanças e diferenças interculturais nas práticas on-line, analiso o discurso dos seis participantes que responderam ao questionário sugerido com base nas tarefas de construção da realidade através da linguagem – significado, atividades, identidades, relações, políticas, conexões e sistema da língua (Gee, 2005), e na análise social e textual, com base na gramática sistêmico-funcional, (Halliday, 1994), segundo os pressupostos da teoria da análise do discurso sugerida por Fairclough (2003). Todavia, devido ao tamanho reduzido do *corpus*, essa análise serve apenas como uma hipótese da investigação proposta. Os resultados só poderão ser confirmados após a verificação em um *corpus* maior, associado à utilização de outros instrumentos de coleta, tais como entrevistas e observação das práticas.

Para esta versão preliminar, mandei um questionário para cinco brasileiros e cinco norte-americanos que são meus amigos on-line e colegas off-line para falar sobre o que fazem em suas redes sociais virtuais. O critério de escolha dos usuários brasileiros priorizou i) a escolha de usuários acima dos 25 anos para verificar primeiramente como os adultos lidam com seus espaços virtuais e ii) participantes de SRS brasileiros que tivessem seus perfis no Orkut e no Facebook, a fim de verificar se usavam o Facebook para se comunicar em inglês ou em outras línguas estrangeiras, e ainda se mudavam de comportamento em redes com diferentes características. A escolha de usuários norte-americanos levou em conta somente o fator idade. Sua inclusão se deu para que se pudesse verificar semelhanças e diferenças de sociabilidade de pessoas de culturas diferentes no meio virtual. Após um mês, seis usuários tinham mandado as respostas: um estudante universitário brasileiro que é poeta e cinco profissionais de áreas variadas: – uma veterinária (norte-americana), uma dona de casa (norte-americana), uma secretária (brasileira), uma professora (brasileira) e uma dentista (norte-americana).

A primeira característica encontrada nas seis respostas foi o realce dado aos SRS no estabelecimento de uma prática reconhecida como positiva por todos os participantes. Embora os atores das práticas sejam os usuários (utiliza-se o site para 1) postar fotos, 2) manter contato, 3) estabelecer contato, 4) "stay in touch", 5) criar vínculos), eles ressaltam o papel circunstancial dos SRS no estabelecimento de novos tipos de sociabilidade, conforme sugerem as partes realçadas do excerto de uma das respostas: 6) "Utilizo [...] para estabelecer contato com pessoas que fizeram parte de alguns momentos da minha vida [...] as quais sem o Orkut não as reencontraria. O Orkut também possibilitou que eu criasse vínculos amistosos [...]".

O site também parece proporcionar uma sensação de pertencimento, de posse e de participação associadas ao espaço geográfico, conforme indicam os processos relacionais indicativos de posse (*have*) e o mental (*belong* – com função cognitiva, nesse caso) no seguinte excerto: 7) "[...] but I *do have* a local mom's group that I *belong* to and they have a message board on meetup.com".

Cinco dos seis participantes mencionaram o grau de parentesco e de amizade que têm com as pessoas que se reconectaram. Dois fizeram uma lista minuciosa, característica que funciona para enfatizar o grau de relevância desse meio na vida das pessoas: 8) "estabelecer contato com pessoas que fizeram parte de alguns momentos da minha vida (*parentes distantes, amigos da infância, colegas do primário e secundário*); 9) "to stay in touch with the numerous friends I've made throughout the years. They include current *co-workers and doctors, old co-workers and doctors, friends from school and teachers* (high school, both post-high school institutions I graduated from – Erie Business Center in Erie, PA and Blue Ridge Community College in Weyers Cave, VA), *adult friends* I knew growing up who are like extended family to me, *old playmates and children* I once babysat for who are now *adults* and who have found me on FB".

No excerto 9 acima, Meagan[4] registra os inúmeros amigos que reencontrou no site; no entanto, quando vai listá-los, refere-se a alguns deles como "co-workers, doctors, teachers, playmates", o que sugere uma relação mais distante. Mesmo assim, divide fotos e expõe publicamente seus sentimentos e fatos íntimos de vida pessoal (o fato de ter conhecido o atual marido em um site de namoro[5], por exemplo) para pessoas com quem, fora do meio virtual, pode não necessariamente ter um vínculo forte, segundo fica estabelecido através dos substantivos alternativos para "amigo".

Assim como Maegon, Stella também inclui contatos pessoais e profissionais em uma única rede: 10) "para manter contatos pessoais e profissionais". As práticas nesse caso se misturam, ou seja, não há divisão entre postura, comentários, jargão etc. entre o lado pessoal e o profissional no meio. Stella ainda diz que usa o site

---

4 Todos os nomes que aparecem neste estudo são fictícios, por razões éticas.

5 Essa informação encontra-se no perfil da participante. Ela postou uma foto do marido na seção de fotos com o seguinte comentário: "My first view of J.P. on Match.com – and they lived happily ever after..."

para 11) "distrair quando o stress bate", o que sugere que ele funcione como um complemento do meio off-line.

A mistura de contatos pessoais e profissionais nesses casos é feita de maneira acrítica, uma vez que os perfis permitem e incentivam a exposição de informações de domínio privado a pessoas cujo grau de sociabilidade não é próximo no meio off-line. Essa característica sugere que os participantes da pesquisa não levam em consideração o fato de que a postura adotada em um meio pode comprometê-los no outro.

Outra característica que sugere que os participantes da pesquisa não fazem distinção entre a sociabilidade no meio on/off-line pode ser verificada na prática de dois participantes: Pedro busca pessoas para fazer amizades na rede social. Os amigos que encontrou on-line se tornaram seus amigos íntimos. Meagan procurou um namorado na internet, encontrou e se casou. Mesmo depois que se encontraram pessoalmente e começaram a namorar, usavam o chat disponível no site para se comunicar, ao invés do Skype (que sugere uma conversa mais privada) ou de outros instrumentos de CMC.

Os participantes mostraram-se propensos a filiarem-se aos SRS, mesmo não sabendo das regras impostas para participação, ou sem uma finalidade específica, simplesmente porque seus amigos o fizeram ou os convidaram, como mostram os seguintes excertos: 12) "Não sei direito como responder pois raramente uso o Facebook... *entrei por causa de minha amiga Shannon*"; 13) "Ainda estou buscando uma finalidade para aquilo [o Facebook]"; 14) "No início coloquei *porque ouvia as pessoas falando sobre isso. Me sentia desatualizado*"; 15) "several of my friends were on Facebook, so I joined to keep in touch with them"; 16) "I will participate in the occasional 'quiz' *if I see one of my friends have* [...]".

A voz dos administradores dos SRS é percebida na representação do significado dos sites feita por dois participantes da pesquisa. Fairclough (2003, p. 88) afirma que a classificação marcada na relação textual estabelece como as pessoas pensam e agem "como agentes sociais". Nesse caso, pode-se sugerir que o discurso dos administradores dos sites colaboram com a formação de identidades "mais livres de regras", no sentido de fazê-los se sentir à vontade para se expressar, representar e mostrar o que quiserem em seus espaços virtuais, como se essa atitude estivesse isenta de consequências negativas. No discurso de Pedro, por exemplo, os traços ideológicos estão marcados nas críticas implícitas ao mundo capitalista: (17) "Das *classes sociais* mais desfavoráveis às mais elevadas, todos compartilham o mesmo espaço"; (18) "estes sites são *democráticos*", como se o mundo virtual não fizesse parte do mesmo sistema. Embora seu discurso mostre pistas que reconhecem que os sites não se diferem do mundo não virtual – (19) "*embora* saiba que há outros motivos que nos levam a colocar nossos perfis ali, esse sites são democráticos"; 20) "Mas todos têm um lugar para falar"), as relações semânticas marcadas pelas conjunções contrastivas grifadas os isentam dos aspectos negativos.

A voz dos administradores também é identificada nas referências que Pedro faz às vantagens dos participantes dos SRS, representada em seu discurso pela subcategoria indicativa de posse na classificação dos processos relacionais. (22) "Todos que ingressam ali têm voz"; 23) "Mas todos *têm um lugar para falar*"; 24) "um espaço que *não tem muros*". Nota-se aqui que os atributos possessivos afirmativos usados nas declarações 22 e 23 são usados ao mesmo tempo para negar essa posse no mundo não virtual (*NÃO têm voz, NÃO tem lugar para falar*). O mesmo acontece com o excerto 24, só que com o sentido oposto – desta vez para afirmar que o meio não virtual tem muros.

As respostas ao questionário não mostraram indícios de que os participantes brasileiros usam o site internacional para ter contato com outras línguas.

Considerações finais

Movidas pela emoção e novidade que o mundo virtual proporciona, pessoas do mundo todo se engajam em atividades no meio virtual, aumentam seus laços e se sentem incluídas em um lugar onde têm um espaço livre, administrado do jeito que elas querem, ou com restrições ou consequências que compensam as vantagens oferecidas. Assim, passam a não perceber as diferentes sociabilidades próprias de cada meio e a influência que um pode gerar no outro.

O aumento constante do número de usuários nos SRS atrai cada vez mais anunciantes, patrocinadores, instituições e pessoas mal-intencionadas interessadas em entrar em contato com as comunidades formadas, não exatamente para encontrar amigos do passado, mas com interesses diversos. Esses fatos levam-nos a sugerir que a escola precisa agir como intermediadora dos interesses dos cidadãos que forma, através do desenvolvimento dos letramentos socioafetivo e crítico, indispensáveis para o bem-estar social nos mundos on/off-line.

Teóricos de diversas áreas, educadores e governantes do mundo todo vêm fazendo críticas severas relacionadas à liberdade excessiva estimulada para que se mantenha o fluxo de acessos aos SRS. Representantes da justiça, liberdade e segurança da União Europeia reclamam que as pessoas (incluindo crianças) são estimuladas a se expor na rede sem ser alertadas dos riscos que isto pode ocasionar no presente e nem das consequências futuras (Kanter, 2009). Os diretores do Facebook, por exemplo, argumentam que o objetivo do site é o de deixar as pessoas livres para decidirem o que elas querem tornar público ou não. Se a função da escola é a de formar cidadãos críticos e participativos, e se as "pessoas livres" que participam desses sites são crianças e adolescentes, é hora da escola desnaturalizar concepções cristalizadas no *status quo* dominante e começar a educar para o século XXI.

O surgimento recente de "motores" de redes sociais, isto é, sites que permitem que as pessoas criem seus próprios SRS, pode sinalizar uma maneira de a escola se apropriar dessa tecnologia e torná-la mais "segura" para crianças, uma vez que estas participam das práticas desse meio, mesmo a escola ignorando o fato.

O objetivo deste artigo, no entanto, não é o de criticar os SRS. Pelo contrário, acreditamos que eles têm um potencial incrível para as trocas interculturais. As TIC representam uma revolução nos modos de se relacionar com o mundo – abriram novas possibilidades, encurtaram as distâncias e democratizaram os espaços e as formas de expressão. Mas isso não significa que haja somente efeitos positivos para a sociedade. No mundo capitalista, as pessoas precisam ficar alertas sobre os benefícios que suas atitudes trarão para si mesmas e para os que lhes oferecem vantagens. Como toda nova tecnologia, a internet é tão tentadora que muitas vezes nos envolve automaticamente em práticas impensadas que não vão necessariamente significar melhorias em nossas vidas. Acredito que não são os sites que tem de mudar para proteger as pessoas, mas estas é que devem desenvolver os letramentos necessários para julgar os benefícios e prejuízos de suas ações. Nesse sentido, o advento das TIC aumenta sobremaneira a responsabilidade da escola em favor dos interesses e bem-estar social dos cidadãos.

Referências Bibliográficas

AVIRAM A. & ESTHET-ALKALAI, Y. Towards a theory of digital literacy: three scenarios for the next steps. *European Journal of Open Discourse and E-Learning*, 2006. Disponível em: <http: eurodl.org/materials/contrib/2006/Aharon_Aviran.htm>. Acesso em: 2 maio 2009.

BOYD, D. M. & ELLISON, N. B. Social network sites: Definition, history, and scholarship. *Journal of Computer-Mediated Communication*, 13(1), article 11, 2007. Disponível em: <http://jcmc.indiana.edu/vol13/issue1/boyd.ellison.html>. Acesso em: 15 jul. 2009.

BRYANT, J. A.; SANDERS-JACKSON, A. & SMALLWOOD, A. M. K. IMing, text messaging, and adolescent social networks. *Journal of Computer-Mediated*

Communication, 11(2), article 10, 2006. Disponível em: <http://jcmc.indiana.edu/vol11/issue2/bryant.html>. Acesso em: 20 jul. 2009.

CASTELLS, M. Internet e sociedade em rede. In: MORAES, D. de (org.). *Por uma outra comunicação: mídia, mundialização e poder*. 2ª ed. São Paulo/Rio de Janeiro: Record, 2004, pp. 255-287.

CHENAULT, B. G. Developing personal and emotional relationships via computer-mediated communication. *CMC Magazine*, December Communication, v. 5, n. 5, maio 1998. Disponível em: <http://www.december.com/cmc/mag/1998/may/chenault.html>. Acesso em: 12 jul. 2009.

FAIRCLOUGH, N. *Analysing discourse: textual analysis for social research*. London: Routledge, 2003.

GEE, J. P. *An introduction to discourse analysis: theory and method*. 2ª ed. London: Routledge, 2005.

HALLIDAY, M. A. K. *An introduction to a functional grammar*. 2ª ed. London: Edward Arnold, 1994.

KANTER, J. EU warns on Facebook privacy. *The New York Times*, 27.01.2009. Disponível em: <http://www.nytimes.com/2009/01/27/technology/27iht-facebook.4-417144.html?_r=1&scp=3&sq=european%20union%20social%20network&st=Search>. Acesso em: 30 jun. 2009.

KNOBEL, M. & LANKSHEAR, C. Sampling "The New" in new literacies In: LANKSHEAR, C. & KNOBEL, M. (eds.). *A new literacies sampler*. New York: Peter Lang, 2007, pp. 1-24.

MENEZES DE SOUZA, L. M. & MONTE MÓR, W. Linguagens, códigos e suas tecnologias. In: BRASIL/DPEM. *Orientações Curriculares do Ensino Médio – Línguas Estrangeiras*. Brasília: MEC/SEB/DPEM, 2006, pp. 87-124.

SNYDER, I. *Alfabetismos digitales: comunicación, innovación y educación en la era electrónica*. Granada: Ediciones Aljibe, 2004, pp. 253-267.

TURKLE, S. How computers change the way we think. *The Chronicle of Higher Education, The Chronicle review*, v. 50, n. 21, 2004. Disponível em <http://chronicle.com/weekly/v50/i21/21b02601.htm>. Acesso em: 10 jan. 2009.

WARSCHAUER, M. & WARE, P. Learning, change, and power: competing discourses of technology and literacy. In: COIRO, M. J. *et al.* (eds.). *Handbook of research on new literacies*. New York: Lawrence Erlbaum Associates, 2009, pp. 215-240. Disponível em: <http://www.gse.uci.edu/person/markw/lcp.pdf>. Acesso em: 10 jan. 2009.

Sobre os autores

Ana Cristina Lobo-Sousa é mestre em Linguística pela Universidade Federal do Ceará (UFC), onde atua como professora substituta do Departamento de Letras Vernáculas. crisloup@gmail.com

Ana Elisa Costa Novais é mestre em Linguística Aplicada pela UFMG e professora substituta da Universidade Federal de Ouro Preto (UFOP). anaelisanovais@yahoo.com.br

Ana Elisa Ribeiro é doutora em Linguística Aplicada pela UFMG, com pós-doutorado em Comunicação Social pela PUC Minas. É professora do mestrado em Estudos de Linguagens do CEFET-MG, além de ministrar disciplinas nas engenharias. Coordenadora de Divulgação Científica e Tecnológica do CEFET-MG e editora da revista *Educação & Tecnologia*. anadigital@gmail.com

Ana Maria Nápoles Villela é doutora em Estudos Linguísticos pela UFMG, com pós-doutorado pela Unicamp. É professora do mestrado em Estudos de Linguagens do CEFET-MG, da graduação em Engenharia e de cursos técnicos. anapoles@uol.com.br

Bárbara Cristina Gallardo é mestre em Letras pela Universidade Federal de Santa Catarina (UFSC). Atualmente é doutoranda no programa de Linguística Aplicada da Unicamp e professora assistente na Universidade do Estado de Mato Grosso (Unemat). barbaragallardo@uol.com.br

Benedito Gomes Bezerra é doutor em Letras pela Universidade Federal de Pernambuco (UFPE). Atualmente é professor adjunto da Universidade de Pernambuco (UPE), onde exerce a função de coordenador setorial de pós-graduação e pesquisa. É também professor do Programa de Pós-Graduação em Letras da Universidade Federal de Pernambuco. beneditobezerra@yahoo.com.br

Cibele Cecilio de Faria Rozenfeld é mestre em Linguística pela Universidade Federal de São Carlos (UFSCar) e doutoranda no Programa de Linguística e Língua Portuguesa na Unesp-Araraquara, onde atua como professora. cibeleroz@yahoo.com.br

Daniela Perri Bandeira é doutora em Educação pela UFMG. dperri@uol.com.br

Débora Arruda Hissa é mestre em Linguística Aplicada pela Universidade do Estado do Ceará (UECE). debarruda@hotmail.com

Geórgia Maria Feitosa e Paiva é doutoranda em Linguística na Universidade Federal do Ceará (UFC). georgiafeitosa@hotmail.com

Giani David Silva é doutora em Estudos Linguísticos pela UFMG e professora do mestrado em Estudos de Linguagens do CEFET-MG, onde é chefe do departamento de Linguagem & Tecnologia. gianids@gmail.com

Gláucia Jorge é doutora em Educação pela Universidade Federal de Minas Gerais (UFMG). Atualmente é professora adjunta do Centro de Educação Aberta e a Distância - Cead - da Universidade Federal de Ouro Preto (UFOP). glauciajorge@cead.ufop.br

Hércules Toledo Corrêa é doutor em Educação pela Universidade Federal de Minas Gerais (UFMG). Atualmente é professor adjunto do Cead da Universidade Federal de Ouro Preto (UFOP). herculest@cead.ufop.br

Isabel Cristina Alves da Silva Frade é doutora em Educação pela UFMG, onde é professora da Faculdade de Educação. É pedagoga pela PUC Minas. Pós-doutora pela FE-USP/Brasil e pelo Institut National de Recherche Pédagogique/França. icrisfrade@gmail.com

Jaqueline Barreto Lé é doutoranda do Programa de Pós-Graduação em Linguística da Universidade Federal do Rio de Janeiro (UFRJ). Bolsista de doutorado do CNPq. jaquelinele@uol.com.br

Jerônimo Coura Sobrinho é doutor em Estudos Linguísticos pela UFMG e professor do mestrado em Estudos de Linguagens do CEFET-MG, onde atua como diretor adjunto de pesquisa e pós-graduação. jeronimocoura@gmail.com

João da Silva Araújo-Júnior é mestre em Linguística Aplicada pela Universidade Estadual do Ceará (UECE) e professor do departamento de Letras da Universidade Federal do Maranhão (UFMA). Membro do grupo de pesquisa Hiperged. joaojunior14@yahoo.com.br

João Gomes da Silva Neto é doutor em Educação pela Universidade Federal do Rio Grande do Norte (UFRN), onde é professor associado. gonet46@yahoo.com.br

João Wandemberg Gonçalves Maciel é doutor em Linguística e Língua Portuguesa pela Universidade Federal da Paraíba (UFPB), onde é professor adjunto. joaowandemberg@gmail.com

Joselito Elias Cipriano de Lima é aluno da graduação em Relações Internacionais da Universidade Estadual da Paraíba (UEPB) e bolsista de Iniciação Científica. zziper@gmail.com

Júlio César Rosa de Araújo é doutor em Linguística pela Universidade Federal do Ceará (UFC), onde é professor e pesquisador. Coordena o grupo de pesquisa Hiperged. julcra@gmail.com

Kátia Silene Gabrielli é mestranda em Linguística e Língua Portuguesa da Unesp Araraquara, onde atua como professora substituta. kasiga@yahoo.com.br

Marcelo El Khouri Buzato é doutor em Linguística Aplicada pela Unicamp, onde é professor e pesquisador, no Instituto de Estudos da Linguagem. mbuzato@iel.unicamp.br

Márcia Helena Mesquita Ferreira é mestranda em Educação na Universidade Federal de Minas Gerais. É pedagoga pela UFMG e analista educacional da Secretaria de Estado da Educação de Minas Gerais. marciahelena.pedagoga@gmail.com

Maria Elias Soares é doutora em Letras pela PUC Rio. Atua como professora associada do departamento de Letras Vernáculas (Centro de Humanidades) da Universidade Federal do Ceará (UFC). Edita a *Revista de Letras* da UFC. melias48@yahoo.com.br

Maria Ilse Rodrigues Gonçalves é doutora em Educação pela Universidad Nacional de Educación a Distancia. Professora do Curso de Especialização em Educação a Distância do Senac em Minas Gerais. ilse.bhe@terra.com.br

Marineide Furtado Campos é mestre pela Universidade Federal do Rio Grande do Norte (UFRN), onde atua como técnica em assuntos educacionais. É professora da Universidade Estadual Vale do Acaraú. mafurca2003@yahoo.com.br

Rebeca Sales Pereira é graduanda do curso de Letras da Universidade Federal do Ceará (UFC) e membro do grupo de pesquisa Hiperged, vinculado ao Programa de Pós-Graduação em Linguística da instituição. rebeca_ufc@yahoo.com.br

Regina Cláudia Pinheiro é mestre em Linguística pela Universidade Federal do Ceará (UFC) e é professora da Universidade Estadual do Ceará (UECE). rclaudiap@yahoo.com.br

Sandro Luis da Silva é doutor em Língua Portuguesa pela Pontifícia Universidade Católica de São Paulo (PUC-SP) e atua como professor da Universidade Federal de Lavras (UFLA), em Minas Gerais. sandrosilva@dch.ufla.br

Solange Mittmann é doutora em Letras pela Universidade Federal do Rio Grande do Sul (UFRGS), onde atua como professor adjunto. sol.discurso@gmail.com

Ucy Soto é doutora em Linguística e Língua Portuguesa pela Unesp. Atualmente é professora adjunta no departamento de Letras da Universidade Federal de Ouro Preto (UFOP). ucysoto@gmail.com

Verena Santos Abreu é mestranda de Estudos em Linguagens da Universidade do Estado da Bahia - *campus* I (Uneb). Bolsista da Fundação de Amparo à Pesquisa do Estado da Bahia (Fapesb). veuabreu@hotmail.com

Hipertexto

CEFET-MG - Belo Horizonte - 2009

abehte

Associação Brasileira de Estudos de Hipertexto e Tecnologia Educacional

Departamento de
Linguagem & Tecnologia
CEFET-MG

Posling

Mestrado em Estudos de Linguagens
CEFET-MG

DCT

Coordenação Geral de Divulgação
Científica e Tecnológica do
CEFET-MG

Este livro foi composto nos tipos Minion Pro e Syntax. A impressão e o acabamento foram feitos pela Gráfica Vida e Consciência, em São Paulo, entre os meses de setembro e outrubro de 2012. Os papéis utilizados foram o Pólen Soft 80^{2}g/m (miolo) e Cartão Supremo 250 g/m^2 (capa).